BULLIED: WHAT EVERY PARENT, TEACHER, AND KID NEEDS TO KNOW ABOUT ENDING THE CYCLE OF FEAR

by CARRIE GOLDMAN

Copyright © CARRIE GOLDMAN

This edition arranged with INTERCONTINENTAL LITERARY AGENCY LTD (ILA) through Big Apple Agency, Inc., Labuan, Malaysia.

Simplified Chinese edition copyright:

2023 SDX JOINT PUBLISHING CO., LTD.

All rights reserved.

[美] 卡丽·戈德曼 著
Carrie Goldman
汪越 译

反霸凌

家长、老师和孩子如何
终结恐惧循环

生活·讀書·新知 三联书店

Simplified Chinese Copyright © 2023 by SDX Joint Publishing Company.
All Rights Reserved.
本作品简体中文版权由生活·读书·新知三联书店所有。
未经许可，不得翻印。

图书在版编目（CIP）数据

反霸凌：家长、老师和孩子如何终结恐惧循环 /（美）卡丽·戈德曼著；汪越译. —北京：生活·读书·新知三联书店，2023.6
ISBN 978-7-108-07444-7

Ⅰ.①反… Ⅱ.①卡… ②汪… Ⅲ.①校园－暴力行为－预防 Ⅳ.① G474

中国版本图书馆 CIP 数据核字 (2022) 第 093799 号

责任编辑	唐明星
装帧设计	康　健
责任校对	张　睿
责任印制	张雅丽

出版发行　生活·讀書·新知 三联书店
　　　　　（北京市东城区美术馆东街 22 号 100010）
网　　址　www.sdxjpc.com
图　　字　01-2022-3677
经　　销　新华书店
印　　刷　北京隆昌伟业印刷有限公司
版　　次　2023 年 6 月北京第 1 版
　　　　　2023 年 6 月北京第 1 次印刷
开　　本　880 毫米 × 1092 毫米　1/32　印张 12.25
字　　数　243 千字
印　　数　0,001－6,000 册
定　　价　59.00 元

（印装查询：01064002715；邮购查询：01084010542）

谨以此书献给

我的丈夫安德鲁,
感谢你一直伴我左右。

为保护隐私，除被采访人特别要求我用其真实姓名之外，本书中所有受害者、霸凌者、家长和旁观者全部使用化名。所有和凯蒂同一学校的学生（凯蒂除外）全部使用化名。

在我的博客公开发表评论的网友在本书相关处使用其真实姓名。

本书中接受我采访的各领域专家使用其真实姓名，如作者、心理学家、教师、游说者、科学家、研究者、学校管理者、演员、音乐家、武术专家等。

本书中因遭受霸凌而自杀身亡的受害者使用其真实姓名。

目 录

推荐序 1
序 5

第一部分　凯蒂的故事 11
第一章　反霸凌从一年级开始 13
第二章　最小的绝地武士 21
第三章　社区的回应 33

第二部分　易受霸凌的高危群体 41
第四章　从"极客女孩"到"荡妇"：做女孩意味着什么？ 43
第五章　公主男孩们 59
第六章　举止不寻常的孩子和生病的孩子 72
第七章　容貌有异及身体残疾的孩子 84
第八章　性取向异常的孩子 97
第九章　网络霸凌的受害者 113
第十章　霸凌对大脑产生的有害影响 133

第三部分　预防、干预与和解 143
第十一章　温暖的家庭环境很重要 145

第十二章	对网络技术、媒体使用设限	165
第十三章	友善比刻薄更能赢得他人的尊重	195
第十四章	性别划分与霸凌	208
第十五章	儿童不要过早性感化	222
第十六章	学校在性格教育中的作用	239
第十七章	社交和情绪学习	253
第十八章	霸凌者也痛苦	263
第十九章	正确回应受害者	273
第二十章	尝试修复性正义	286
第二十一章	应对嘲讽的有效策略	296
第二十二章	让旁观者变为目击者和盟友	306
第二十三章	网络声援替代网络霸凌：真实生活中的美满结局	317

结　语	327
致　谢	332
相关资源及拓展读物	335
附录1　几个前景广阔的项目简介——基于研究的预防霸凌和性格塑造项目	345
附录2　两个霸凌调查样例	352
附录3　性骚扰调查样例	355
参考文献	362
引文注释	372

推荐序

近20年来，我一直致力于研究霸凌现象，力图在美国的学校推广防止霸凌的措施。面对我们在创建安全校园，防止学生产生自杀念头和尝试自残行为等方面取得的进步，我为何仍深感失望？为何孩子们仍在频繁霸凌他人？既然政府说我们构建了经实践检验有效的校园防霸凌体系，为何我们却没能减少校园霸凌现象的发生，降低儿童和青少年参与霸凌事件的可能性？我能举出许多理由来解释为何校园霸凌事件不减反增，但在我看来，最明显的一个原因是研究者、实践者（包括学校老师和行政人员）及家长之间缺乏沟通和合作。学者进行调查研究后往往把结果与其他学者分享，却很少把成果转化为实际的校园防霸凌措施。于是，这种学术上的隔离或精英主义让实践者不禁质疑研究者是否真能如其所承诺的在现实中为防止霸凌提供解决方案。另一方面，很多退休教师、忧心忡忡的父母，以及其他一些关注此事的社区工作者编写了不计其数的书籍，开设了很多课程，却忽视了近几十年来关于同辈伤害、欺侮攻击和霸凌这一话题的发展趋势、社会影响，及学术成果。正因此，学界与实践之间的鸿沟之大，是我们几十年未曾见过的。

霸凌现象驱之不去，难道不让人惊讶吗？卡丽·戈德曼（Carrie Goldman）的这本《反霸凌——我们这样做》总算让我松了口气。最初卡丽找到我，跟我分享她女儿凯蒂的故事和写作这本书的想法，我听得很入迷，不禁说道："好，你是想跟所有人，跟学者、家长、流行心理学作者，都去谈论霸凌吗？"听到卡丽的肯定回答后，我的确激动不已，但我也承认，我不相信她真能把这件事做成。她选择用事实说话，写出了这本书来给我看，研究、实践和真实案例在书中彼此交织，相辅相成。在这本书中，我平生第一次看到心理学和社会学中关于攻击和霸凌的理论对凯蒂和其他美国学校学生身上发生的故事做出了详尽解释，涵盖到这一问题极为复杂的方方面面。卡丽把女儿凯蒂的故事放到我们所生活的复杂的两性世界中去讲述，提出要把霸凌理解为一个与性别有关的问题，它需要一个基于性别的解决途径。这一认识至关重要。如果霸凌和同伴欺侮没有被理解为一个同伴间跟风的现象，而被认为不过就是孩子之间以互不尊重、尖酸刻薄为荣，仅仅为了达到排斥和羞辱他人的目的的行为，凯蒂的悲剧就不会上演。在本书中，作者让我们幡然醒悟，从家庭、校园到社区，霸凌和同伴欺侮之所以蔓延开来，成年人所扮演的角色至关重要。这本书清楚地揭示了，成人需要花更多时间评估他们自身的态度和行为，它告诉我们——防止霸凌，人人有责。

总而言之，本书昭示了科学的理论和实践如何共同作用，从而防止霸凌的发生。关于学界对儿童霸凌问题发展的研究，卡丽·戈德曼取其精华，对于个体、同伴、学校、家庭和社区成员采取的错误做法使霸凌现象不但没有被遏制，反而愈演愈烈提出了许多警示，并讲述了我们怎样才能通力合作，减少霸凌。她的文风和叙述既让读者体会到通过研究探寻应对霸凌有效途径的重要性，也让读者明白，了解那些儿童和他们家人的真实经历能够提升研究的水平。她敢于冒险讲述自己女儿的故事，并在讲述中拉近了科研与实践之间的距离，这值得赞叹。感谢你，卡丽，激励我继续从事与霸凌相抗争的事业！

多萝西·L. 埃斯皮莱奇（Dorothy L. Espelage）博士，
伊利诺伊大学厄巴纳 – 香槟分校教授

序

2010年11月，我写了一篇题为"反霸凌从一年级做起"的文章，发表在我的博客"收养孩子的画像"上。女儿凯蒂因为带了一个"星球大战"（以下简称"星战"）图样的水壶去学校，遭到了嘲笑，我感到焦虑不安。显然，"星战"是"男孩子的专属"。

这篇博文激起了数千位极客网友的强烈反应。评论如潮水般涌来，整个ChicagoNow服务器都瘫痪了。凯蒂的故事也上了国际和国内新闻。广播访谈类节目以这个故事为主题举办了一个户外活动日，数百个博主都在写文呼应。社交媒体"脸书"专门举办了一个活动，声援发声的极客和凯蒂，超过35000人参与了进来。女权主义者"星战"粉丝、被收养的孩子、收养孩子的家长，以及曾经被嘲笑和霸凌的受害者，都站了出来，为一位"星战"小粉丝摇旗呐喊。

为什么这篇文章如此触动人心？因为在这个令人心碎的网络霸凌占据新闻头条的时代，我孩子亲历了一个新的现象——我称之为"网络声援"。人们渴望看到一个有着美好结局的霸凌事件，而凯蒂就是那个能变成公主的灰姑娘。

霸凌是目前美国学校所要面对的一个很大的问题，但这主要是因为人们逐渐认识到了霸凌会带来的结果并愈加敏感。媒体营造出了一种防止霸凌刻不容缓的紧张气氛，而家长们也都护子心切。我们正在密切关注霸凌现象，采取措施逐步减少这种富于攻击性的行为，同时我们在盘点遭受霸凌者的数量。一份2010年美国教育数据中心的研究表明，12岁到18岁之间的孩子中有32%在调查开始前六个月之内遭遇过霸凌，其中62%的孩子称每年有一到两次，21%的孩子称每月一到两次，10%的孩子称每周一到两次，7%的孩子则称每天都会受到霸凌[1]。2009年美国开展的"全国年轻人危险行为调查"发现，2008年每五位青少年中就有一位在学校遭遇过霸凌，有近一半初中生都遇到过霸凌。

虽然有太多的孩子成为受害者，但让家长和教育工作者看到希望的是自从1999年以来，一些应对霸凌的措施实际上已经落地实施了。罗恩·阿斯特（Ron Astor）是《校园暴力：文化、邻里、家庭、学校与性别》（*School Violence in context: Culture, Neighborhood, Family, School, and Gender*）一书的作者之一，他告诉我："从1994年开始，许多学校的反霸凌措施已经开始生效，并会持续生效。但研究显示出的乐观结果并不能说明霸凌问题已经不再严重。霸凌的主观分类已经升级[2]。"每每读到青少年因遭受同辈欺凌而自杀的报道时，我们都很难相信任何形式的霸凌有所下降。但正如阿斯特指出的，全美各学校正在努力推行社会和情感学习项目（美国开展的防止校园霸凌系列计划的一部分。——译者注），这项工作也正在收到成效。我们必须认识到这一点，这样家长和从教者才能不会太失望，为在反抗霸凌的事业上无所进展而感到无助。米歇尔·汤普森（Michelle Thompson）是《该隐的封印：揭开男孩世界的残酷文化》（*Raising Cain: Protecting the Emotional Life of Boys*）一书的作者之一，他提醒我，虽然许多学生在学校中都遭遇过社会痛苦，但只有大约15%的孩子因遭受霸凌而留下心灵创伤[3]。是的，15%与另外的85%相比显然是少数，但从实际数目来看，受到精神创伤的孩子仍有数以百万之多。对于这些遭受过严重霸凌的孩子，这种伤害是持续性的，对于他们正常社会生活带来的影响是毁灭性的。

霸凌现象引起最多关注的地方是网络，因为人们把自己这种侵略性的行为趋向带到了网上。网络霸凌并非衡量霸凌行为的一个有历史意义的评价因素，但伴随着其他形式的如肢体或言语的霸凌行为有所减少，霸凌进行了很大程度的"网络转向"。怕极了短信和社交网络的家长把网络霸凌视作一种恐怖的霸凌新形式，但实际上，网络霸凌不过是既有的青少年霸凌行为在虚拟世界中的展现。根据网络霸凌专家贾斯汀·帕钦（Justin Patchin）所言，大约有20%—25%的孩子遭受过网络霸凌，这还只是保守估计[4]。鼠标轻轻一点，霸凌的实施者和受害者就可以互换身份。网上一切都发生得太快，人们很难在理性思考之后再做行动。对于那些不幸受到网络霸凌的孩子，这种残忍的行为会让他们仿佛陷入疼痛的黑洞。

严重霸凌带来的伤痛是如何影响那些脆弱的孩子的呢？美国教育协会的数据显示，有16万孩子因为霸凌每天不去上学，待在家里。研究调查了霸凌现象背后的神经科学原理，发现霸凌受害者经受着焦虑、抑郁、创伤后压力综合征、注意力难以集中、头痛和胃痛等的困扰，这都是霸凌所带来的后果[5]。关于早期社会剥夺的研究表明，人类天生需要归属感[6]，最明显的证明就是孩子们争抢社会地位。俗话说"棍棒伤我皮肉，恶语不伤我身"，这不是真的。神经影像研究显示，如果一个人在社交中被孤立，与疼痛密切相关的大脑皮质也会被激发[7]。这不仅对成人适用，对孩子也是如此。一个13岁孩子的大脑就能对社会痛苦展现出类似肉体受伤的反应[8]。嘲讽和霸凌会造成伤害，大脑扫描图像就可以证明。更糟糕的是，不断被同辈伤害——重复性正是霸凌行为的本质，甚至会改变大脑的功能，增加受害者对将来受到攻击的敏感性，甚至会让人认为一个模糊的场景具有威胁性[9]。在校遭受霸凌几年过后，受害者还不能完全摆脱心中的阴霾。

受伤最深的孩子未来堪忧，但我相信我们有望继续降低受害者的数量。霸凌是一种习得的行为，孩子们不是生下来就残忍，婴儿不会去判断他人是否太胖、太穷、皮肤太黑、太像呆子，或者太骄傲自负。生而单纯的孩子们一旦理解语言，就开始习得思维固有的模式，我们也看到有的孩子从蹒跚学步的时期就出现了霸凌行为。这些展现出明显攻击性的学前儿童更有可能在高年级时遭受霸凌，干预越早开始效果越好。我们向一个5岁的霸凌他人的小孩子灌输善良和接纳的精神比向一个15岁的霸凌者要容易得多。

在分析凯蒂、其他儿童及跟她相像的年轻人的故事的同时，本书考量了学校、家庭、社区、零售商、名人和媒体在培养多元化、有同理心和宽容心的孩子这一过程中扮演的角色。同时本书听取了孩子、父母、反对霸凌的咨询师、作家、社工、心理学家、教师和律师的多方面意见，来衡量哪种行为能真正预防霸凌，而哪些是无效的。

这本书是写给孩子深陷霸凌泥淖的家长的，无论你的孩子是霸凌者还是被霸凌的目标。你不是一个人，我们有办法来帮忙。这本书的目的之一就是让家长意识到正常的社会痛苦和涉及霸凌产生的痛苦的区别。我们家长为孩子们所经受的痛楚而备受折磨，即使这种痛楚是正常社交冲突所带来的，也很难克制自己冲上前去的欲望。而正是这种过度干预限制了孩子培养良好的冲突解决技能。讽刺的是，我们想要去保护孩子，但如果每次他们情绪受创我们都要去解救，实际上就会为他们日后带来更多的伤害。所幸，我们有办法判断孩子是否真正陷入了一种霸凌的社会关系，在书中我会举出案例。

此书写给所有见过残忍的霸凌行为，但不知如何在不牺牲自身安全的情况下伸出援手的孩子们。这本书也写给所有霸凌过他人，却想改变自身行为的孩子们。你不是孤身一人——在我们一生中，我们都至少扮演过某一种角色。

最后，谨以本书献给那些霸凌的受害者，献给那些不知道明天在学校会遇到什么而在夜晚偷偷哭泣的孩子，那个害怕自己大学室友的反应而隐藏自己性取向的年轻人，那个因口吃而在演讲时沉默的孩子，那个因为过胖而不敢在餐厅取出自己午餐的孩子，那个不知道自己将来会成为受人尊敬的物理学家的小女学究，那个想穿闪闪发光的裙子的小男孩，那个有自闭症而在操场上遭遇霸凌、不解其中意却知道事情不对头的孩子，那个因肤色不同而受到嘲笑的小姑娘，那些宗教信仰不同于其他家庭的兄弟姐妹，那些喜欢公主的男孩子和喜欢"星战"的女孩子，那些不墨守成规的孩子，那些被边缘化的孩子、被忽视的孩子、被排斥的孩子，那些宇宙中的绝地武士（电影《星球大战》中的角色）。对于你们，我将一遍遍重复这句话：

你们不是孤身一人。

第一部分

凯蒂的故事

第一章
反霸凌从一年级开始

2010年的秋天,我女儿凯蒂情绪高昂,要去上小学一年级。操场上,我总是能一眼就看到她,因为只有她留着长长的金发,背着一个"星战"图案的黑色书包。我带着凯蒂在上学前的采购中,她自己精挑细选了一个印着"星战"图案的双肩包和水壶。她迫不及待地要给其他小朋友看,哪怕班里只有她一位小女孩使用"星战"的装备,她也不害怕。

前一年,我为凯蒂挑选的青绿色双肩包印有小仙子,在商店的女孩用品专区陈列着。我并没有意识到,我掉进了商家成功设定的市场营销陷阱中。实际上,有些父母会主动表示他们想要性别区分明显的物品,比如一位爸爸告诉我:"我有三个儿子,我想去看看那个'男孩用品'专卖区,这样就方便给男孩子挑玩具了。"

但想到去年的经历,我在想,很多男孩子玩"男孩子的玩具",是不是因为我们给他们的就是这类玩具?如果从婴儿时期开始,我们就使用一个完全不同的分类体系,那会发生什么呢?如果玩具是按照生产厂家划分的,或者按照玩具类型加以区别，或是就按照玩具名称的英文首字母分类，而不是按照设定的性别喜好区分，结果又会怎样呢？凯蒂上幼儿园的时候毫无疑虑地接受了这个小仙子背包，是因为我给她的就是这样的设定。现在我意识到，我一直囿于一个思维定式中，还把凯蒂也拉了进来。而我家这位一年级的小学生率先打破了思维定式，她绕着超市中间那个过道转来转去，走向了"男孩用品"专卖区去挑选书包，我也恢复了理智，让她自己做了选择。

开学后一切顺利，直到9月末的一天，凯蒂跟我说班上有个叫杰克的男生喊她"小猪"。她就事论事，表情很平淡，最开始我甚至看不出来她是不是觉得困扰。"嗯，我很爱我们的小猪姑娘呀。"我顺势说道。

"妈妈，他说的不是故事里的小猪。"凯蒂回答说。我认真地看着她，她回视我的目光仍然平静，但心情有些低落。

"那你觉得他是什么意思呢？"我问。

凯蒂耸了耸肩。我告诉她："为什么不跟他说，让他叫你凯蒂？你就叫凯蒂嘛。"

那天一整天，这段对话都让我思来想去。杰克叫她"小猪"是因为她太胖了吗？上帝啊，可别让这种言论在孩子这么小的时候就困扰她！凯蒂长得很结实——不是那种苗条细瘦的小姑娘，但肯定不能说她胖。她的妈妈我和姐妹们都是很壮硕的体形，所以我知道从基因上来看，随着凯蒂慢慢长大，她也有这个发展趋势。想到这一点，所以我们尽量保持一种健康、积极的生活方式，凯蒂也很少在乎她的体形。

有那么几周,凯蒂都没再提起这件事,我也把它给忘了。但10月的一个晚上,我给她掖被子时,她说:"我病了。我明天不想去上学了。"我的手在被子上停住了。

"怎么啦?"我问。

"杰克叫我小猪。"她哭了起来,哭得很凶,"他还让别的小朋友也叫我小猪。我们都在一个课桌上学习。"

作为父母,没有什么比看着自己的孩子被别的孩子欺负更令人伤心的了。我的宝贝,可怜的凯蒂,因为害怕上学后会受嘲弄而直掉眼泪。我最近在美国广播公司新闻频道中看到一篇报道,称每天都有数千名小孩因为霸凌而装病,而我的女儿,现在也因此事说不想上学,想待在家里。那一刻,我觉得无助,因为我也无法左右杰克的言行。我想象得到,全天下的父母看到自己的孩子因为怕被嘲笑而乞求不去上学时,都会有同样的感受。我们能做什么呢?我们该怎样回应?我发现自己开始踏上了这条很多人都走过的路。

"凯蒂,"我说道,"我很高兴你跟我说这件事了。如果别人让你在学校不好过,你也不知道怎么才能让他们住手,那寻求帮助是很重要的。你希望我跟马丁(凯蒂班的老师)女士谈谈这件事吗?"

"好的。"凯蒂抽泣着说。

"好,我今晚就给她打电话,一下楼就打。别担心,我们能把这一切都搞定。会越来越好的。"听我这样说,凯蒂平静下来,躺了下去。我走出她屋子的时候,胃里直打结。我在屋里踱了一会儿步,以平复紧张的情绪,然后给凯蒂的老师马丁打了电话。

一年前,杰克跟凯蒂在幼儿园就是同班,他们之前有过几次小矛盾,但年底那会儿已经是很好的玩伴了。我很奇怪为什么他们处不来。现在仔细一想,凯蒂果然今年很少提到跟杰克一起玩。

给马丁女士打的这通电话比我预想中要顺利得多。她对凯蒂承受的痛苦深表同情,承诺第二天一定找杰克谈谈。她说或许会把凯蒂调到另一桌,让凯蒂跟其他孩子一起学习,同时她也会更密切地关注班上的孩子。她给了我她的私人邮箱和手机号,好让我能随时随地联系她。

第二天早上,凯蒂休息好了,精神还不错,我跟她聊起了杰克嘲笑她背后可能的动机。"凯蒂,孩子们嘲笑别人的原因之一是他们缺乏安全感。我猜杰克有时会觉得很孤单。或许他欺负你,还招呼其他人一起,是因为他自己觉得哪里不对劲儿,而只会通过这样的手段来发泄情绪。谁知道呢?这并不是说他骂你就对了,或者是可以接受的,但或许能帮咱们理解他为什么这样做。"

我们步行来到学校,凯蒂慢慢跑过去跟她的好朋友凯茜玩了一会儿,凯茜去年跟她在幼儿园时同班,如今就不在一个班了。这时候,我正好看到杰克自己一个人站着。我忽然间做了一个决定,走到他身边。周围并没有其他孩子,也还没开始上课。我想趁机跟他谈谈,我不是想让他道歉,当然也不是想批评他,只是想让他知道,他的不当言语伤害到了凯蒂,希望他能够尊重凯蒂。

"杰克，凯蒂跟我说你一直叫她小猪，"我开始了，"这是真的吗？"

杰克看了看我，低下头，"嗯。"

"你跟凯蒂是朋友，以前也一起玩得很高兴。你叫她小猪，她很伤心。她今天不想来上学了，因为你叫她小猪她不高兴。这也让我很难过。"

杰克听着，没有反应。

"叫她凯蒂，这才是她的名字。就像她叫你杰克一样，因为这是你的名字。好吗？"

"好。"杰克嘟囔了一声。

"今天上学开心哦！"我说道。

在回家的路上，我希望自己跟杰克的聊天没有出现不妥之处。如果这让事情变得更糟了该怎么办？一年级的孩子是不是还太小？这次谈话会不会让凯蒂陷入更加不利的境地？我不确定杰克到底是否能意识到自己的话语对凯蒂伤害有多深。我满心焦虑，忧心忡忡地过了一天。放学后，马丁女士告诉我，她跟杰克谈过话了，凯蒂也说这一天平安无事。

几天后，凯蒂回家，给我看杰克往她双肩包里塞的一封信。这是杰克自己写的道歉信，完全出于自愿写的。我被这个暖心的小男孩感动了，看到事情进展得还不错，也松了一口气。我跟一些亲密的朋友聊起这件事来，大家主要担心凯蒂会因为自己的外貌而留下心理阴影。幸运的是，凯蒂很坚强，从这件事中走了出来，但我的确管窥到了许多孩子都要经历的丑恶的一面。不过，对于凯蒂来说，这种嘲讽已经停止了。

11月的一个早上,凯蒂从自己的午餐包中掏出了她的"星战"水壶,说:"我不想带这个水壶上学去了。太小了。"

"你不是很喜欢这个水壶吗?"我问道。

凯蒂回答说它太小了,接下来在橱柜中仔细翻找,直到找到了一个粉红色的水壶。"我带这个。"她说。

我百思不得其解:"凯蒂,这个不比你那个'星战'的大呀。实际上我觉得这个还更小呢。"

"这个就好。我就拿这个。"她坚持道。我一直问她是什么原因,因为这在我看来说不通。忽然间,凯蒂哭了起来。

她哭喊着:"一年级的男生吃午饭的时候都笑话我,因为我有个'星战'的水壶。他们说'星战'是男生的专属。我在储物柜打开包的时候他们就这么说,吃午饭的时候和午休的时候还在说。他们笑话我。"

才这么小的年纪,凯蒂就已经为这个几个月前给她带来这么多欢笑的水壶而感到尴尬了。这一切是怎么开始的?我感到很奇怪。孩子们发现别人跟自己不一样,就要从恶语相向开始,逼她改变吗?我的女儿为了能被他人接受,就一定要服从吗?

让我迷惑不解的是,我了解这些一年级的男孩子。他们不是什么小恶棍,专门欺负我女儿,他们每个人都是很好的孩子,凯蒂能跟他们玩得很开心。但你如果让这些男孩子成群结队,他们或许就开始觉得脆弱,缺乏安全感。或许他们霸凌他人是为了逗人发笑;抑或是如果他们嘲笑凯蒂,就没人敢嘲笑他们了；或许他们这样做是为了引起凯蒂的注意。而在这么小的年纪，他们的社交技能很有限。或许他们这么做是因为他们根本不知道凯蒂会有什么感受。

我甚至不知道怎么才能界定凯蒂的经历。这仅仅是一场嘲笑吗？我很好奇，便上网做了个小调查。让我感到惊讶的是，凯蒂正在经历两种类型的霸凌：言语嘲讽和社交关系霸凌。根据霸凌调查领域著名作家丹·奥维斯（Dan Olweus）所言，凯蒂的经历可以算是霸凌，因为：（1）那些指向凯蒂的言论是消极的，是凯蒂不想接受的；（2）这种嘲讽一次又一次地发生；（3）势力对比不平衡（多个男孩子对凯蒂一人）。霸凌现象有种持续性，最早是从类似凯蒂所经历的这种较为温和的事件开始，极有可能发展成为严重的、较长时间的折磨。如果不加干预，随着这些男孩按部就班、顺顺利利地上中学，他们的攻击行为加剧也就不足为奇了。同其他很多事情一样，早期干预能够达到后期预防的效果。相反，认为嘲讽他人是"男孩子就该做的事情"或者"校园里的一种成长仪式"而对其置之不理，会让人觉得这种行为是正常而可以接受的。

真正让我感到伤心的是凯蒂想要妥协，这样她认为就可以融入集体了。有些孩子在被招惹后会发脾气，变得有攻击性，但凯蒂选择了沉默，希望能通过不引起关注来将所受攻击的影响降到最小。"凯蒂，跟别人不一样没什么不好。不是所有的女孩都要用粉色的水壶喝水。"我鼓励她。

"我已经和大家很不一样了，"凯蒂哭着说，"我们班上其他人都不戴眼镜或者眼罩,我也不知道还有谁跟我一样都是被收养的。现在因为用'星战'的水壶,我更与众不同了。"

我没有逼着她一定要带上"星战"的水壶,因为我不想这样做。但我让她一定要遵从内心,同时我希望她很快就能想明白,重新带上"星战"的水壶。

第二天,我坐在电脑前,准备在我的博客上写一篇博文。接下来的一周就是学校的"反霸凌周",这看起来是讲述凯蒂的"星战"经历的完美时机。我讲述了这个故事,题为"反霸凌从一年级做起",并把文章发给了凯蒂所在学校的校长凯特·艾莉森,她把这篇文章又转发给了学校的教职工。两天后,学校设立的家长教师联合会的负责人伊万·吉拉德(Evan Girard)给我打电话,希望能得到我的允许,把我的文章挂到学校的 Listserv(一款邮件订阅平台)上面。"当然可以。"我回答说,我很高兴看到校领导能够积极分享这个故事,推动更多人参与讨论。

那天晚上,有一些读者写下了支持凯蒂的评论。我笑了,因为所有的评论都来自那些支持"星战"的女性粉丝。很显然,她们回应的是我博文中写的这一段:"我很想告诉凯蒂,你不是一个人,也有其他的女粉丝喜欢'星战'。如果在读这篇文章的你是位女性粉丝,请支持凯蒂。我会让她读到你的留言或者评论,我估计你们的数量会很多,凯蒂看到后肯定会很惊讶的。"

我花了几分钟给这九位为凯蒂留言鼓劲儿的女性写了致谢的回复,看了看邮件,就下线了。该睡觉了。

第二章

最小的绝地武士

过了几天,凯蒂去上芭蕾课,我在外面坐着等她,看了一眼手机,想看看之前发的那篇博文有没有什么新的回复。网页下载速度很慢,我不知道是我的网络有问题,还是ChicagoNow服务器出了问题。我有些不耐烦地点了点手机,页面终于全显示出来了。令我震惊的是,我的博文后面竟然有200条评论。这些评论都来自谁呀?在我刷页面的时候,评论数量仍在增加,从201跳到了202,点赞的数量也在成百增加。接着,服务器竟然瘫痪了。我猜想肯定发生了什么不寻常的事情,但我还得再等一个小时才能登上去看。我们回到家之后,我直接冲向电脑,登录网络。我这个名不见经传的小博客收到了400条评论,每分钟都还有新的评论涌来。

我飞快地看了一下评论的前几页,注意到了一个主题——女性,给凯蒂留言的是成百的女性。小女孩、青少年女孩、年轻女性、中年女性,还有年长女性,她们都像冲刺一样,登录我的博客,给我的女儿分享她们遭受嘲讽的经历。她们从詹·叶慈创办的一个叫Epbot的知名极客女孩网站得知了凯蒂的故事。那天早些时候，有一位孩子在华盛顿小学念书的母亲把我的博文转给了叶慈。Epbot的读者们一直以来都备受孤立，还是小女孩的时候就因为行为古怪或者男孩子气而常常遭受霸凌。我和凯蒂吃完晚饭后开始读那些评论，很快就沉浸在大家的故事中了。上楼给凯蒂和她的两个小妹妹安妮·罗斯和克里奥洗澡之前，我们读了最后一条留言。

亲爱的凯蒂：

我还在接受义务教育的时候，我有个印着《绝地归来》（《星球大战》系列电影中的一部）图案的午餐盒，还有个膳魔师牌子的保温杯，上面印着一个伊沃克人（《星球大战》中的虚拟种族）的图案。我每天都带着这套装备去学校，这个午餐盒让我特别骄傲（我现在还留着呢）。凯蒂，男孩子们笑话我，不仅仅是因为我的这套"星战"装备，而是因为我看上去也跟一般的女孩不一样。他们冲我说了好多难听的话，我很受伤，但却从来没停止过我对"星战"的喜爱。说实话，学着不理他们真的很难，但我很努力（甚至在家哭过）。最终，我长大些后，跟那些曾经笑话我的男孩子成了好朋友……因为我们都喜欢"星战"。

爱你！

扎卡

这个一年级的小姑娘扎卡因为带着"星战"的水杯而受

到嘲笑的故事,被 Epbot 网站的极客女孩们迅速传播开了。几个小时不到,一个新群体的评论涌了进来——这次是被凯蒂的苦恼打动的男性。

亲爱的凯蒂:

我是个男孩,但我比你大很多。我也因为是被收养的孩子,像个女生,戴眼镜,比其他孩子胖,比其他孩子聪明而受到嘲讽。

但这些霸凌我的孩子现在并没有太大的成就,而我却过得很好。我做着我喜欢的事情,赚的钱也不少,还很开心。

你有喜欢做的事情,还这么勇敢,让我觉得你真是个很棒的人。这个世界需要你这样的人。看到你敢于做自己,我们都很高兴。

保罗

一位读者在推特上发起了主题标签:"#愿原力与凯蒂同在",让感兴趣的人能更容易阅读凯蒂的故事。美国国家航空航天局也加入了进来,发了这样的推文:"来吧,男孩子们,《星球大战》是给每个人看的!"伯尼·波顿(Bonnie Burton)是《星球大战》官网的副主编,也发了推特,引起了"极客女孩"知名人士的注意,其中包括阿莉莎·米兰诺和菲利西亚·戴(Felicia Day)。阿莉莎发推文说要"隔空"抱一下凯蒂。

菲利西亚·戴是一位科幻影视剧女演员,也是个极客,在推特上有近200万的游戏粉丝,她又更进一步,在我的博客下面给凯蒂写了一条支持她的评论,提醒凯蒂"这个世界上的每个人都是独一无二的,就像没有完全相同的两片雪花一样。尝试去跟他人一样,意味着浪费自己独特的那一面"。几个月后,我跟菲利西亚联系上了,我对她为何会对凯蒂的故事做出回应感到很好奇。她告诉我,她从小就在家接受教育,这让她很难跟别的孩子产生共鸣。"我时常觉得被排斥,因为我跟别的孩子兴趣不一样。我喜欢打游戏,喜欢老旧的黑白电影,还很喜欢学数学。除了那些能让我们走到一起的共同兴趣比如芭蕾舞和小提琴之外,其他孩子很难跟我聊到一起。"她经常受到孤立,这也使她"对自我的认识更清醒,对他人对自己的看法更敏感"[1]。

菲利西亚不是唯一想要为反霸凌这个话题发声的女演员。凯瑟琳·泰伯(Catherine Taber)曾在《星球大战——克隆人战争》中给帕德梅·阿米达拉(Padme Amidala)皇后配音,她给凯蒂写了留言,向她保证"帕德梅会告诉你,她为你感到自豪,她知道你不是孤身一人!"泰伯在Epbot网站看到凯蒂的故事后,第一个采取了行动。"读到这个故事的时候我百感交集。"她对我说。泰伯在一年级的时候也戴着酒瓶底一样厚的眼镜,她给我们发了一张自己小时候戴眼镜的照片。在《星球大战——克隆人战争》中给帕德梅配音影响了她对于霸凌的看法,因为"帕德梅不喜欢宽容霸凌者。她只做正确的事情,即使这意味着要反抗比自己更大更强壮的恶人。她也知道,霸王势力太强大,自己对抗不了的时候,寻求他人的帮助很有价值"。

泰伯跟她《星球大战——克隆人战争》的同剧组成员都讲述了凯蒂的故事，没过多久，我就收到了汤姆·凯恩（Tom Kane）的邮件，他在剧中给犹大配音。汤姆·凯恩感觉自己和凯蒂很有共鸣，因为在他的八个孩子中，五个都是收养的。我们第一次见面过后几个月，凯恩跟我解释说："我还是个孩子的时候，并没有很多朋友。因为我朋友少，我特别能与那些被霸凌的孩子感同身受，尽管我并不是被霸凌的对象。"不知怎的，凯恩向来对霸凌免疫，因为他总是班里块头最大的那个，这就足以让其他孩子害怕了。他也会利用这个优势，保护那些被霸凌的孩子。"我喊一声'住手'，那些小霸王就会停手，"他回忆说，"这就是我喜欢犹大的地方——他为弱者发声。"凯恩承认，"我能明白体形高大的人为何有一种权力感。作为成年人，我说话的时候大家都会听我的，因为我个子高，体形壮，很容易就觉得'我是校园里的老大哥'。但这个选择是你做出的，你要为你的行为负责任"。[2]

出演过《星球大战》的演员集体站出来，支持一个想做"星战"粉丝的小女孩的权利。一个打扮成绝地武士达斯·维德（Darth Vader）的人给凯蒂做了一个 YouTube 视频，肯定《星球大战》是"给所有人看的"。詹姆斯·阿诺德·泰勒（James Arnold Taylor）在《星球大战——克隆人战争》中给欧比旺·克诺比配音，他给我们发送了一个自己私下录制的音频。音频中他给出了很多建议，比如让凯蒂"去原谅那些告诉你《星球大战》是给男孩子看的人"，"一定要记得吃蔬菜"。一位热心的读者在社交网站脸书创建了一个活动，从12月10日开始，叫作"支持'星战'和凯蒂的极客情怀"，有超过35000人加入其中。该活动页面成为人们分享故事，寻找志同道合的极客伙伴的地方。凯莉·古尔丁是"思考极客"（ThinkGeek.com）网站的创立者，她代表所有"骄傲的极客们"联系了我们，给我们分享了一个网页链接，能看到她网站上收到的所有支持性评论。

邮件如潮水般涌来，我和我的丈夫安德鲁对这些陌生人的善意心怀深深的感激。感激之余，也焦躁不安。我们为何能被世界各地这么多人支持？那么多的孩子遭受的霸凌程度肯定远比凯蒂严重，但为何我女儿的故事能如此触动人心？

后来，我明白凯蒂其实不过是一个随机的代表，她可以代表任何一个孩子，也可以代表每一个孩子。凯蒂让这种"被霸凌的孩子"成为一个有血有肉的人物形象，让人们更能感同身受。人们在给凯蒂写评论的时候，其实也是写给所有的孩子，写给过去的他们自己，写给那些数十年前被嘲笑讽刺的极客小女孩。

凯蒂故事中的主题触动了全世界人的心，来自保加利亚、墨西哥、哥伦比亚、加拿大、英国、以色列、瑞典、爱尔兰、西班牙、阿富汗、澳大利亚、阿联酋和日本等国的男女老少都纷纷给我们写信。他们不分性别，不分年龄，有的贫穷，有的富有，但都传递着反对霸凌的信息。这些数千条来自世界各地不同博客上的评论讲述着同一个故事，他们告诉我和我女儿，我们不孤单，嘲讽、痛楚和最终形成的坚韧性格，这都是人类要经历的。他们说，总有人会在意这类事情。男性同胞看到我女儿在操场上遭受嘲讽而哭泣流泪，这是因为他们想到自己弱小的女儿也会身陷同种境地。凯蒂的遭遇引人同情，因为她是被收养的，戴眼镜和眼罩，还是个热爱"星战"的一年级小学生。大家对凯蒂的故事所做出的反应代表了公众对霸凌的态度。是时候进行早期干预并扭转事态了。

蔡斯·马斯特森（Chase Masterson）在《星际迷航——深空九号》的最后五部中扮演丽塔（Leeta），她跟我在电话中聊了一个小时，详述了她在听到凯蒂故事之后的强烈反应。马斯特森在孩提时代遭受过严重的霸凌，至今这些记忆仍然鲜活，她在讲述中时而会沉默片刻，整理思绪。"我父亲当时从军，我跟着他到处辗转。在得克萨斯的时候，我是个奇怪的喜欢数学和科学课的极客女孩。那时，在得克萨斯做个聪明的小姑娘不会给你带来好人缘。我觉得被排斥，是个'边缘人'。"初中戏剧课老师说马斯特森"害羞得可怜"，她觉得自己永远不会成为受欢迎的主流孩子。谈及当时，她说："年纪小的时候，很难看得长远，唯一重要的是吃午饭时跟谁坐在同一桌。我总是被那些受人欢迎的孩子群中一些恶毒的小孩取笑，非常丢人。那时候我就想去死。"我们还聊到，那些霸凌受害者怎样相信了霸凌者的话，开始觉得自己没有价值。马斯特森说，她曾很努力地去接受自我。

马斯特森跟在最原始的《星球大战》三部曲中扮演乔巴卡（Chewbacca）的彼得·梅休（Peter Mayhew）是关系很好的朋友。她帮我联系上了梅休。梅休深知作为异类是怎样的感受，因为他2.2米的身高一直在同辈中显得鹤立鸡群。他跟我说："大家都对我的身高评头论足，让我躲都没处躲。所有人都在评论我的身材，我没法隐藏自己的身高。我哥哥和他的朋友们一直保护我免受嘲笑，他们是我的保护伞。别人都不知道我才是这里面年纪最小的，尽管我的个子最高。"

梅休从母亲身上汲取了力量，母亲告诉他，他的身高是个优势。如今，梅休跟他妻子安吉都很热衷于反霸凌。2011年，他们出版了一本反霸凌的儿童读物《我最喜欢的巨人》。在书中，梅休描述了我们的共同点是怎样多于不同点的。这本书旨在教会年轻读者去接纳别人。梅休的观点代表了"星战"家族，甚至乔治·卢卡斯的女儿凯蒂·卢卡斯，也曾有过孩童时期特有的被孤立感。凯蒂·卢卡斯用可爱的笔迹给我的女儿凯蒂写了一封信[3]，分享了她自己遭受霸凌的经历。

> 凯蒂，我也叫凯蒂！
> 我也是被收养的。
> 还有，我也戴眼镜！
> 而且，我在6岁前一直戴眼罩！
> 我小时候总是被霸凌，因为我是女孩，因为我喜欢《歌剧魅影》和《吸血鬼恋人巴菲》，还因为我爸爸是乔治·卢卡斯！
> 与他人不同的确很难，但你就是如此。别去否认——你自己的样子才是最完美的。不管别人怎么说，

事实就是如此。

你难道不喜欢自己独一无二的样子吗？我喜欢！

你很特别。保持自己这份特别的样子，高兴起来！不是所有人都能对所爱的东西这么有激情！

在成长的路上，我班里每个人都觉得我很怪，除了一个男孩以外，这个男孩现在仍然是我最好的朋友。他也喜欢"巴菲"和《歌剧魅影》！他不管我是谁，不管我喜欢什么，他就喜欢我原本的样子。总有一天，你会遇到一个像他一样的朋友，那时候，你对霸凌你的人就没那么在意了。

坚持做自己，骄傲做自己！

祝你好运！愿原力与你同在！

凯蒂·卢卡斯

凯蒂·卢卡斯安慰的话语让我们看到，没有人能逃脱这种"异类"的情感，就算是个名人，就算家族显赫。让我感到惊讶的是，许多《星球大战》的演员都有过被嘲讽或被霸凌的经历。我跟在《星球大战——克隆人战争》中给阿索卡·塔诺（Ahsok a Tano）配音的阿什利·艾克斯坦（Ashley Eckstein）聊过几次，她笑着告诉我："我那时候是儿童棒球队唯一的一个女孩子，为此我受了好多嘲笑！但我爸妈告诉我，我可以做到最好，证明我也属于棒球队。有一次棒球队让我打投球手的位置，每个人都在笑话我，但我赢了比赛，也得到了大家的尊重。现在我跟孩子们说：'你们的强项在哪儿？不要总盯着自己的弱项看。'"艾克斯坦用这种态度去刻画阿索卡，把绝地学徒（《星球大战》电影中的角色）的小身形化作了一个优势。

与艾克斯坦同拍《星球大战——克隆人战争》的詹姆斯·阿诺德·泰勒在小时候也因为被嘲笑而摸索出自己的一套应对策略。泰勒在电影中给绝地武士欧比-旺·克诺比（Obi-Wan Kenobi）大师配音，他在现实生活中身高只有1.62米。他坦诚地告诉我："聊天时我总是先提到我的身高，这样别人就没法取笑我了。我总是说：'是啊，我够不到那个架子的最上方，但你能行，你来够，我来逗你玩。'后来我发现了我的才智之所在——我可以利用我的声音和幽默感，我甚至能跟大块头的人交朋友，这样他们还会保护我。我还能让旁观者都加入进来，都发挥积极的影响力。"泰勒是个绝佳的例子，他采纳了那条经典的建议：拥抱那些让你不同的东西。他接受了自己的身高，接受了这个可能会让他成为众矢之的的特征。"我妈妈是个单亲母亲，养着三个孩子。因为早期的经历，我本能地去讨好别人，让事情别出岔子。但我每次聊到自己的身高时，都确保既娱乐了大众，又不贬低自己。"泰勒很幽默，也很暖心，慷慨大气。谈到如何应对霸凌时，他简单地说："我相信我们内心中都有力量，都想去爱，想被爱，希望用尽全力找到与他人的沟通方式，找到与他人的共同之处。"[4] 我发现，彼得·梅休因为太高而受到嘲笑，泰勒因为太矮而被讥讽，这点很有趣。生活对于那些徘徊在边缘地带的人来说很是残酷。

我认识"星战"大家庭的人越多，我越被他们包容慷慨的精神所打动。我跟卢卡斯电影公司的一位员工说起，凯蒂所在的小学里有半数的孩子都因为家庭收入低，要吃免费或低成本的午饭，这位员工便跟卢卡斯电影在乐高和孩之宝的合作伙伴说了此事。两周后，装着"星战"玩具的十多个箱子悄悄地被送到了凯蒂的学校，而当时正值圣诞节。没有拍照，没有媒体报道，学校的社工花了几个小时来整理这些玩具，发给那些最需要的家庭。

2010年12月7日是个星期二，我和丈夫安德鲁把3岁的女儿安妮·罗斯和6个月大的克里奥带到他们的原生父母家，然后带上凯蒂，去参加了在芝加哥举办的最新三集《星球大战——克隆人战争》的一次特殊的首映式。501军团（"星战"粉丝团）的成员凯西·凡·伯宁恩给凯蒂做了一件漂亮的莱娅公主的衣服，我们帮凯蒂换上了。首映式开始前，汤姆·凯恩站在听众面前，主持了几轮"星战"冷知识竞答。他魅力十足，口齿流利，让整个屋子都暖意融融，活力四射。很难想象这个1.95米高的人扮演的是小犹大。让凯蒂高兴的是，我们被安排跟汤姆坐在了一起。他回到座位上的时候，凯蒂戳了戳他的肋骨，兴高采烈地说："犹大，干得漂亮！"

参加《星球大战——克隆人战争》的首映式对我来说另有深意。这个活动让网络上凯蒂的支持者们变得有血有肉。我们看到了那些为自己的极客身份感到自豪的真实的人。世界各地有着不计其数的俱乐部和各种组织，我曾见证过共同的兴趣爱好聚集人心的强大力量。比如，我见证过音乐会上人们心中澎湃着的相同的情感，见过体育迷们为比赛结果而发狂。我还记得我和我的丈夫特别幸运，观看了芝加哥白袜队的比赛，当时马克·布尔（Mark Buerhle）奉献了一场完美的比赛，那股凝聚所有粉丝的力量简直振奋人心。

但在我写这篇反对霸凌的文章之前，我还是低估了这些自称极客、"呆子"、"星战"粉和科幻小说迷的强大力量。他们能跟世界上最好的体育迷们一起欢呼雀跃。在社交媒体高速度和便捷的辅助下，这些极客把凯蒂的故事传遍了世界的各个角落。毫无疑问，他们是凯蒂对"男孩子的玩具"的这份喜爱的最强声援者。他们怜悯为怀，又慷慨激昂。随着凯蒂的故事疯传开来，许多极客加入了这场网络声援运动，留下了数千条评论。他们共同讲述了这群人的故事，比如他们在童年时因为像书呆子，像女孩，或是有着"男孩子的兴趣爱好"而被边缘化。

真正打动我的是这些曾经被孤立的个体现在形成了一个紧密的群体。他们找到了彼此，互相了解，互相支持。现在他们也有了凯蒂的支持。这些极客"收养"了凯蒂，拉起她的手，护送这个喜爱"星战"的小女孩走自己的人生路。在首映式上，我感受到了他们的爱和支持，我看得到他们的脸，听得到他们的声音。他们冲我的女儿笑着，聊着她的"星战"装束。她被接纳了，她因自己的与众不同而受到了大家的欢呼。她是最小的绝地武士[5]。

第三章
社区的回应

正当脸书"支持'星战'和极客为凯蒂而骄傲"这一活动创立之时,凯蒂小学的校长凯特·艾莉森决定在学校举办一个开放日活动,但她希望这个活动能更有包容性。经过与学校其他领导商讨过后,她把12月10日(周五)定为"做自己"日,邀请学生身着代表自己兴趣的衣服,或是带上任何代表他们兴趣的东西来学校,不用管性别、年龄或是种族。艾莉森对整个形势所做的反应体现了她的同情心。凯蒂事件可以被淡化处理,但却被她转化为一个施教的契机。正如学校的执行学监迈克·罗比对凯特的描述:"她是个受过专业训练的社工。她的这个背景对我们来说很重要。她能建立联系,赢得孩子们的心。"[1]

华盛顿小学是个特殊的地方,因为这里代表着我们城市一个特殊的交集。我们在埃文斯顿生活,这是一个独立的大学城,是西北大学所在地,距芝加哥约25分钟的车程。与其他小城镇不一样的是,埃文斯顿这个社区有着一个更大城市所具有的更加多元的人口构成。这一状况惯常的负面影响也显现了出来：埃文斯顿有着大城市才有的固化的社会经济藩篱。正如其他有着内在藩篱的社区一样，这种藩篱主要是以种族为界来划分的。孩子们来自不同的社会阶层，这就为恐惧、无知和霸凌提供了滋长的沃土。

但凯蒂的学校就不同了。首先，埃文斯顿有几个地区在管理多元人口方面做得很好。我们的居住地恰巧就在埃文斯顿那几个人口并不那么同质化的地方。我们的邻居有高加索人、非裔美国人、拉丁美洲人、印第安人，所有你能想到的种族几乎都有。在华盛顿小学的长廊走一圈，你就更能体会这种多元文化的氛围，所有标识和话语都用英语和西班牙语两种语言写成。凯蒂大部分时间都在说西班牙语的课堂听课。除了很多拉丁美洲的孩子之外，学校还有很多非裔的美国孩子。

不同族裔背景的孩子一直在一起生活，对彼此的不同之处就不那么恐惧了。在这种情况下，熟悉感培育的是友情而不是轻蔑。我问起凯蒂，都是哪些男孩子嘲笑她，她说并不是同班那些了解她接纳她的男孩，而是其他班级的一年级男孩。他们跟凯蒂没相处过太长时间，对她的喜好并没有建立尊重和理解。

然而，华盛顿这种多元而包容的环境并不意味着学校就不会发生霸凌事件，凯蒂的经历就佐证了这一点。我前面也提到过，最开始的时候，因为"霸凌"这个词背后的烙印，我总是不情愿用它，而总是把凯蒂经历的这一切称为"嘲笑"。但读完《霸凌者，受害者，旁观者》一书后，我联系到了作者芭芭拉·克罗卢梭（Barbara Coloroso），问了一些问题。克罗卢梭指出，"嘲笑"这一行为没有恶意，常常在朋友间或者家人间发生。嘲笑别人的人和被嘲笑者可以很自然地互换角色。如果有人嘲笑你，你不喜欢，那对方应该可以通过你的肢体语言和表情看出来，就会停下来。"比如，"克罗卢梭问我，"如果你嘲笑我的白头发，而恰好我今天过得不顺，不想被你嘲笑，你看到我情绪很低落，那你会怎么做？"我告诉她，我会为自己无意间伤害到她的感情而道歉。"就是这样，"克罗卢梭肯定地说，"因为你只是在逗我而已。凯蒂学校的男生则是在讥笑凯蒂，因为虽然凯蒂明显没跟着他们一起笑，他们却仍在继续这一行为。"[2]

讲述女儿因被讥笑而落泪的经历带来的最重要的结果是学校里的成年人开始在意了。我过去一年跟霸凌受害者做访谈时，常听到学校里的成年人在这种信息面前无动于衷。爱德华是一个遭受过严重霸凌的学生，他跟我解释说："学校让那些霸凌者（有个元凶，还有他的死党）住手，但他们从来都不听。旁观者总会起哄，还会加入进来。"看到没人帮助自己，受害者会继续在沉默中受苦。如果一个孩子觉得成年人不会帮到什么，他/她何必要冒险告诉这个成年人，反而激怒霸凌者呢？另一位受害者亚历克西斯告诉我："父亲把我的遭遇告诉学校后，弄得学校里人尽皆知。我受的霸凌会更严重，过一小段时间才能回到平时的水平。"有时成年人会曲解，就像一个叫埃里克的男孩所经历的："霸凌者会恶人先告状，告诉老师是我开始动手的，而其实是他们先来找我的麻烦，但我会因为自卫而被老师误解。"这些问题是影响学生上报霸凌事件的最大障碍。他们需要觉得有人能认真听完整个故事，能真正关心他们，采取行动。

从那晚我的反霸凌一文挂在了学校的列表服务器（listserv）上以后，我就开始收到许多家长表示支持的邮件，有一些我甚至从来没见过。我敢说，有些父母，尤其是小男孩的家长，肯定私下里觉得凯蒂经历的不算什么大事，但我也从没听到过什么粗鲁的言论。他们尊重凯蒂的感情，这是华盛顿社区态度如此积极的基本原因。尊重才是应对霸凌的答案，嗤之以鼻则会助长霸凌。一个持有蔑视态度的学校会将整个事件定性为"男孩子就是男孩子"或者"小小嘲笑无害全局"。但凯蒂的学校是"重情感的学校"，它用凯蒂的经历引入了一场开放性的讨论。

社会活动家、反霸凌畅销书的作者特鲁迪·路德维格（Trudy Ludwig）找到了一种描述霸凌行为的方法，且不用给当事人贴上"霸凌者"的标签。"我就说他们戴上了一顶'霸凌帽'，戴着这顶帽子的时候他们的行为就像一个霸凌者。但这就意味着，他们可以摘下这顶帽子，做出改变。"[3] 我从霸凌中学到了很多东西，其中之一就是霸凌行为具有很强的流动性。同样是取笑凯蒂的男孩子，他们其中有些自己就是霸凌的受害者。有一个术语——"霸凌—受害者"——指的是那些参与到霸凌行为中，同时也常被他人霸凌的人。13岁的艾米莉就是其中的代表，她告诉我："其他孩子先开始嘲笑我，因为我的兴趣爱好跟别人不一样。逐渐地，他们开始找麻烦，为所欲为，就是为了惹恼我。我常常以攻击作为回应，这也让我因为欺负其他孩子而陷入麻烦。我觉得没人真正在意，好像是我自己有问题。"研究表明，霸凌—受害者的抑郁程度要高于那些单纯的霸凌者或者受害者[4]。

"霸凌帽"哪个孩子都能戴，都能摘，也都能再戴上。你的孩子，我的孩子，你最好的朋友的孩子，都不免于此。特鲁迪建议我，不要仅凭一件事就假定一个孩子总是受害者或总是霸凌者。她说，在一个月、一周甚至一天之内，同一个孩子既扮演霸凌者的角色，又扮演受害者和旁观者的角色，这是再正常不过的了。我甚至在我自己的孩子身上就见过这种现象。大家都知道凯蒂是受嘲讽的那一个，但她其实欺负起自己的妹妹来也很在行。好多次我都见过她咄咄逼人，就为了惹恼自己的妹妹安妮·罗斯。但反过来，我也见过安妮·罗斯把凯蒂惹哭过。

特鲁迪指出："孩子们会犯错，我们的工作就是为了保证孩子们不要总是犯同样的错误。"[5] 每个孩子，每个成人，每位家长、老师、医生、护士、电工、警卫，每位职业棒球大联盟的运动员，所有人都会犯错。真正的问题是，错误发生时，我们怎么解决？我们是否希望没人看见，继续犯错？我们是不是试图遮遮掩掩，让事情变得更糟？还是我们会停下来，查找错误，寻找一个匡正错误的好办法？我们家长在孩子是受害者的时候常常会坦率直言，但如果自己的孩子咄咄逼人，那家长也不应视而不见。

孩子们陷入冲突的时候，家长通常是迷惑不解的。究竟什么是一场普通的打架，什么是真正的霸凌，在这其中有很多的误解。偶尔一次不合跟对某一个目标进行重复性的攻击并非同一回事。在华盛顿一次讨论霸凌的会议上，一位母亲说："我当然在操场上见过很多不合适的行为，但不能说我见过很多次霸凌。"校长凯特·艾莉森同意这一观点："在这里霸凌行为的确发生得很少。我们会收到办公室提交上来的学生不尊重他人或是挑衅滋事的报告，有时候是一次性的打架行为，但在华盛顿小学，霸凌行为的确不常见。我们为了解决不尊重他人这一问题，在华盛顿小学学生行为规范中加入了'尊重他人'这一条。"果不其然，把"尊重他人"列入学校行为规范的核心条目大概是这里霸凌现象不常见的原因之一。

另一位孩子在华盛顿小学读书的母亲告诉我："有时我女儿很沮丧，因为她最好的朋友无视她，而第二天，她们又黏到一起了。家长和老师看着她们的闹剧也是很疲惫。"学龄儿童的家长都知道，孩子之间的友谊和结盟是可能突然转变的。我还记得畅销书《女王蜂和跟屁虫》作者罗莎琳德·怀斯曼（Rosalind Wiseman）的建议："有时候你的女儿是把人赶走的那位，有时候是被人赶走的那位。女儿跟朋友在外面玩时，不要让她只看到消极的一面，让她去妖魔化自己的朋友和友谊。你也不要这样做，因为一旦她们下周和好了，将会把你置于何地？"[6]就像特鲁迪一样，怀斯曼建议要给孩子们第二次机会。作为父母，我们对欺负自己孩子的小孩肯定会有负面情绪，但最好是去调整一下这种情绪，因为孩子们的友情可以很快重新构建起来。如果你没法接受你孩子与之前的敌人重归于好，就可能跟自己的孩子产生激烈冲突。

所幸，华盛顿小学对待社会冲突的态度是健康向上的，重点放在直面问题、消除顾虑上。家长、社区参与其中，教师、学生紧密相连，校长定下正确的基调。与之形成鲜明对比的是，凯蒂的"星战"故事公之于众一到两周之后，另一位叫艾米莉·罗森鲍姆的作者联系了我，她儿子扎卡里也有过类似遭受嘲讽的经历。扎卡里的一年级同班同学因为他带了"我的小马"去展示与介绍课堂而取笑他。（在6岁孩子的眼中，"我的小马"是女孩子才玩的玩具。）在接下来给《女士》($Ms.$)杂志写文章时，罗森鲍姆写道："嘲讽开始之时，成年人的反应至关重要。凯蒂和扎卡里在学校中有着相似的经历，而戈德曼和我在试图解决问题时遭遇的却截然不同。我孩子的老师给这个嘲讽事件画上了句号，而戈德曼的社区以这次嘲讽事件为契机，让大家行动起来。"

为了重塑扎卡里在学校里的形象，罗森鲍姆鼓励他带《哈利·波特》去下一次展示与介绍课。我告诉了凯蒂扎卡里经历的一切，说了他被嘲讽有多伤心。凯蒂作为这次支持运动的受益者，希望把这份爱传递出去。我在手机上找到了艾米莉·罗森鲍姆的电话，凯蒂给扎卡里留了言："我是凯蒂，我喜欢'星战'，你喜欢'我的小马'。这很棒，我也认识其他喜欢玩'我的小马'的男生。这真的很棒。嗯，希望小马与你同在！"她骄傲地结束了最后一句话，咯咯地笑了。

第二部分

易受霸凌的高危群体

任何一个孩子都可能成为嘲讽和霸凌的目标,很多家长痛苦地看着自己的孩子原本适应良好,被人接受,却不知为何不受同伴欢迎。虽然每个孩子都有可能被孤立,但有特定的一些孩子,受到同辈伤害的风险更大。

哪些孩子属于高危群体?答案是那些与众不同的孩子——喜欢异性但挑战传统性别规定的孩子;同性恋、双性恋、跨性别者;外形与他人不同的孩子;接受特殊教育的孩子;吃免费或者低成本午餐的孩子;信奉少数派宗教的孩子;家庭结构不典型的孩子。这些孩子更容易招致不想要的消极关注。在接下来的五章中,我将主要讲述这些高危群体的故事,跟大家分享我对他们经历的研究。

第四章

从"极客女孩"到"荡妇":做女孩意味着什么?

几十年以来,极客和书呆子一直都是被霸凌的对象。极客女孩除了被视为"不酷"之外,一直以来都要跟另一种偏见做斗争,因为主流观点总是看轻她们对以男性为主的领域所做的贡献。有着极客激情的小女孩们需要对自己的"男孩子"兴趣非常坚持才可以。比如,罗斯给凯蒂写信,提到:"我年轻的时候,总被其他孩子挑衅。我不去啦啦队,而是去太空营;我妈妈不带我去美甲沙龙,而是带我去科技馆。你猜怎么着?我现在是一名医学生!"但跟以前那几代人不同的是,现在出现了整个"极客女孩"运动,给罗斯这样的女孩子力量。这些极客女性已经骄傲地进军科学技术领域,但对自己曾经被嘲讽的经历仍记忆犹新。霍莉比罗斯年长一代,比凯蒂年长两代,她给我们写道:"以前,同龄人有时候对我也很苛刻,因为我喜欢《星球大战》和《星际迷航》,没有其他女孩子喜欢这些。(我也戴眼镜!)但你知道吗,这些影视作品激励我成为一名工程师,现在我在美国国家航空航天局工作！"极客女性正在为极客小女孩们指引方向，传递力量，让她们突出重围，坚持自我。

什么是"极客女孩"？"极客女孩"是一类别致的知识分子，常在科学或者数学领域工作，休闲娱乐方面为自己对游戏、奇幻、动漫展、象棋和科幻小说等的兴趣而感到自豪。她们为女孩不爱红妆的权利鼓掌欢呼。"极客女孩"运动刻画了戴着眼镜的害羞书虫形象，并给予她们力量。这没什么问题，对吗？但每当我看到媒体把极客女孩描绘得非常性感时——比如大胸、穿着高跟鞋和裸露的超级英雄的服饰——我都会觉得犹豫，因为看上去极客女孩在宣扬一个很有说服力的观点，那就是"要想变酷，必须性感"。性感这个因素有时会把她们划分为性感的极客女孩和不性感的极客女孩，从而影响极客女孩的自我接受力。

既然主流观点认为极客女孩只有证明自己很性感才酷，那么会有人说，是她们的性感而不是极客属性吸引了人们的关注。如果说人们首先要赞赏的是极客的头脑，那么我们为什么在杂志上看到的极客女孩总是着装性感？性感的消防员、性感的警官或者性感的航天员，坦率地讲，侧重点就是放在"她很性感"这一点上。但如果这个极客女孩不性感，她还会出现在杂志封面上吗？这是一个很值得深究的现象，因为这背后反映了容貌在社会中的重要地位。既然外貌是孩子们被霸凌的主要原因之一，我们不禁思索，我们是否为了让社会接纳极客女孩，而去无意间推崇好看的外貌？性感没有错，性感是好的。但如果用性感去获得接纳，甚至去兜售性感，事情就变得不对劲儿了，因为这容易导致推崇不健康的性感化，尤其是面向儿童（见第十五章关于性感化的详细讨论）。

但我也明白这个观点积极的一面。你可以说这鼓励女性既性感，又做极客。毕竟，为什么因为你是科学家或者数学家就要放弃女性特质呢？身着超短裙和高跟鞋的极客女性拒绝被传统观念定义，她们着装暴露，并为此而骄傲。许多女孩给性感的极客女孩贴上"不过如此"的标签，紧接着就叫她们"荡妇"，这是女孩子间霸凌行为最明显的方式之一。荡妇羞辱的目的是压垮那些开始表达健康性别特质的女孩。在这样的语境下，性感的极客女孩在彰显她们可以很性感，很自信，不在意被贴上"荡妇"的标签。脆弱的年轻女孩常常觉得只要穿上超短裙，自己在网上就被贴上了"荡妇"的标签。而一些夸张的极客女孩卡通形象——衣着暴露的丰满女性——迫使人们去承认画中的极客是个极客女孩，需要强调的是她的女性化特征，而不是她的性感。许多极客女性骄傲地说自己是婊子、荡妇，只为了表达自己女性主义的立场。一旦女性自嘲是极客和荡妇，社会就很难再对她们进行诋毁了。

极客女性，由于她们的性别特质和果敢，可以成为想要挑战传统性别观念的年轻女孩的优秀榜样。"哈迪女孩健康女性"组织的创始人之一林恩·迈克尔·布朗曾经见证过这种传统性别观念是怎样对女孩造成伤害的。她告诉我，一个女孩子总会主动与其他女孩竞争，以得到男孩子们的青睐。在为写《女孩子们的战争》一书做研究时，我跟一些初中女孩进行了对话。我发现女孩子之间的争斗有三种方式：（1）性别特质（越界者不再是性感，而是放荡）；（2）关于肥胖的对话（跟同伴抱怨其他女孩都说自己胖，但实际上是用这种方式让别人告诉自己不胖）；（3）态度（越界者从友好变为恶毒）[1]。

年轻女孩和成年女性总是如履薄冰。一旦有个女孩仅仅因为她的外貌或者性格引起了男性同伴的关注，她就提高了自己被女性同伴嫉妒的风险。不管她有没有进行过性方面的活动，都会被宣判为荡妇。这种事情一经发生，这位女孩的名声就很难恢复了。对于年轻一点的女孩，因为担心不合群，她们很难找到真正的自我。她们不想做书呆子，不想做荡妇。"我究竟是谁"成为最典型的问题。她们的外貌、行为、言谈举止，无不面对着巨大的压力，需要以"正确的方式"来行事，需要无时无刻不进行自我校准，来迎合当前同伴的理想标准。特莎拉是给我们写信的众多年轻女性中的一位，她讲述了自己在学校中艰难的身份认同：

> 我也是被收养的孩子。我也戴眼镜，穿矫正鞋。我认识的其他人都是直发，但我的卷发很吓人。我还是孩子的时候就很喜欢那些极客的东西。就跟你一样，我也曾被取笑。但我不坚强，我改变了属于自我的一切。我换了发型，换了鞋子，开始戴隐形眼镜，不再吃樱桃，改吃草莓，因为"女孩子们吃草莓，男孩子们吃樱桃"。我做了一切让自己"正常"的事情。我改变了我的走路方式、说话方式，这些还不管用的时候，我就故意显得

不那么聪明，因为这样人们似乎能更喜欢我。

我这一辈子从来没这么后悔过。我变得不像我自己了。在我上了大学，搬出去住时，我已经不知道我到底喜欢什么了。我不记得做自己是什么滋味，我苦不堪言。

我花了15年才回忆起自己没有为周围的人改变自我时的样子，他们并不真正在乎我是谁。我以此重新开始。我重新穿上了平底鞋，戴上了酒瓶底眼镜，做回自己。这么长时间以来，我第一次喜欢上了自己。

特莎拉终于找回了自我，这是值得庆幸的，但我们怎样才能改变这个社会的文化，让特莎拉们不用在悦纳自我的蜿蜒道路上花上15年的时间自我厌恶？我们从提出尖锐的问题开始，审查一下我们是如何趋向于认可外貌的重要性的。因为哪怕是无意识的，我们也会因为外貌更珍视一些人。

对外貌和衣着的强调

孩子们在乎自己的外貌是可以理解的。整个社会都在告诉他们，长相顺眼是多么重要。不过，成年人像孩子们一样以貌取人是不对的。研究表明，学校老师会对那些打扮精致、引人注意的孩子做出更积极的回应。这样一来，这些孩子的课堂表现会更好，老师们也能自圆其说，证明自己青睐的学生就是更优秀的学生[2]。

如果为我们所有人做辩护，喜欢好看的外表是人之常情。

这一偏见有生物学的基础；历史上，外貌有吸引力常常预示着更高的生存几率。在远古时期，女性总喜欢强壮、高大且肌肉发达的男性，因为他应该是个优秀的猎手，也能更好地防御外敌。健康、天资聪颖的女性更能吸引男性的目光，因为她更有可能在分娩中活下来并哺乳孩子。在现今的世界，生存不再依赖捕猎、采集食物和抵御野兽的能力；虽然孕育和生产过程有风险，但许多国家有着先进的医疗看护条件，让很多女性消除了顾虑。

这些改变发生得太过迅速，我们的生物本能没有跟上现在的环境。跟高个子的肌肉男相比，矮个子、体格稍弱的男性在生存中已不再弱势，因为绝大部分人已经不再靠捕猎和采摘为生。当然，有几个特殊的职业，块头大的确意味着更加优越，比如踢足球和打篮球，但对于大多数工作而言，高个子男性并不比矮个子男性更占优势。开药方、修车、编程、做园艺、绘画，在这些职业中体形大小并不重要——但是我们的文化在很大程度上还是认定个头小的男性会弱一些。矮个子的男孩子更容易成为嘲讽和霸凌的对象。

同理，不苗条或者不具备传统的女性特质的女孩子也容易遭受嘲讽。1976年奥运会类固醇事件发生30多年后，人们还是取笑那些壮硕、大块头或者男性化的女性，说她们是东德奥运代表团的。林恩·迈克尔·布朗告诉我："正因此，女运动员需要在《马克西姆》（*Maxim*）杂志上摆出性感的姿势，不然别人会说她们是女同性恋者。性感的极客女性需要用性感来证明她们的女性特质。她们说：'是的，我是个聪明的极客,但如果你觉得不舒服,别担心,我很女人,因为我很性感。'这完全符合社会现状,很精彩,也存在问题。问题是……这些女性到底拥有怎样的特质?她们是在讨好贴近男性设定的理想型,还是以自己希望的方式做女性?"[3]

为了对抗这些固化的标准,我们可以提醒自己关注人性。我们有能力理性思考,有同理心,这让我们去挑战那些生物本能,让我们不再相信长得好看,同时符合传统性别规范的人就更有价值。霸凌者蔑视他人,觉得有资格将他人边缘化。我们可以做得更好,我们可以欢迎、尊重他人,不论他人长相如何。请记住自由女神像基石上镌刻的美丽话语:

> 把你那贫困潦倒,疲惫不堪的流民给我,
> 他们在缩蜷呼喊。
> 只为挣脱你那熙攘海岸,残忍拒绝
> 送这些暴风雨中颠沛流离的人来我身边
> 我守在金色的门边,点亮灯盏

尽管有这些令人钦佩的理念,我们的社会却仍在贬低那些困顿贫贱的人,仍喜欢对瑟缩的人群视而不见。有攻击性的排斥是构成霸凌的一个常见要素,而且不只是孩子会参与到排他的活动中来,这是个全社会范围内的现象。孩子们从肤浅地认为外貌、服装、配饰和品牌至关重要的媒体报道中学会了排他。我们需要时不时地提醒孩子们,爱玛·拉扎勒斯可没有写:"给我你那贫困潦倒、疲惫不堪的流民,只要他

们穿着耐克的鞋,有着时髦的装扮。"自由女神像所召唤的移民自然没有那份"合宜的外貌"。很多情况下,他们曾被霸凌,且如今仍被霸凌。你若是问起来,为何他们会遭遇霸凌,他们会说是因为自己不合群。这不是美国特有的现象。全世界的女孩都在努力使自己被接纳。"我跟别人长得不一样。我穿黑皮衣、黑靴子,画很浓的黑眼线。"英国的希瑟这样写道。"我有一头卷发,还喜欢在公交车上读书。"写这话的是来自瑞典的埃尔萨。"我把我的短发染成了紫色,戴鼻环。"来自哥伦比亚的卡罗琳娜这样写道。

一个叫路易斯的女孩告诉我:"我是学校唯一一个'哥特呆子'。我就是那个典型的极客小女孩,身材瘦削,喜欢所有别人不喜欢的事物,如暗黑音乐、奇幻、电子游戏、科学、喜剧、读书,尤其喜欢写作。我喜欢化深色的妆(现在还喜欢),把头发染成大胆而鲜亮的颜色(主要是红色,我现在还在坚持)。说实话我有点孤单,但我确实有几个精挑细选的朋友,他们跟我一样,在别处也不合群。这让我显得很突兀,跟那些正常而受欢迎的女孩对立。"[4] 年轻的女孩们一遍又一遍地说遭到霸凌就是因为自己头发、衣服、钱包不对,对凯蒂而言,她则是选错了水壶和背包。

社会压力下性别典型兴趣的选择

跟我们联络的极客女孩常常提到,外貌是她们遭遇霸凌的原因之一,但绝不是全部。有很多给我们写信的成年女性和女孩说霸凌经历跟她们的外貌毫无关联。女孩遭到嘲讽的一个常被提到的原因是她们对"男孩子的玩具、男孩子的衣服、男孩子的游戏"感兴趣。比如，莱尼给凯蒂写信讲述了她自己"男孩子的兴趣"，她在少女时期就已经接受这些兴趣了。

> 虽然我从没看过《星球大战》（我现在可能会去看），但我从小就喜欢《指环王》和《哈利·波特》（我还有一整套"哈利·波特"的乐高玩具）。整个中学期间我都是科学及数学提高班里的孩子。现在我已经21岁了，回顾过去，我觉得做独一无二的女孩给了我巨大的能量。凯蒂，你很勇敢，很特别。没人能从你身上拿走这些特质。我有个妹妹，她也叫凯蒂。她很聪明，我见过她被嘲笑，因为她想去收集虫子，或者去博物馆，而不是玩过家家。但如今，她已经17岁了，已经成长为一个很棒的年轻女性。这是你的人生！你可以看自己想看的电影！玩泥巴，玩芭比，或者在泥地里玩芭比，随你喜欢。记住，别让别人否定你。

我很喜欢莱尼评论中的一点，即她强调凯蒂可以喜欢任何东西，甚至是芭比。坦率地讲，凯蒂确实喜欢玩娃娃。她选择把卧室漆成两种粉色，也确实喜欢用花哨的裙子打扮自己。凯蒂喜欢"星战"无可厚非，同理，她自己小女生的兴趣也是无可厚非的。虽然我不喜欢"女孩子的玩具"和"男孩子的玩具"这两个说法，因为性别标签会导致很多问题，但我在这里还是会用这些表述，以便于更好地区分玩具的种类。凯蒂还在蹒跚学步的时候，我就支持她对男孩子的玩具的兴趣。我爱看她给托马斯小火车搭建铁轨，当1岁的小凯蒂开始穿白色的球袜时，我会在屋子里到处放上棒球。凯蒂4岁生日时，问我要一个"哈利·波特"的生日蛋糕，而不是她同龄人都想要的"灰姑娘"蛋糕，那时我心底那个女权主义者激动得欢呼雀跃。她甚至还坚持让我用糖霜写上"生日快乐，赫敏"（一个《哈利·波特》中的人物形象），而不是"生日快乐，凯蒂"。我看到她希望成为赫敏那样坚强而聪明的女性，感到非常高兴。

但后来在幼儿园里——用作家佩吉·奥伦斯坦（Peggy Orenstein）很有名的那句话来说就是"辛德瑞拉吃了我女儿"——凯蒂开始要迪士尼的公主服饰了。我觉得辛德瑞拉只是咬了凯蒂一小口，因为凯蒂还是保留着她对"星战"、"哈利·波特"、白色球袜的激情，也喜欢在泥巴地里玩耍，但我注意到凯蒂对粉色衣服和公主玩具的偏爱逐渐强烈。凯蒂最开始喜欢上女孩子的东西的原因之一是她幼儿园的女生朋友都对这些东西很着迷，孩子的天性就是模仿。起初，我不给她买迪士尼的公主娃娃，但别人给她的生日礼物和假日礼物中会有这些，我很快就注意到了她有多么喜欢这些玩具。

那么问题就来了。拒绝绝对有害的东西很容易，比如我绝不会让凯蒂玩汽油或者家用漂白剂，但大部分事物不是非黑即白的。的确，伴随芭比娃娃而来的是对身体的固化认知，但这些娃娃也让凯蒂能开心地融入社会交往中。我还记得，我在她这么大的时候也喜欢玩芭比，尤其是喜欢给她们编辫子，这对我也没有形成什么永久性的伤害。接下来，因为担心凯蒂会饮食不规律，我试着告诉她，真正的女孩子长得并不像芭比娃娃那样（瘦得不自然，腿长得不可思议，大胸，腰细得无法企及），也顺便用芭比娃娃跟我女儿聊起外貌这个话题。聊过这个话题，就不会出问题了吗？时间会证明一切。有些人不让他们的女儿接触芭比，而另一些人想都不会这样想。两头掂量过后，我决定遵从一切适度的原则，支持凯蒂同时去探索女孩子的玩具和男孩子的玩具。

毕竟，粉色不是我们的敌人，固化的观点才是。女孩子喜欢粉红色和公主本身没错，只要她们有同等机会——在实际生活中和精神层面——接触到提升科学技能和批判性思考的玩具。如果凯蒂喜欢公主是因为这个社会告诉她女孩子必须喜欢公主，那么我们麻烦就大了。但如果凯蒂自发去选择喜欢公主，同时玩具种类也不受限制，那就没什么问题。我失望地发现，越来越多的女权势力似乎在把女孩子气的女生跟男孩子气的女生对立起来，而我们一旦开始嘲笑女孩子气的女生，就是在自我贬损了[5]。为什么要以新的固化观念来对付老的传统观念呢？性别平等不是让光彩照人的女孩子丢掉那份娇美。更好的办法是让女孩子一边习得属于自己性别属性的东西，一边玩一些跨性别的游戏。不幸的是，家长们的努力并没有得到太多支持，因为玩具公司很少鼓励跨性别的游戏。

我询问了粉丝众多的博客"喝酒骂人的母亲"的博主尼古拉·克奈普，以了解她对于性别固化观念的认识。克奈普很善于分析问题的两面性。"在女权主义者的乌托邦中，"克奈普观察到，"几千年的历史和女性强大的生理机制都可以被搁在一边，我们女儿的玩具应当是蕴含力量及平等精神，并且政治正确的物品。但我们并非生活在女性主义的乌托邦中。"克奈普指出，"我们是谁"这个问题更多植根于历史之中。她认为，最重要的是孩子能有机会不受大人强加的规则限定，把不同的现实融入玩乐中。

"当然，看到我女儿玩女孩子的玩具玩得不亦乐乎，我会考虑那些粗鄙的元素和无助的公主的心态，"克奈普评论道，"对那些闪闪发光、粉红女郎类型的时尚配饰，她总是玩不够，但她在自己的世界中，为每个人物形象赋予了自己的倾向性描述。这个世界不会因为玩具有着先前设定的属性、名字、角色而改变，尤其是如果这些玩具包含了有历史意义的角色、概念和主题。"

克奈普相信，重要的是女孩们应当有权选择把世俗世界给女性设定的期望融入自己的生活。"玩耍能帮助她们这样做。"她解释说，"她们可以尝试各种人格，在一个能满足她们好奇心的环境中运用自己的权利，直到能够在真实生活中体会这一切。这是多么激动人心啊！"

"如果你女儿想要试试《怪物高中》或芭比娃娃的故事情节，你是什么感觉？"我问道。

克奈普很坦率，她指出："美、力量、地位，这些都很重要。否认这一现实，跟宣扬这是追求幸福和个性的唯一途径一样危险。我自己对'爆裂妓女'、脱衣芭比没什么太大的兴趣，但我理解不了有些父母心怀敌意，不让自己的女儿去探寻过去，从而去了解现在和未来的选择——如果她们这样选。"同往常一样，跟克奈普谈话总是很能开拓思路。

收到一位对芭比和"怪物高中"娃娃表示担忧的母亲的来信后，我很好奇，给佩吉·奥伦斯坦打了电话。我们聊到了过去20年中，急于把产品分为男孩玩具和女孩玩具的强大市场推力。她跟我说："女孩产品这个概念太狭隘了，很多玩具都不是女孩产品。"佩吉参观了一个玩具集市，在"费雪"展示厅，所有的玩具都被分成了女孩区和男孩区。她看到女孩区点缀着写有"美丽、可爱、多彩"的条幅，男孩区的条幅则写着"能量、英雄、力量"，感到很不舒服。

"这的确限制了孩子们的思想。"我说。

"程度之深你无法想象，"佩吉说，"比如卖给女孩子的'万能工匠'玩具事先用粉色包装包好，这一套玩具可以拼成花朵。"佩吉指出，只能拼成花朵的玩具套装剥夺了"万能工匠"建造过程的创造力，因为女孩可能设计出来的其他东西都被花朵取而代之了。"随着时间的流逝，"她接着说，"这些不断重复的信息会改变女孩大脑的发育，她们越来越囿于自己建造或绘画的事物。"[6]

想要更多了解基于性别划分玩具种类的玩具市场，你可以去看本书第14章。人们取笑女孩有着男孩子的兴趣不足为奇，社会教导他们，女孩就该喜欢娇俏的东西，比如花朵和公主。想玩科学套装，想计算数学等式的女孩们不符合传统定义，便被贴上了"其他人"的标签。这种现象很早就会出现，整个高中阶段都会持续下去。2004年的电影《恶毒女孩》基于罗莎琳德·怀斯曼的书《女王蜂与跟屁虫》改编，林赛·罗韩（Lindsay Lohan）扮演了一个有数学天赋的高中生。她想加入数学俱乐部，这个流行的小团体惊恐地拒绝："不行！"甚至同为圈外人的好友，一个同性恋的男生和一个被排斥的女生都警告她说，加入数学俱乐部无异于"社会性自杀"。很显然，即使被边缘化的学生也瞧不起极客女孩。

尽管阻力重重，极客女孩们仍然是个坚韧不拔、团结友爱的集体。她们给凯蒂的留言里处处是令人心酸的苦难与生存的艰难。人类是社会性的动物，我们的基本需求之一就是陪伴。在最初的"反霸凌"博文中，我写到凯蒂觉得孤独，因为她戴眼镜，戴眼罩，是被收养的孩子，喜欢男孩子的玩具。极客们的回复都是针对这一部分的描述。凯蒂的"孤独"打动了极客们的心。

亲爱的凯蒂：

现在我可以确定的是，你并不孤独。我读你的故事时，流下了眼泪。为什么？因为这也是我的写照。我虽然年长一些，但曾经也跟你一样读一年级。我喜欢很多男孩子喜欢的东西——宇宙的巨人希曼、玩具小兵、变形金刚、霹雳猫，尤其是"星战"。所有跟外太空有关的东西，我都尽全力去了解。我不仅仅因为这个被取笑，还因为我戴眼镜。一年级的时候，我两只眼睛都做了手术，必须都戴眼罩直到恢复。后来我就戴眼镜了。我所认识的孩子中，只有我是被收养的。我知道我的养父养母很爱我，但我还是与别人不同。这一切都很艰难。我身上总是有别人嘲笑不完的点。但你知道吗，我坚持下来了。我仍然喜爱着那些被人用来取笑我的奇奇怪怪的东西，尤其是"星战"！

爱你的

阿曼达

凯蒂的故事中，男孩子因为她喜欢"星战"而欺负她，但通常情况下，不仅仅是男孩子会嘲笑热爱超级英雄的女生，女孩子也会迅速把不合群的女生"驱逐出境"。过去20年中，日益基于性别分化的玩具市场如机器般，已经在女孩角色和男孩角色之间划清了界限。迪士尼的公主玩具已经成为一个连贯的系列，强加到了年轻女孩的身上，实际上也告诉她们许多人，不喜欢粉色大家族的女生是不受欢迎的。达拉有三个孩子，她写到了另一个小女孩给她女儿带来的创伤：

我的大女儿萨拉今年7岁，上小学二年级。她从3岁起就喜欢"星战"（也喜欢所有男孩子的东西）。上幼儿园第一周时，萨拉下了校车，说她需要一把新雨伞，因为校车上的一个女孩说她不能用男孩子的伞（那是把"蜘蛛侠"的雨伞）。那个女孩跟萨拉说，如果她还是用

"蜘蛛侠"的伞,她就不跟萨拉做朋友,也不会邀请萨拉去她家玩。

我和萨拉经过讨论,觉得那个女孩让她改变自己的喜好很不公平。萨拉决定继续用这把伞,也不再跟那个小女孩交朋友。我以为这件事情就这么过去了,但我错了。两年后,这丑恶的一面又扬起了头。

今年萨拉上二年级,那个小女孩又跟萨拉分到了同一个班。萨拉发现她跟自己同班之后,很害怕自己会被她嘲笑。萨拉现在已经不敢做自己了。万圣节她想打扮成风暴冲锋队队员,但学校游行的那天,早上7:45分,她临时起意,决定不穿这套衣服了,因为怕被嘲笑。不论我怎么说,都改变不了她的心意。

我给达拉留了言,建议我们可以让萨拉和凯蒂交个朋友,因为达拉提到我们居住的两地相隔仅45分钟的车程。凯蒂春假的时候,我们全家跟达拉和她的两个女儿见了面,一起吃了午饭和冰淇淋。凯蒂给萨拉带了一本"星战"的书,我们到了准备一起吃午饭时,看到萨拉给凯蒂带的竟然是同一本书。午餐时两个小女孩坐在一起,聊个不停。"这是我吃的最棒的一顿午餐!"凯蒂告诉我,她的小脸熠熠生辉。两个极客小女孩在彼此身上找到了归属感,为此笑逐颜开。

第五章
公主男孩们

在我们的社会里,做一个女孩子气的男孩并不容易。人们更容易接受女孩子既阴柔又阳刚,却不容易接受男孩子呈现出女孩子气的姿态。这是我跟多位母亲聊过之后获悉的真理,她们都想分享自己女孩子气的儿子的故事。莎拉·布藤威泽写了一篇发人深省的博文,题为"在阴影中伫立",她详细讲述了自己大儿子的故事,如今他已经是一个青少年了。"我们既想保其安(免于遭受嘲讽),又想护其全(葆有真实人格)。"莎拉追忆起往昔的时光,那时她儿子5岁,想穿裙子去参加亲戚的婚礼。"我们想来想去,设想作为家长——假如自己的儿子20年后坐在心理治疗师面前——我们怎么做会对他伤害更大,是让他按自己的想法去做,还是不让?"莎拉和她的丈夫最终决定,还是让儿子表达自我。她出去买了几条裙子,有一条很普通,有一条很花哨,他选择了更花哨的那一条。"我其实希望他能选那条低调一点的。"莎拉承认说。莎拉提前给亲戚们打了预防针,给他们打电话说了这个情况。幸运的是,她儿子受到了主人一家的接纳和欢迎。

莎拉的三个儿子都选择把头发留长,在他们崇尚自由的家乡,很少有人会在意这件事。"如果我们外出度假,就偶尔会被'盘查',因为陌生人会以为我的孩子们是女孩。有时候我们保持缄默,有时候则给予纠正。但是,"莎拉澄清,"如果我们不去纠正别人,不是因为害怕,而是不想惹麻烦,不想花太长时间去讨论这件事。孩子们都很舒服,别人觉得他们是女孩他们并不在意。"

"你家乡有没有人因为他们的头发而让他们不好过?"我问道。

莎拉记起来,她的一个儿子上幼儿园的时候,有个老师不喜欢他的长发。莎拉记下来,决定不让他在这个老师的教室里穿裙子,希望他能被这位老师好好对待。"是的,在这种情况下我确实去保护他了,"她点点头,又说道,"哦,我父亲也不喜欢他们的长发。"[1] 莎拉的儿子们喜欢留长发,喜欢偶尔穿裙子,但大部分时候他们都是典型的男孩子的着装。

但如果一个孩子彻底颠覆性别传统观念,又会发生什么呢?如果一个男孩,长得像男孩,但穿得像个公主,会怎样呢?设想一下,一个短发的男孩穿着一身有花边的粉红裙子,他父母是否应该不让他穿成一个小公主去公共场所,以免他遭受嘲笑和霸凌呢?

这场论辩围绕小男孩戴森·基洛戴维斯展开了。他6岁,来自西雅图。戴森的妈妈谢丽尔·基洛戴维斯写了一本童书,即《我的公主男孩》。在介绍这本书的脸书页面上,有着这样的描述:"《我的公主男孩》是一本有关'接纳'这个主题的非虚构图画书。这本书讲的是我儿子通过穿裙子，喜欢传统的粉粉嫩嫩或闪闪发光的女孩子的东西，来快乐地表达真实自我的故事。"

小戴森的故事被推上了公众的审判庭，大部分陪审员仍然没有定论。有数以千计的支持者给基洛戴维斯一家写信，感谢他们让孩子做自己。但啦啦队旁边，仍有一堆说"不"的声音，不同意谢丽尔"让自己的儿子穿着裙子游街示众"。

评论中，有不同意谢丽尔的决定但仍表示尊重的，也有向她表露仇恨情绪的。有些读者称赞谢丽尔是一个勇敢的女英雄，有些则说她是虐待孩子的母亲。凯蒂的故事远没有小戴森的故事那样极端。凯蒂的经历引发的数千条评论、许多故事和文章中，没有任何一篇认为凯蒂穿着"星战"的衣服、玩男孩子的玩具是不道德的。我们所收到的少数消极评论最多就是认为被嘲讽没什么大不了，凯蒂应当更加坚强。

在我们现在的社会中，做一个不服从传统性别观念的女孩子，要比做一个这样的男孩子更容易被接受。小戴森穿着那套公主服饰去过万圣节，有些人就投来了不赞成的目光。我4岁的女儿安妮·罗斯在万圣节时打扮成了亚伯拉罕·林肯的模样（留着胡子，戴着大礼帽），大家都冲着她笑。为什么？因为我们的世界中充斥着对同性恋的深深的恐惧，同性恋者承受着巨大的社会压力，尤其是男性同性恋者。很多人把戴森的着装选择解读为一个信号，认为他是同性恋，或者将来会成为同性恋。同样一群人认为，小戴森的父母如果强迫他穿裤子，就不会让他变为同性恋。尽管很多受过教育的人士会证实，孩子外在的穿着打扮不会改变内在的性格，如果小戴森是同性恋，那么他父母无论做什么，他都是同性恋。更何况，如果小戴森是同性恋，为什么要去改变他？我们从不试图改变异性恋的人群，为什么要去改变同性恋的人群呢？这都源自我们文化对同性恋的恐惧。随着小戴森慢慢长大，他或许会成为同性恋，或许不会。这些不应该被看重，因为他是或不是同性恋，都无法决定他的价值。

仍然有很多谢丽尔的批判者指出，小戴森或许会成长为同性恋，直接原因是妈妈谢丽尔允许他穿裙子和公主服饰。"人们很迷惑。"谢丽尔评论道，"戴森选择穿裙子打扮成公主跟性取向没有什么关系，这是一个性别问题。两者不是一码事。"[2]我们目前所知道的，就是他喜欢穿好看的衣服，而这让一些人不舒服。

小戴森已经是一名学龄儿童了，他注定要遭受嘲讽。如果跟青少年们聊起来，他们会告诉你，嘲讽其他男孩最常见的方式就是说他是同性恋。11岁的亚当告诉我"孩子们通过叫一个男孩'公主''娘炮'及'同性恋'来羞辱折磨他"。这些话语本身就是诋毁性质的。

第一个词"公主"，在用到基洛戴维斯一家身上时有了新的转折。小戴森给"公主男孩"提供了一个积极的诠释。他自称是公主男孩，这种令人猝不及防的姿态减弱了霸凌嘲讽的能量。霸凌研究专家、作者朱迪·弗里曼（Judy Freedman）建议的策略之一是接受别人对你的嘲讽或讥笑，来让霸凌者无计可施[3]。戴森展示了这种做法的有效性。如果其他孩子用嘲笑的语调对着小戴森唱:"你是个公主男孩,小公主,小公主",小戴森这样回答:"对,我就是个公主男孩,你说的没错。"这样,小戴森既不落泪,也不反抗,其他男孩就没什么可说的了。小戴森对取笑他的人所做的反应是:如果你不喜欢我穿裙子,那我们不用做朋友。他对此完全可以接受。但有意思的是,在这种情况下,谢丽尔说大多数孩子都会说:"我确实想跟你做朋友呀!"他们便不在乎小戴森是不是穿裙子了。通常介意的都是孩子们的父母,谢丽尔收到的最严厉的反对意见是来自其他成年人的。小戴森展现出了极大的自信,这让其他孩子都会接受他。小戴森对自己足够接纳,这种自然和舒适感向外辐射,帮助他安全生存。

这让我们回到了哪个选择更重要这个问题——是保护孩子的安全,还是保持孩子的本真?小戴森的家长是应该不允许他穿异性的服饰,以让他不受不肯住手的霸凌势力的欺侮,还是应该保护他表达自我的欲望,允许他穿着跨性别的服装?

谢丽尔说:"我不觉得不让他穿裙子,他就不受霸凌了。我的承诺是要帮助他建构内心的雷达。评头论足对他造成的伤害,跟有人出于别的理由想要对他进行肢体上的伤害没什么差别——他需要抵达一个安全的地方。戴森书包里一直装着《我的公主男孩》这本书,如果别的孩子对他的着装横加评论,他就拿出书来说:'让我来给你讲讲这个故事。'但随着他长大,他会知道有些时候应当走开不予理睬。我想让他知道什么人不值得他拿出书来讲道理。霸凌在学校中会得到解决,人们对戴森的回应也会不断变化。霸凌他人是人性的一部分,但我们需要明白什么是可以被允许的,什么不是。"

谢丽尔正在寻求一种外在的方式,通过要求这个世界更接纳小戴森,来既保证他的安全,又能让他坚持自我。但很多父母不想让孩子成为公众人物,不想对性别规范发表自己的政治宣言。很多父母都会认为安全优于真实,因为他们觉得不让孩子经受社会的残酷是他们的义务。"我绝对不会让我儿子穿粉红色的芭蕾短裙去学校,"一位母亲说,"因为我知道这样他肯定会被嘲讽,别人会叫他娘炮。我宁愿他因为不能穿而扫兴,也不想让他被取笑觉得羞愧难当。"另一位母亲坦陈:"我3岁的儿子在商店广告的产品目录里看到了一件粉色的夹克,让我给他订。要是他穿了粉夹克,我就总会担心其他孩子和成年人会怎么对待他。最后,我说了个善意的谎言——我说他的尺码的粉色夹克商店卖完了,问他想不想要其他颜色。我觉得有点过意不去,但又觉得自己是在保护他。"

我给《包装男孩童年》一书的作者之一林恩·迈克尔·布朗打了电话,问她关于男孩子想穿粉色衣服一事,对孩子们的父母有什么建议。

"父母们或许觉得不让儿子穿粉红色的衣服就是在保护他们免受嘲讽。但实际上,他们唯一保护了的就是固化的观念。这种行为让恐惧永存。总有你得做决定的那一天。你是要保护孩子真正的兴趣,让他们表达自我,还是要保护那些不敢接受差异的其他人?保护孩子最好的办法是让他成为自己,并帮助他学会应对外界的反应。这样他才能实现完整的自我。"[4]

借用布朗的逻辑,谢丽尔选择保护她的儿子戴森,而不是保护"男孩子不能成为公主"的固有观念。在家人的支持下,小戴森学会了接纳"公主男孩"一词,但其他用来嘲讽男孩是同性恋的词呢?亚当提出的一个词——"娘炮",引出了一系列问题。"公主"这个词还有很多积极的含义(比如漂亮、闪闪发光的衣服、举止文雅,甚至让人想到凯特·米德尔顿王妃),但很难说"娘炮"这个词也是这样。作为一名女性,作为女孩子的妈妈,我觉得用这个词侮辱别人让我不安,因为它贬损了女性和女孩。我们能跟年轻的女儿说,像女孩一样跑或者像女孩一样投球是不好的事情吗?把某人叫作"娘炮"是对我们所有人的贬损:对男孩来说,这个词是残酷而嘲讽的;对女孩来说,它意味着做女孩是不好的。如果哪个孩子想给"娘炮"提供一种积极有力的阐释,他就会遇到麻烦。同样,充满愤恨的表达如"同性恋"也是如此。这些词语本身就不可接受,然而不仅男孩子们用得得心应手,女孩子们也信手拈来。

"娘炮"一词已经随处可见了,女性也用它做侮辱别人的词汇,浑然不觉这是在自我贬低。我还记得看搞笑的电影《忘掉莎拉·马歇尔》时就注意到了这一点。有一幕,杰森·西格尔(Jason Segel)饰演的主角不敢从悬崖上跳入海中。米拉·库妮丝(Mila Kunis)扮演的角色则成功地跳了下来。她在下面的水域蹚步,用一种嘲讽的声音向悬崖上方喊:"我在这儿都能看得到你的阴道。"自然,这很搞笑,但这是个经典的例子,说明了媒体怎样刻画女性自我贬低,追求喜感。我们的文化宣称其赞扬女孩,称颂女性力量,呼喊着"前进吧,姑娘!"。但同时我们却把"娘炮"这个词用作最极端的侮辱。母亲们给儿子买的夹克宁愿是儿子不喜欢的颜色,也不愿把自己的孩子送到社会中,被贴上"娘炮"的标签。

那年长一些的男孩子呢?对自己的衣着、发型和活动有更多话语权的孩子呢?一位快要收养孩子的母亲奎尼告诉我,她侄子杰克已经能自我审查一些女性化的兴趣爱好并加以隐藏,来保护自己不受霸凌。

> 他9岁,快10岁了。他就要被收养了——收养人是我!我特别激动。
>
> 他现在在跟一家人一起生活,但那家人不太理解他。他喜欢读书,家人觉得没意义。他喜欢学习,也会被家人嘲笑。他喜欢看《星球大战》,喜欢粉红色,喜欢画画、弹钢琴、摔跤,也喜欢看《爱卡莉》。
>
> 他还对化妆很感兴趣。我觉得他是喜欢在脸上作画,随意地用颜色改变自己的容貌。不管怎么说,重点是,他的兴趣容易让他遭受霸凌,他便隐藏起了自己的喜好,但他知道他跟我在一起是安全的。我们于是就在脸上作画。他明白,如果别的小孩知道了,肯定会给他起各种绰号。

杰克找到了自我表达的避风港——在家跟奎尼在一起的时候，但在公众面前他选择自我保护，觉得这种妥协可以接受。但说到发型，杰克选择告诉所有人自己喜欢留长发。奎尼告诉我："杰克决定捍卫这一点，不管霸凌者喜欢与否，他就是要留长发。其他人只得接受。"

像杰克和戴森这样的男孩子告诉我们，长发、裙子和化妆品是跟女孩挂钩的。女孩的另一个强大标志，不是发型，不是衣着，而是颜色。从婴儿时期一直到老年，粉红色都代表着女性特征。粉红色不仅是一种颜色，更是一种宣言，一种生活方式，一个品牌。粉红色之于女孩子的意义要甚于蓝色之于男孩子。女孩子穿蓝色的裤子，别人不会多想，但男孩子穿粉红色的裤子就会引来批判的目光。

而事情不总是如此。一百年前，并没有一个严格的性别准则。我跟《粉与蓝：在美国区分男孩女孩》一书的作者、历史学家乔·保莱蒂（Jo Paoletti）进行了对话，聊起粉色与蓝色的历史。"20世纪以前，所有宝宝都穿白色，主要是因为漂白比较容易，也好保持干净。"她说道，"但之后，随着两种力量崛起，催生了性别化的事物——一是心理学的发展，二是儿童用品市场的壮大。"保莱蒂先解释了儿童心理学，当时这是一个新生学科。弗洛伊德认为，同性恋是由于儿童时代早期的事物导致的。家长们便由此坚信，他们应当早些让男孩子有阳刚之气。她解释说，人们为此开始从很早就剪短男孩子的头发，让他们穿上裤子。"20世纪早期，第二种力量同时产生，让人们对性别区分明显的服饰产生了需求，这股力量就是儿童市场。家长们开始问孩子他们想穿什么,如果你问到一个蹒跚学步的孩子,他/她肯定会选择符合自己性别的衣服,因为那个年龄的孩童有着强烈的性别区分发展需求。"[5]

因此,新的性别划分需求产生,但这并没有带来"粉色就是女孩子的颜色"这一宣言。恰恰相反,1927年,《时代》周刊基于美国顶尖零售商的推荐,开辟了一个专栏,以展示适合男孩子和女孩子的颜色。芝加哥的马歇尔·菲尔德建议父母用粉红色打扮男孩子,波士顿的Filene百货大厦,以及纽约的Best&Company百货公司也是这样推荐的,因为粉色更鲜艳,更引人注意。温柔精致的蓝色则留给了女孩们[6]。

在20世纪40年代,这个趋势有了反转,粉红色越来越成为女性的颜色。虽然很多年以来,粉红仅仅意味着"婴儿宝贝"。保莱蒂证实:"20世纪50年代,孩子的1岁生日蛋糕都是粉色的,不管是个男宝宝还是女宝宝。"1953年的电影《彼得·潘》中,小弟弟迈克尔穿着粉红色的连袜睡衣,而姐姐温蒂·达令则穿着一件浅蓝的睡衣。在电影《睡美人》中,奥罗拉公主穿着蓝色的长袍,菲利普王子则裹着一件深粉色的披风。现如今,颜色的使用被反转了。最终,迪士尼重新让奥罗拉穿上了粉红色的裙子,这样跟《灰姑娘》中另一个穿蓝色长袍的金发公主更好区分。

在粉色与蓝色曲折演进的道路上,曾有一段时间是棕褐色和灰褐色作为主旋律。20世纪70年代,家长们掀起了一场反对性别划分的声势浩大的运动,接着,孩子不分性别的穿着流行开来。妈妈们拒绝给女儿穿粉红色,当时粉色是一个代表女性特质的颜色。保莱蒂回忆说:"有不到20年的高峰时段,我们很容易给女孩们找到不分性别的着装。"我出生于1974年,当时没有任何一张我穿粉红色裙子的照片,也没有3个妹妹穿粉红色裙子的照片。我回看我们的婴儿时期、学步时期及上学时期的照片,我们都穿着红色、黄色、蓝色及棕色的服装。我整个童年时期衣橱里都是原色系的衣服。

"随意做自己"的时代在20世纪80年代中期戛然而止。保莱蒂注意到,改变发生在1982年到1986年。1982年她女儿出生,1986年她儿子出生。"我女儿有很多男女皆宜的衣服。4年后,原本普普通通的红色的外套前面总是印有火车或者拿着足球的熊这样的图案,让衣服看起来更男性化。"这段时期,很多公司也开始推介具有女性特征的饰品,比如给女宝宝设计的印有箭头的松紧头带。保莱蒂知道,不分性别的时代已经终结了,区分男女的尿布已经问世。

这使25年后的我们置于何地呢?服装品牌J. Crew于2011年春季出了一个商品目录,图中的一个亮点是创意总监吉娜·里昂(Jenna Lyons),她在一个周六的早上跟5岁的儿子贝克特在舒适的家中玩耍。吉娜把贝克特的脚趾甲染上了霓虹粉,这个颜色是贝克特自己选的。有一些保守主义者,比如凯斯·阿布罗(Keith Ablow),称吉娜在推动跨性别事业发展。一些捍卫者冲上前来,谴责保守主义者的指责,说把小男孩的脚趾甲涂成粉色跟跨性别议题毫无关联。保守主义者拒不接受男孩子的脚趾甲还要涂色,尤其愤怒的是涂的还是粉色。讽刺的是,我们之前了解到,只有在最近几十年,粉色才是女孩的代名词，这些指责吉娜·里昂的人或许小时候也穿过很多粉红色的衣服。

或许曾经粉红色是男孩子的颜色，但我们当下的文化传递出一个清楚的信息，即粉色是女孩们的专属。虽然性别准则如此严苛，仍有男性支持男孩穿粉色。实际上，很多人给凯蒂留言，前来佐证这些有着严格性别划分的衣服和玩具已经影响到了他们。

达米安告诉我们：

> 这篇博文让我很受触动，因为我也是被收养的，也古怪得很。我从出生到现在一直都在挣扎，从不合群，不管在哪儿。直到今天，我还觉得自己是个局外人。我是个23岁的男性，最近我开始喜欢上了粉红色。
>
> 我穿粉色的匡威鞋子，这是我的最爱；穿粉色的纽扣衬衫，也是我的最爱。我玩"星战"游戏，用的是一个粉色的遥控器。
>
> 有一阵子，我觉得很不舒服，因为我知道人们会觉得我很怪。相信我，我为此被取笑，取笑我的人里甚至还有我的朋友。我妈妈觉得我一定是哪里不对，因为我喜欢粉色……说实话，我也不理解为什么。这不过就是一个颜色罢了，我喜欢这个颜色，它给我带来了一些快乐，男孩子穿这个颜色可以很酷，也可以很怪，取决于你怎么想了。
>
> 我想遵从我的朋克准则，一种"自己活也让别人活"的心态。如果这个东西适合你，对我也无害，那就这么

做!凯蒂,我觉得如果"星战"适合你,你喜欢,那就继续下去!

记住,可能嘲笑你喜欢"星战"的某个男孩子也喜欢粉红色呢。

我注意到,公主男孩及"星战"女孩之间最大的不同是成人对其所做的反应。小孩子会不加区分地进行批评——对触及男孩子领地的女生和触及女孩子领地的男生,他们会一视同仁地找麻烦。但成人就不是这样了。那个因为带"我的小马"去学校而被嘲讽的一年级男生的母亲艾米莉·罗森鲍姆告诉我:"老师和家长都会说,凯蒂喜欢'星战'很酷,但我儿子扎克喜欢'我的小马'就不酷了。"这里存在着一个顽固的现象,即我们的文化认为女性化的男孩子"不酷"。男孩子宁愿忍受霸凌的痛苦,也耻于寻求帮助,这种现象必须改变。我们要告诉他们,什么可以说,什么不能说。

威廉·波拉克(William Pollack)开创性的书《真正男子汉》教会我们,对于事物,男孩子同女孩子感受同样深刻,但他们不善于表达,因为社会不欣赏公开表露敏感情绪的男孩子[7]。他们会被贴上"娘炮"和"同性恋"的标签,或者被称作爱哭鬼、妈宝男。这种普遍的偏见会伤害到所有人,尤其对直接挑战传统性别观念的孩子更是残酷。这种偏见告诉孩子们,嘲笑喜欢足球的女孩和喜欢编织的男孩,都是没有关系的。只要社会还是认为女孩子应当穿粉色裙子,等待被高大健壮的男性解救,霸凌就还会发生。

第六章
举止不寻常的孩子和生病的孩子

一项对中学生进行的大规模调查发现,残疾学生跟身体健全的学生相比,更有可能成为霸凌的受害者[1]。有特殊需求的孩子的父母对此心知肚明——自己的孩子常会遭遇霸凌。乔瑟琳·格雷是一位博主,博客名为"十足疯妈妈",有趣且很有思想。她告诉我:"如果只有一个怪癖,别人或许能忍,但如果有很多个,你就会成为众矢之的。"乔瑟琳的儿子,大家都知道被叫作"小家伙",有一系列怪癖。我跟乔瑟琳说起,不同社区对有怪癖的孩子接受度不同,她跟我分享了一个有趣的观察:"小家伙4岁的时候被诊断出来患有阿斯伯格综合征,那时他不在自己出生的家乡。我们刚从费城搬到了休斯敦,打破原有生活规律及新环境加剧了小家伙的怪异行为。"在费城,乔瑟琳一家生活在一个高度包容的社区,人们觉得小家伙的怪癖是一种财富。在休斯敦,这个孩子却被定性为行为混乱。乔瑟琳同意这个诊断,但觉得两个城市对这种病的接受程度截然不同。最终,乔瑟琳和家人搬回了费城,渴望生活在一个比休斯敦郊区更能接纳包容小家伙的社区。

乔瑟琳解释了她跟小家伙遇到的一些挑战："许多父母很担心孩子被贴上'有特殊需求'的标签，仿佛这个术语会影响到孩子的学业记录，让老师们对自己的孩子另眼相待。诊断前后，他还是他，唯一不同的是确诊之后，我们有一系列服务可以利用。"乔瑟琳觉得，确诊之后她松了一口气，这次诊断为她儿子的怪异举止提供了一个合理的解释。她告诉我："尽管我们的家人和朋友都接纳小家伙真正的样子（这减轻了他的压力水平，也减少了他这种怪异的行为），但陌生人就不太理解了。他的手左右翻飞，其实是在表达兴奋或者开心的情绪，有时候会把其他成年人和年纪大一些的孩子吓到。他4岁，还小，大部分怪异的行为都在我们的掌控之下，但偶尔也会在公众场合控制不住。"陌生人常常会诧异，他还穿着尿裤，还在超市手推车前面坐着，不回答别人的问题。乔瑟琳说，大部分这些评论开头都是："他这么大了，怎么还……"

现在，小家伙已经确诊了阿斯伯格综合征，乔瑟琳觉得更有信心去对陌生人解释他的行为，许多陌生人也都是善意的。如果有人说他很害羞，乔瑟琳会说，"他不是还小，他只是不习惯跟新面孔进行目光接触。这是阿斯伯格综合征的一个表现。"乔瑟琳拿出孩子的诊断说事儿，因为她和丈夫觉得与其为儿子的怪异行为感到羞耻，倒不如实事求是来得更好。乔瑟琳说："他听得到陌生人的评论。他或许不回应，但这不意味着他不知道。事实上，如果他不看你，那你基本能肯定他在认真听；如果他直视着你的眼睛，那你十有八九被他屏蔽了，或许他正在脑海中回放《绝地武士归来》的一个场景呢。"

虽然乔瑟琳收到的大部分网友的问题和评论都没有恶意，但她发现这些还是会带来伤害。乔瑟琳解释说："与大家想的不一样，自闭症患者不是毫无感情。当有人说我儿子还穿着纸尿裤时，我儿子能真真切切地感受到伤害，觉得沮丧和羞耻，但不敢表达。他还弄不清说这话的人的意图，不能判断对方的话是有益的还是讽刺的。"乔瑟琳相信，自己那些与外人的互动能为小家伙做个榜样，帮助他去面对将来的挑战。如今小家伙开始上幼儿园了，面临着与同龄人更多的接触。乔瑟琳发现，在这个年纪，大部分小孩子都还懵懂无知，所以他儿子许多怪异的行为其实并没有引起同伴们的注意。

小家伙在幼儿园第一次参与一些正常的游戏和仪式的时候，费尽了周折。"老师没有把捉人游戏的规则向他仔细解释清楚，于是他觉得太恐怖了，"乔瑟琳回忆说，"他不能理解为何其他孩子欢快地在他身边跑来跑去，碰碰他，再跑开。他觉得这是种恐怖的惩罚。后来，我们做了两件事：第一，给他解释这个游戏；第二，告诉他如果不喜欢这个游戏，可以直接说'别追我！'。"学年刚开始，小家伙在排队的时候总是被推搡。每天下午，他都悲伤不解地告诉妈妈，身后的男孩子总是推他，冲他喊"走啊！"。这种大声的喊叫、身体的接触和推搡，都让他无比沮丧。

乔瑟琳很快就知道了事情的真相，原来是因为她儿子有运动规划障碍。她解释说："老师让全班学生排好队，步行去图书馆。小家伙只能听明白第一层信息：排好队。接着他就会站着一动不动，等待下一层指令。站在他身后大脑功能正常的孩子觉得很奇怪，不明白为什么小家伙不往前走，又不想落在后面给自己找麻烦，所以会喊一声'走啊'。看小家伙没有任何反应，就会推他一把，更大声地继续喊。"乔瑟琳跟老师说起了这个情况，提议让小家伙站在队伍最前面。这样老师可以给他一点肢体上的提示，比如该走的时候轻轻拍拍他的肩膀。乔瑟琳高兴地说："这样做，再加上老师一再强调不能推别人，问题就迎刃而解了。"[2] 小家伙能遇到一个这么支持并理解自己的老师，真的很幸运了。

患有阿斯伯格综合征的孩子历来都会被同伴欺负。乔瑟琳的儿子太小，没法在这次访谈中说清楚他患有这种疾病是什么感觉，所以就由乔瑟琳代劳了。

但另外一位，现在已经成年的坎迪斯，显然已经能够跟我讲述她还是小女孩的时候，阿斯伯格综合征给她带来的创伤。"最早从幼儿园开始，别的孩子欺负我，我因为还手，深陷麻烦之中。他们除了骂我，还有肢体上的暴力伤害——朝我扔石子，让一个大一点的女孩抓着我不放，同时另外一个女孩打我。她们还弄坏我的东西——撕坏我的书，在我的新T恤衫和新靴子上画画（上美术课的时候这样）。有一阵子我家装了电话答录机（1989年的时候），因为总是接到同学的骚扰电话，我们只好把这些都录下来，交给警方备案。"坎迪斯特别怕蛇，她遭受到的最严重的霸凌是在三四年级的时候，同班同学总会把玩具蛇塞到她能看得见的地方。"书桌、外套口袋、铅笔盒,每次我一转身总能看到。于是,我一次次恐惧发作。"

不幸的是,坎迪斯学校的校长对此无动于衷。"校长坚信'小孩子就是这样',没有采取任何措施让我好过一些。既然校长不打算惩罚欺负我的同学,我的老师就尽可能地看好我。"坎迪斯四年级和五年级的老师一直对她多加留意,都会把看到的玩具蛇没收。但那种霸凌行为对坎迪斯形成的伤害是真实而永久的,单单想到自己的童年就已经让她非常紧张,甚至到恐慌发作的边缘。坎迪斯记得自己在青少年时期曾经有过抑郁引起的自杀倾向。"每天要去上学的时候我都非常害怕。"她说。我问她有没有支持者,她回答说:"我刚上初中的时候,同学们就开始帮我了。但小学的时候我完全孤立无援。初中时我遭到霸凌的时候,霸凌者还会欺负我的朋友。八年级的时候我遇到了最好的朋友,那时她刚搬到镇里——那是第一次戏剧课,老师说上戏剧课要找一个伙伴。没人想当我的伙伴,她是新来的,也没人想跟她搭档,后来我俩就搭伙了。20年后,我们还是彼此最好的朋友。"[3]

坎迪斯能与其他女生交朋友的能力或许拯救了她。《孩子们是值得的》一书作者芭芭拉·克罗卢梭告诉我,面对霸凌,四种最有力的解药之一就是"至少有一个好朋友跟你一起并肩作战"。"其他三种,"她接着说道,"是要有强大的自我意识;对他人友善;能够成功地加入另外一个小圈子,退出那个对你不友好的小圈子。"[4]仔细品味芭芭拉说的这四味解药,我发现有自闭症、多动症、行为障碍和其他精神类疾病的孩子都在艰难地跟霸凌做斗争，因为这些疾病的典型症状之一就是很难融入社会群体。有这些隐性疾病的孩子常常很难保持基本的沟通，更别说学会与人交朋友或者融入某个小圈子了。当社交活动带来太多压力的时候，坎迪斯通过读书来寻求慰藉。她回忆说："我置身事外，活在书本的世界中。成年之后，我还是会读这些书，仿佛与旧友重逢。我之所以能坚持下来，是因为小时候我就有个计划，打算考出很好的成绩，搬离我住的小城（约1万人口），去上大学，开启崭新的生活。"

有特殊需求的孩子是攻击者——成功的干预案例和失败的干预案例

虽然有特殊需求的孩子总会成为霸凌的对象，但有时候这些孩子也会成为攻击者。詹尼斯的儿子布莱德利上小学一年级，就是一个这样的例子。"他3岁时，我们需要更换幼儿园，因为他当时的幼儿园不能管控他的行为。于是，我们把他送到了一个学区管辖的特殊幼儿园继续上学。他接受了职业疗法，我们为了让他能够自我控制做了很多工作。"詹尼斯如是说。

布莱德利再大些时，家里想让他上本地的公立学校。开学前他的家长见了学前班的老师，跟老师交流了孩子的行为问题。布莱德利是个很聪明的男孩子，热情洋溢，能量满格，父母对布莱德利学前班的生活充满期待。

入学第二天，布莱德利下课后在操场上玩耍。詹尼斯注意到布莱德利将要把另外一个男孩子科尔从一个运动器材上推下去。"我看到他伸出手，就用尽全身的力气大喊了一声：'布莱德利，住手！'整个操场的家长都转过身，正好看到布莱德利把那个孩子推了下去。科尔脸上严重瘀青，两个月后瘀青还没消下去。我每每看到都心如刀绞。"詹尼斯说。

从入学第一周开始，布莱德利和科尔就发展出了一种高度对抗性的关系。詹尼斯解释说："60%—70%的情况下，都是布莱德利先挑衅，但有时候科尔也会先挑事儿。"詹尼斯把科尔称作布莱德利的"报应"，说这两个孩子就像水和油一样不相容。"布莱德利喜欢挑战规则，打破界限，而科尔则遵规守纪。布莱德利一做出什么出格的事情，哪怕没有影响到别的孩子，科尔也会立即告诉老师。这时，布莱德利就会觉得科尔在给他找麻烦，很生气，就用伤害他的方式来报复。"

布莱德利给科尔造成的瘀伤让詹尼斯饱受折磨。她定期跟老师见面来监控整个局面，也经常跟科尔的父母聊天。他们都很善良，乐于伸出援手。班上其他孩子的家长知道了这两个孩子间的摩擦，在操场上和生日会的时候也都帮着看好他们。詹尼斯承认："我没办法告诉你让布莱德利放学后在操场上玩耍有多难，但我知道社交对他有益。我站在一旁，胃里翻江倒海，祈祷他不会做什么出格的事情，紧紧地盯着他的一举一动。"[5] 幸运的是，布莱德利的妈妈适应了儿子这种攻击性的行为，她也愿意承认，愿意帮助儿子为自己的行为负责。詹尼斯和其他家长都较好地团结起来，支持布莱德利跟其他孩子一起玩，而不是把他从小伙伴身边赶走，不让他和大家一起做游戏。

学前班的老师也付出了努力，以改善这两个孩子在学校的状况。布莱德利、科尔和另外一个孩子每周都要跟学校的一位社工一起吃一次饭，几个月下来，两个孩子之间的关系得到了缓和。2月中旬，詹尼斯满面春风地告诉我："科尔昨天来我们家，问能不能约布莱德利一起玩。一切进行得特别棒！昨天正好是情人节，真是恰逢其时呀！"[6]

9月开学第一周过后，两个孩子之间的关系本会有多种恶化的方式。学前班其他孩子的家长完全可以给布莱德利贴上"小霸王"的标签，不让他跟小伙伴约着玩耍，以及不让他参加生日会。其他家长也完全可以躲着詹尼斯。这些行为会让布莱德利感到被孤立和愤懑，更有可能以攻击性的行为进行回应。詹尼斯在给布莱德利营造健康的社会环境的过程中，或许会觉得是在孤军奋战。

恰恰相反，学校里高度关怀的环境让布莱德利能够在成年人的密切关注下继续与他人建立联系。6个月后，詹尼斯讲述起参加布莱德利最近的一次家长会时，非常开心："真是前所未有！"她热切地说道："老师说布莱德利像是变了个人！其他孩子喜欢上了他，他成绩也很不错，在班里的行为举止都和之前大不相同。丈夫和我都注意到，他在家的时候也有了改变，就在我们冬季假期结束回来之后。"詹尼斯把这一切归功于很多干预措施："跟其他孩子继续玩，学习社交技巧，还有每周一次的午餐也很有帮助。布莱德利在班里如果攻击别人，其他孩子也不喜欢他。他注意到了这些，就更努力去改变自己。"

布莱德利的例子证明了创造一个充满同情心和友爱的环境大有裨益，同时教给孩子一些社交技巧也很重要。没有人认定布莱德利就是个"坏孩子"。詹尼斯还跟我分享了一个故事。学年的早些时候，她碰巧听到一个小女孩跟她的爸爸说："那是布莱德利，他是个坏孩子。"她的爸爸说："不，他不是坏孩子，我们都是来这里学习的，布莱德利也在学习。"其实，这位父亲完全可以说："真的吗？那就离他远点。"这样一来，孤立、恐惧和仇恨的情绪就会滋长。但事情不是这样，所有人都从布莱德利不断进步的社交技能中受益匪浅。

虽然布莱德利和科尔的关系有了改善，但并非一帆风顺。他们相约玩了几次，但"蜜月"结束之后，问题还是会出现。出人意料的是，两个孩子参加了同一个夏令营。由于不再每周同社工共进午餐，两人的关系又开始出现反复。虽然跟科尔的关系时好时坏，布莱德利还是能在夏令营中有所贡献，并跟其他小伙伴建立了友谊。头一年在夏令营中，布莱德利需要一个一对一的咨询师。第二年，夏令营第一周结束后，咨询师判断布莱德利做得足够好，已经不需要他们协助了。如今，一年级已经过半，布莱德利在学校的表现非常优异，在教室中已经完全不需要任何干预措施。

让我们把布莱德利的经历跟另外一个我采访过的母亲的儿子做个对比。这位母亲叫弗朗欣，她的儿子名叫亚当，也有攻击倾向。亚当最开始在幼儿园里展现出了粗暴、易冲动的行为，于是弗朗欣跟丈夫迈克把亚当送到了一个小的私立幼儿园。在老师的悉心照料下，亚当表现得还不错。跟布莱德利一样，亚当也准备在当地的公立学校上学前班。开学之前，弗朗欣跟校长和学校的学前班老师见了面。从最开始，这个会面就没有善意。"校长说，听起来亚当像有自闭症似的，需要进行职业治疗、语言治疗，而那时校长都还没见过亚当。她过早地下定论，给诊断，贴标签。"弗朗欣说道。开学后学校的环境更激化了亚当的行为。他极难控制自己的冲动，感知上存在的问题也阻碍了他正常的生活和学习。

有天午休的时候，亚当大发脾气，伤到了旁边的一个女孩，因为她的垫子离自己太近了。开学后几周内，他开始每天都尿裤子。弗朗欣抱怨说："我们总是要求见一见老师，但她不听，一直说亚当在做坏事。这就是问题所在。其他孩子都不想跟亚当做朋友，他们总说不喜欢亚当。学前班的老师对他也很苛刻，他哭的时候只会说'行了，别哭了'。"上学前班六周之后，亚当哭着跟爸妈说："我真傻，什么也做不好。我想从楼上跳下去。"弗朗欣整日以泪洗面，告诉我："没有任何父母愿意跟我和亚当扯上关系。我只好让他从那所学校退学。"[7]

亚当还在跟自己的攻击性行为做斗争，已经转了好几所小学。父母给他在私立学校报上了名，而一旦他的行为问题分散了班里其他人的注意力，学校就要求他离校了。这是私立学校的特权之一——能让太难管的学生离校。公立学校不能仅仅因为孩子行为难以约束就要求学生退学，这就让有同情心、受过训练的老师在公立学校中显得更加重要。亚当所在的当地公立学校无法为他提供这些，私立学校又拒绝继续让他上学，于是，弗朗欣决定让亚当在家进行一年级内容的学习。有些家长选择在家教育孩子，作为应对霸凌的举措，主要是针对那些总是遭受霸凌的孩子。家庭教学显然减少了孩子在学校被霸凌和嘲讽的机会，但这并没有一次性解决孩子们的社交问题。

弗朗欣讲述了她如何让亚当在公园里定期跟其他接受家庭教育的孩子玩耍。让她失望的是，亚当在跟其他小伙伴聚集在一起时，还是会很有攻击性，没过多久，弗朗欣就受到了其他家长的斥责和冷落，其他孩子也不跟亚当一起玩了。弗朗欣伤心地跟我说："他们让你觉得你好像做错事了。这种评判太强烈，让你觉得你真的犯了错误。但我们尽力了——限制亚当看电视的时间；就算破产也要请精神类疾病的专家过来，让亚当接受职业治疗；我们还给亚当报名了社交技巧小组。有时候我只好暗自垂泪，在公园、学校，各个地方，都有人对我们指指点点——太伤人了。亚当的妹妹很听话，我不知道做他的妹妹有多难。只要有可能我就尽量多关注她，因为亚当几乎在我这里得到了全部。"弗朗欣的表述证明了孩子是称霸者一方的家庭也需要我们的帮助和同情，他们也是受害者。

亚当以攻击性行为作为被欺负后的反击，他也是个霸凌受害者。有行为紊乱和情绪管理障碍的孩子更容易成为霸凌受害者，他们需要多重干预措施[8]。但老师们习惯去约束他们的霸凌行为，这是雪上加霜。他们自己是受害者，还会被老师责备。这些孩子通常很难为自己发声，在校生活充满了焦虑和紧张。

第七章
容貌有异及身体残疾的孩子

学前班快开始前,凯蒂确诊了弱视。她左眼视力比右眼要低下,所以除了戴视力矫正眼镜之外,她需要在视力好的眼睛上面戴一个眼罩,强迫弱视的眼睛恢复。6岁时,凯蒂已经能意识到自己跟别人不一样了。那时的她很脆弱,既想做个小孩子,又想变酷一点,但眼罩相当不酷。我感到很惊讶也很失望的是,很多大人都盯着她看,问她眼罩是怎么回事。我能想到孩子会这样问,却没想到大人也会。凯蒂越来越敏感,看到她用手遮住自己视力较好的那只眼睛,低着头不让别人看,我总是心如刀绞。在杂货店、餐馆,总是有人问:"你的眼睛怎么了?"凯蒂只是简单地回答:"我要让我另外一只眼睛更好一些。"

当回顾"水壶霸凌"事件时,我发现眼罩是让凯蒂心情低落的一个重要因素,就像拼图中不可缺少的一块。或许有的孩子从来没尝过异于他人的痛苦,会看着嘲讽她的男孩子说:"那又怎样?我喜欢这个水壶。"但凯蒂不会。因为她早已经熟悉了这种被盯着看的不适感,她想不惜一切代价去避免。她害怕吸引消极的关注，如果不用"星战"的水壶能降低她成为被关注对象的概率，那她已经准备好不用这个水壶了。

眼罩是个随机的例子，一个孩子觉得自己与别人不同还可能有很多原因。其他孩子的"眼罩"或许是他们太胖，有卷发，太矮，有胎记……任何一个特征都能让孩子更容易遭受嘲讽。数以千计的家长都知道，很多孩子并没有显著的身体或行为差异，但还是成了嘲讽和霸凌的目标。有些孩子从小就跟常人在外貌上有异，或者隔了一段时间出现后外貌变化较大，其他人总是能一下子就发现，吸引了很多霸凌者批判的目光。

或许某个孩子一夏天增重不少，秋天回到学校之后，有人就会嘲笑他变胖了。或许某个孩子之前皮肤很光滑，现在长了痤疮，整个青春期都没法好起来。种族差异在美国非常普遍，跟其他国家相比，美国人没有那么同质化。一位叫苏珊的母亲给我写道："我的女儿是我从蒙古国收养的，她在万圣节的时候打扮成了莉亚公主的样子，也在面对学校里的霸凌。一个小女孩跟她说，只有爱尔兰人才能扮演公主（其他孩子，甚至一位老师都因为她的族裔而找她的麻烦）。凡此种种，让她陷入绝望。她痛恨自己是个蒙古人，痛恨自己是被收养的，希望自己出生在美国。"我还记得我的一位非裔美国朋友抱怨说，她女儿想在万圣节的时候扮睡美人，让妈妈把她的头发弄得"顺滑"。我朋友说："我哪有什么办法把她的头发弄得顺滑！"

跟同伴看起来不一样，在任何年龄段都是件难事，开始有社会意识的孩童或者青少年更甚。我跟那些不符合我们文化中理想审美的成年人聊过，他们许多都说现在已经跟自己的外貌讲和了。他们都经历过痛苦，也都找到了一个与自己独特的外貌和平共处的方式。同理，婴幼儿（一般两岁及以下）如果外形上与他人不同，其父母大多都会说，自己的孩子对此毫不在意。但一旦孩子有了社会意识，当外界对他们横加批判，投去审视的目光，这时候他们就会觉得如芒在背。甚至是最坚强最自信的孩子，也会受到别人批判的目光的影响。有些生理上的差异，比如语言障碍，实际上夺走了一个孩子为自己辩护的能力，因为他一开口，别人就会发笑。人们总觉得有语言障碍的孩子认知上也会延迟，但并不是这样。有些孩子的父母需要跟社会做斗争，破除社会认为自己的孩子心智受损的假设。

宝拉就是这样的一位母亲。她跟我见了面，谈起她抚养6岁的女儿雪莉的经历。雪莉有身体残疾，但认知正常[1]。"雪莉只有三周大时，得了百日咳，并留下了痉挛性双侧脑瘫的后遗症。"现在在学前班里，雪莉只能依靠助行架站立和走路。她接受了数周的石膏矫正法治疗，并佩戴了腿部支架。很显然，雪莉的精细动作技能也受到了影响，这比宝拉预测的要坏很多。

宝拉定期带雪莉去社区，让自己身体残疾的孩子能与他人和谐共处。哪怕她承认，有时候不如待在家里轻松。不论去哪儿，人们总会盯着雪莉。"她不喜欢惹人注视。很多时候，孩子们明目张胆地看着她；大人们看一眼，移开目光，再盯着看一会儿，再挪开。"有人更过分，会说一些残忍无知的话。宝拉讲述了最近一次带雪莉出去的经历："不久前，我们在溜冰场，一个小男孩总是嘲笑雪莉用助行架移动，他学她的样子，止不住地哈哈大笑。小男孩的哥哥站在那儿，看着他嘲笑雪莉，无动于衷。"宝拉四处看这两个孩子有没有大人跟着，看到了他们的父亲在打电话，就走了过去，跟他解释了刚刚发生的事，他很是尴尬。"但有意思的是，"宝拉注意到，"这个父亲更担心雪莉会不会感到很受伤，而不是批评自己的儿子行为不端。他一直在问雪莉是否没事，却没有让自己的儿子参与进来。"

我和宝拉都在沉思此事，一个父亲教育儿子的好时机就这样错过了。宝拉觉得很失望，很多时候，潜在的教育机会就这样溜走了，因为这些孩子的父母并没有以恰当的方式来处理这种引发他人痛苦的场面。最糟糕的一天是在游泳池度过的，宝拉还是会害怕得不敢回忆。他们在"健康终生"这个地方游泳的时候，雪莉玩得非常开心。她自信心爆棚，高兴极了。宝拉回忆起来时脸色灰暗，写满了痛楚。"游完泳，我们去洗了个澡。这原本是最完美的一天，但后来在家庭更衣室，两个八九岁的男孩子站在雪莉助行架的两侧，找她麻烦，一遍又一遍地问：'她怎么了？'真是可怕，雪莉脸上的光彩散去了，她好似崩溃了，眼中那束快乐的光消失不见。两个男孩子的妈妈就站在一旁，假装没有听到。"

"那你是怎么帮着雪莉从这件事情中恢复过来的呢？"过了片刻，我问道。

宝拉回答说:"我会问她是不是觉得很受伤,有没有事,在想什么。我试图构建起她的自尊心,让她为自己的不同而感到骄傲。但她说,'我还是不能像小伙伴那样走和跑'。我朋友林恩有个6岁的女儿,得了严重的脑瘫。她也用助行架,雪莉很崇拜她。跟其他残疾儿童在一起时很不错——他们带着助行架进行比赛,雪莉看到有人跟她是一样的。实际上,雪莉能做的事情远多于她做不了的事。跟林恩的女儿一起玩耍时,她们都不在乎自己的肢体残疾了。"宝拉带雪莉去了一个地方,那里能帮助孩子们应对肢体上的挑战,学习水橇滑水。"我看到女孩们从轮椅上跳到水里,如释重负,觉得挺不错,因为雪莉身边有那么多不让身体的残疾阻碍自己前行的榜样。"现在雪莉也学会了水橇滑水。

我们谈到了孩子们有多年轻,多么有可塑性。教他们富有同情心和互相尊重能够有很大的收获。要使成年人做到这些就难多了——很少有成年人能够虚心接受别人的教育,承认自己的行为不尊重人。宝拉点点头,记起了一次他们在塔吉特购物时遇到的一位年长女性。雪莉想自己走一走,"她玩得很开心,跟普通小孩一样,用助行架跟我捉迷藏。她沿着货架间的过道又跑又笑,跳来跳去。这位年长女性就站在雪莉旁边,一直在问:'她怎么了?'就好像雪莉听不到似的。我一直在说'她没什么',而这位女性却执拗地问:'她肯定有什么问题,到底怎么了?'雪莉停了下来,之前的快乐不见了。她当然能听懂别人在说什么"。

跟宝拉聊天的时候,我想起了之前有人给凯蒂写过一封

信,那个人就像雪莉一样,不能正常走路,因而受到嘲笑。我翻了翻邮件,找到了他的那封信:

> 我三十来岁了,是个老顽固啦。我现在坐轮椅,但像你这么大的时候,我还是能走的,但我走路的时候,膝盖是弯曲的,脚也向内撇。他们总说,我走路的样子"真好玩"。像你这么大的时候,我总是因此而被取笑。但从别人的取笑中,我学到了很重要的东西。首先,这些取笑我的孩子之所以这么做,是因为他们自己缺乏自信。所以帮你自己一把,原谅他们,善待他们吧。其次,我那时就像现在这样深知我是个好人。我想去做一个好人,我没什么毛病。实际上,我也发现,如果我们在某种程度上都一模一样,那要无聊死了!
>
> 别忘了,他们看到并评论你的外在,这都无所谓,因为他们不像你的家人和朋友那样,已经了解你的内在,或者以后也肯定会了解。记住,卢克第一次见到犹大的时候,他想到前面站着的这个小不点会是一个了不起的战士,不禁发笑。但犹大告诉他,人不可貌相。做犹大!那些小霸王不知道你将会成为一个多么伟大的战士。(犹大和卢克都是电影《星球大战》中的人物。)
>
> 米歇尔

雪莉只是个孩子,未来的日子还要面临多重考验,面对人生所设的限制,有些她会接受,有些她会打破。成年之后,希望她能像米歇尔一样，与自己讲和。与此同时，宝拉也积极行动，给雪莉的同班同学讲授了何为怜悯与同情。雪莉今年在当地公立学校开始上学前班，宝拉跟学校一道，拨开了女儿在别人眼中那层神秘的面纱。学校积极配合宝拉，支持她与学前班的学生和老师进行沟通和交流。宝拉写了一本关于雪莉的书，大声读给学前班其他孩子听，告诉他们雪莉能滑水、骑马，还能游泳。"我带上了她的助行架、矫正器、拐杖，让其他孩子前来摸一摸，感受一下。第一天上学时，我还给每个孩子都写了信，放在他们的背包里，信里介绍了雪莉的病情，解释了她在认知层面与他人并无二致。我写上了我的手机号码，如果有问题可以打给我，而且让大家都知道雪莉有'一对一'的帮手，家长们不用担心老师会把大多时间都只投入到雪莉一人身上。"收到的回复"令人惊喜"，宝拉激动地说，在这个阶段，雪莉在学前班的社交很成功。其他孩子都特别喜欢她，甚至会为了谁能坐在她旁边而争起来。老师们只好排了一个时间表，让大家轮流坐在雪莉边上，都有机会。

　　雪莉跟班上其他孩子有显著不同，是因为罕见的身体残疾，但很多孩子会因为更常见的某些身体特征而受到霸凌。所有吸引他人目光的都不是什么好事情。这一点在中学阶段表现得最为明显，因此孩子们在衣着打扮和外形容貌上跟他人保持一致变得至关重要。有时候，仅仅是牛仔裤的风格"不对"，就能让一个孩子面临无情的嘲笑。我们在凯蒂收到的信中，看到孩子们会因为各种原因而被讥讽。

亲爱的凯蒂:

我叫米歇尔。我跟你一样很喜欢"星战",你的故事让我心碎。我不是因为喜欢"星战"而遭受霸凌,而是因为丘疹。这真的让我伤心。有天,别人说了很难听的话,我大哭了起来。遭受霸凌可不是什么好玩的,虽然我知道我们情况有别,但我想告诉你,改变自我无济于事。爱你的人爱的是你原本的样子,他们的看法才是最重要的,对不对?不要理那些男孩子,如果他们变本加厉,那就跟老师说,让老师想办法。跟别人不同是好事,这能让你表达自我。我遭受霸凌的时候,很想跟别人一样,但后来我意识到,做自己更开心。外面的世界很残酷,但总有人会义无反顾地爱着你。

爱你的

米歇尔

遭受霸凌的孩子常常会在同样遭受霸凌的伙伴身上寻求慰藉。另一位写信给凯蒂的男士讲述了他身体的不同,也讲述了他是怎样在这种情况下寻找陪伴的:

我是位36岁的男性,但在跟你一样大的时候,我臀部少一块肉,总是因此而被男孩女孩们嘲笑。我只能跟其他有缺陷的孩子一起玩耍,那个时代同现在一样,不同于他人可不是什么炫酷的事情。我们总是被挑衅,我们也有着相似之处:一位有耳疾,一位戴着酒瓶底一样厚的眼镜，另一位有行为障碍。但凯蒂你知道吗？他们是我这辈子最好的朋友。我们都喜欢"星战"，80年代的时候简直没有人不喜欢"星战"！

同样，高中时，我也因为与他人长相不同而遭受霸凌。那时候我真的很伤心，但现在想想，我意识到了一点：人们通通"正常"的时候，响彻耳边的词是"无聊"，或者是"拒绝承认不同"。

孩子们最在乎的就是外貌，因为早些时候他们就知道，外界会因为长相对他们评头论足。我们可以通过培养孩子的同理心来减少霸凌和嘲笑[2]。一旦孩子们了解了为何有人会坐在轮椅上，知道了有人是因为接受化疗才掉头发，那么一些看起来与众不同的人就不那么吓人了。这样一来，包容和接纳才有了生长的空间。

肢体残疾还好说，但体重或痤疮就没那么容易解释了，因为孩子们总会用模式化的见解推测其他孩子为何太胖或长痘。霸凌者会同时攻击一个孩子的外貌和性格特征，比如，胖是因为懒，长痘是因为不洗脸。

很多父母都知道，不仅仅是孩子会戴上有色眼镜看待那些过胖或长相有异的同龄人。一位笔名为莎拉·霍夫曼的博主的博客非常有名，其中记叙了抚养一位与众不同的孩子的故事。这位博主连载了她的儿子山姆于2011年春在小学遭受霸凌的经历。山姆患有腹部疾病及其他好几种病症，这一学年体重长了约9公斤，他的同伴都笑他胖。除此之外，山姆还留着长头发，别人总笑他像个女孩子。莎拉明白，成年人的偏见常常会成为反霸凌路上的绊脚石，就比如她收到了一位笔名为"H先生"的男士的评论，他认为莎拉试图从中干预很荒谬可笑。H先生写道：

> 人与人之间的冲突无往不在，没有什么一劳永逸的政策措施能解决这个问题。不喜欢你儿子的人，不论出于什么原因，都不会喜欢你儿子，才不会管你制定什么政策，给出什么惩罚。鉴于此，你儿子有两种选择：
>
> 1. 脸皮厚一点，嘴巴快一点，拳头硬一点，学会为自己辩护，别让妈妈帮自己打架。
>
> 2. 别再这么娘娘腔，减个肥，让自己的病别那么显眼，了解一下谁才对自己那些鲜为人知的小爱好感兴趣。
>
> 这是个弱肉强食的世界，你要么学着融入进去，如果必须站出来，就得学着自己站起来，不要总生活在妈妈原始的保护伞下面。

H先生后来又抛出了这样一条建议：

> 你们让山姆不要玩电子游戏，出去慢跑一会儿。我知道，这事儿不容易，但实际上体重有问题的人通常都是因为意志力薄弱，秤上的数字才掉不下去。总得学会自我控制吧，为什么不从今天行动起来呢？

莎拉想让我帮忙给 H 先生写个回复，我们一起准备了下面的回复，不光写给 H 先生，也是写给所有人的：

H 先生问："为何这是学校、纳税人和其他家长的责任？为什么你试图集合起这些人，让他们把这么多的时间、精力、金钱和资源投入到这么一小部分人身上（包括你儿子）？"

关于霸凌的情形：受到影响的人群远不止受害者。我们都知道，山姆不是自己霸凌自己，所以我们敢肯定的是，有其他儿童卷入其中。

有受害者的地方就有霸凌者——参与霸凌的孩子跟遭受霸凌的孩子一样都需要行为干预。

根据一份 2007 年 A. 索兰德（A. Sourander）及其他人的研究，霸凌行为昭示着未来实质性的欺侮行为和精神上的抑郁焦虑[3]。其他研究也显示，仅仅是旁观霸凌就会导致焦虑和抑郁。

H 先生很关注经济问题，那么他或许应当考虑一下允许霸凌山姆的孩子继续下去而不加干预所带来的经济影响。当孩子们——霸凌者、受害者和旁观者——沿着这条路一去不返，走向身体和精神健康危机愈加严重的未来时，我们应当置若罔闻、视而不见吗？这种状况的社会成本远远高于教会孩子们同理心和相互尊敬所耗费的成本。

除了没搞清霸凌者对自己和旁观者带来的伤害之外，

H先生还低估了受害者所受伤害的程度。这是一种常见的误解。

在 D. 埃斯皮莱奇（D. Espelage）和 S. 斯维若（S. Swearer）的《北美学校霸凌行为》一书中，苏珊·P. 林伯写道：

> 有些成年人严重低估了霸凌现象发生的频率。（比如，常说"孩子就是孩子"，"这是成长必经的过程"，"孩子要学着自己面对霸凌"。）这些成年人误判了霸凌带来的重大社会、情感和学业成本，高估了受害儿童无须成年人的帮助来对抗霸凌的能力[4]。

"人与人之间的冲突无往不在，"H先生的评论仍在继续，"没有什么一劳永逸的政策措施能解决这个问题。"

"冲突"这个词语意味着有解决的可能，而当只是一个孩子对另一个孩子尖酸刻薄的时候，解决冲突的可能就不存在了。不和、偶尔的打架，以及社交冲突，这些都是童年时期正常的组成部分。但是霸凌——在力量对比不平衡的情况下，这种重复性的，受害者不希望存在的攻击——并不正常，并不能跟典型的儿童之间的冲突画等号。

H先生建议山姆脸皮厚一点，学会反击，或者改变自己，让自己"别那么显眼"。（"如果必须站出来，"他建议说，"就得学着自己站起来，不要总生活在妈妈原始的保护伞下面。"）

这是个典型的批评受害者的例子。让山姆不要娘娘腔，这跟让强奸受害者不要穿着暴露是一个道理。山姆有权利做自己，同时安全地完成学业。

H先生评论了自己也在跟体重做斗争，他建议山姆"不要玩电子游戏，出去慢跑"，这引发了人们的担忧。的确，健康的生活方式对孩子们来说很重要，然而H先生的这个提议是建立在他对山姆程式化的假设之上的。可以用很多更照顾他人感受的方式去提及减肥这个话题。

莎拉不是让人们去爱自己的儿子，而是希望他能被尊重。获得尊重是基本的人权，山姆和所有孩子都值得被尊重。任何一个孩子都不应该为了融入集体而去隐藏自己的性别表达和身体特征。

H先生会让一个非裔美国孩子把肤色变浅一些，或者让矮个子的孩子使用生长激素，让坐在轮椅上的孩子站起来行走，以免受其他孩子的欺负吗？

只要还有与H先生持同样观点的成年人在，教会孩子有同情心就不是一件易事。但总要进行改变，今日不改，更待何时？

第八章
性取向异常的孩子

双性恋、同性恋和跨性别的孩子遭受同伴霸凌的风险极高。来自小伙伴的嘲讽从很早就开始了,而且会持续许久,有些年龄太小以至于不能够理解自己性倾向的孩子被迫选择结束自己的生命来摆脱霸凌。11岁的卡尔·约瑟夫·沃克-胡佛生活在马萨诸塞州(Massachusetts),日复一日被他人嘲讽为同性恋,后于2009年4月上吊自杀[1]。他母亲此前曾多次央求学校伸出援手。2010年的秋天,美国一群年轻的男孩因性取向被嘲讽之后集体自杀,世界各地的人都深感悲伤。尤其是男性同性恋群体,他们选择用自杀来试图唤醒世人。忍受了数年被称作同性恋的嘲讽之后,9月9日,印第安纳州(Indiana)一位叫比利·卢卡斯的15岁少年上吊自杀[2]。13岁的塞斯·沃尔士因其女性行为特征和同性恋,遭受了同伴残忍的霸凌,最终于9月19日在明尼苏达州(Minnesota)上吊自杀。被母亲发现时,他已昏迷,用了一周的呼吸机之后离开了人世[3]。得克萨斯州(Texas)13岁的少年阿谢尔·布朗,忍受了太久学校里反同性恋者的霸凌之后,冲着自己头部开了枪[4]。这些孩子承受了生命不可承受之重，在现实生活中没人能帮助他们坚持下去，只好以死来寻求解脱。

此类骇人听闻的自杀行为随着大量媒体报道已经进入公众视线，但其实这些只代表着遭受霸凌的同性恋、双性恋和跨性别群体中很少的一部分。每一个同性恋男孩自杀的背后，都有不计其数同样的男孩在痛苦挣扎。大多数找到了默默忍受的办法，情况总能好转。乔西的经历就是如此。他很善良，轻言细语，我跟他聊起了他的童年故事[5]。乔西从五年级开始遭受嘲笑，那时候，孩子们还没有明确地叫他同性恋，但他们说他行事像个女孩子。

"直到别人取笑我，我才意识到我与别人不一样。那时候我并不了解这些不同意味着什么，"乔西回忆说，"我那时候不知道自己是同性恋，但我知道自己喜欢花——喜欢插花。他们觉得这是女生喜欢的东西。霸凌最残忍的一点是你通过遭遇霸凌才能了解自己的与众不同。"乔西上学的过程中，他逐渐倾向于喜欢女性化的事物。"就被视为同性恋而言，我无意间给他们提供了好多素材。我喜欢吹笛子，别人觉得这是女孩子的兴趣所在。我曾经对运动完全没兴趣，没有运动天分。原因之一是我身体不太协调，再者就是没人教我怎么投接球。同伴们会说，'你投球的时候像个女孩子'或者'你跑步像个女孩子'。初中的时候，男孩子们会嘲笑我走路和说话的时候手的姿势。他们对着我模仿我的姿势。我个头矮小，直到九年级才最后一个变声。"乔西发现，别人会仅仅因为觉得他是同性恋，就对他施加严重的霸凌。后来过了很久，他才知道自己真的是同性恋。

因为不知如何回应这些嘲讽,乔西大多数时候都保持低调,以保全自己,尤其是在体育课和健康课上。他从很小的时候就对自己的身体有着高度的自我知觉:"我小时候从来不会脱下衬衫,只穿着短裤乱跑。我现在仍然会觉得自己的身体很别扭。"

大家都认同太胖的孩子容易遭受同伴霸凌,但很多人都忽视了矮个子和瘦弱的男孩子生存得多艰难。美国社会更欣赏健壮而有男子气概的男生,媒体对纤细和女孩子气的男生从来不赞赏。周围人包括老师都会专拣乔西不舒服的地方挑事。"周围似乎没有成年人来帮我,好像他们都不知道什么是霸凌。我记得健康课上,一位老师还跟两个男孩子一起笑话我。"

后来,乔西加入了一个霸凌群体,这样他们把自己视作人,而不是物品,的确让乔西略感宽慰。他讲起了低他两个年级的几个男孩子是怎样嘲笑他的声音和姿势的。每次他们在大厅遇到乔西时都会用很夸张的女性化方式跟他打招呼说"嗨"。"我用正常的方式和他们打招呼,"乔西回忆说,"后来发现这种方式很有效,因为他们意识到我也是人,是他们自己在无理取闹。几个月过后,他们终于不再嘲讽我了。"

在小学,孩子们因为乔西像个女孩而嘲笑他。但到了中学,嘲笑的语言发生了变化,霸凌者开始叫他"同性恋"。乔西不知道同性恋意味着什么,再加上他的父母是他们所在的这个天主教徒和基督教路德宗信徒占绝大多数的小镇上仅有的新教徒,他父母相信,其他人都会去地狱,这也让乔西更加被社会孤立。"我所接收到的关于同性恋的信息都来自像詹姆斯·杜布森（James Dobson，反同性恋者，致力于转变同性恋倾向。——译者注）这样的人，他们说同性恋是件坏事。我就想，那肯定不是我，因为我知道自己不是个坏人。所以我不认为我是同性恋，但也没机会去证实，因为我父母不鼓励我们出去约会、参加聚会、看电影，和参与一切社交活动。我没法去了解自己是喜欢男生还是喜欢女生，我的情感无的放矢。"

乔西觉得自己被孤独感裹挟了。他回忆说："宗教和社会障碍横亘于前方，让我难以与同伴产生共鸣，加之被别人认为是同性恋，我根本没有办法来表达自己的想法。"他通过装病来找安慰，这是很多霸凌受害者常用的手段。有时候病症并不是装出来的，压力和焦虑已经产生了身心症状[6]。"还是学生的时候，我总是头疼。我总是在家装病，初中的时候能一整周不去学校，因为我不想去面对学校的霸凌。"乔西说。

乔西上了高中之后，被认为是同性恋所带来的痛苦减轻了，因为他发现很多活动能转移注意力。"初中的时候最严重，"他平静地告诉我，"上高中之后，我就能通过各种方式跟同伴交流了，去找想在一起的人就容易多了。能够独立开车带来了很大改变，我可以开车去朋友家，一起学习。"乔西找到了自己的舒适区，便能忽视那些不给他容身之地的人。霸凌对他的伤害没有那么大了，因为他有了其他更有意义的事情可以做，找到几个新朋友也让他能够更轻松地应对不友善的人。尽管跟霸凌的斗争容易了一些，"但做一名同性恋者的挣扎并没有偃旗息鼓"。

乔西的父母甚至拒绝承认儿子可能是个同性恋。这给身为新教徒的他们造成了极糟的影响。"我父母相信，父母可以教儿子不要做同性恋，所以他们不想谈论我是同性恋这件事，因为他们觉得没能阻止我是他们的错。"随着科学界对同性恋认识的深入，詹姆斯·杜布森的心态越来越被弃之一旁。1980年，美国精神病学协会（American Psychiatric Association）发布的《精神障碍诊断与统计手册》（*Diagnostic and Statistical Mannual*）中不再把同性恋归为行为混乱。哈佛大学的老师威廉·保莱克在畅销书《真正男子汉》（*Real Boys*）中，提出目前同性恋是合乎宪法的："今天，即便是最保守的精神分析师也开始接受同性恋是人类中正常的一部分，不是精神健康专家应当想办法去改变的（也不是能改变得了的）。"[7]虽然人们对同性恋的理解日益增加，但乔西的父母如同很多新教徒一样，不认为同性恋是人类性取向的一个正常变体。乔西仍在身为新教拿撒勒派信徒的父母的掌控中，他在精神上仍然不能出柜。

上完中学后，乔西上了一个拿撒勒派的大学，那是新教拿撒勒派教徒的孩子应该做的。"很奇怪，拿撒勒派信徒的身份竟然保护了我免于遭受反同性恋的霸凌。这里的每个人无论是在社会层面还是宗教层面上都否认同性恋。我的同伴绝对不会想到另外一个虔诚的拿撒勒学生是同性恋，因为他们认为同性恋是可怕而不虔诚的。"那时乔西快30岁，已经能够承认自己的性取向了。乔西的父母难以接受儿子是同性恋，但他们还是接受了他的伴侣格雷格。"我不知道他们是怎么去调和自己的信仰与儿子是同性恋这一事实之间的矛盾的,但他们的确对朋友们承认我是同性恋。"

格雷格也因为自己的同性恋身份而遭受霸凌。他整个高中阶段都在外打工——每周至少20小时,这样可以不去想自己遭遇的霸凌。通过把生活充实起来,如去上学、参加唱诗班、外出工作,格雷格得以度过了焦灼不安的青春期。格雷格和乔西都已长大成人,他们相爱了。两人在交往中都展现出了内心的力量,他们足以互相治愈彼此早期的精神创伤,共同创造一个美好的生活。他们收养了一个叫卡森的男婴,乔西的父母已经把格雷格视作儿子的丈夫,把卡森看作自己的孙子了。乔西说,他跟格雷格一起收养孩子相对容易。"同性恋收养孩子在伊利诺伊州有法庭判例。在伊利诺伊州,一对未婚的情侣可以收养孩子。因为法庭最终裁定未婚情侣中也包括未婚的同性恋恋人,所以我们也可以收养孩子了。我们通过支持同性恋家庭收养孩子的机构实现了这个愿望。"

乔西和格雷格还没想出什么好办法来帮卡森面对别人对他有两个同性恋父亲的嘲笑。有好几次,一位宗教人士来骚扰这个不同寻常的家庭。乔西和格雷格感到很气愤。"我们需要制订计划,对我来说,挑战就是不要太介意那些戴有色眼镜看待我们一家的人。"乔西承认说。

同性恋男孩乔西和格雷格成功地度过了童年期,接下来的日子不会比年轻时更难了。对于学校里的男孩子来说,不管他们是否真的是同性恋,这种被认作同性恋的羞耻感非常痛苦,已经影响到了男生们对友情的探索。《深层秘密:男孩子的友谊和沟通危机》一书的作者尼欧比·韦（Niobe Way）采访了生活在美国的上百个黑人、亚裔、拉丁裔和白人的男孩子，涵盖了他们青春期的不同时段。她发现较小一点的男孩子更想跟同性朋友建立起亲密无间的友谊，也能够成功，但随着慢慢长大，他们会逐渐遗失这种亲密的关系，失去对同性伙伴的信任。同性恋恐惧症（homophobia，简称恐同）在他们友谊的恶化过程中发挥着不小的作用。尼欧比写道：

> 参与研究的所有男孩子都直接告诉我，恐同显然是男生之间友谊破裂的主要原因之一。恐同宣言（比如：不要同性恋）在青春晚期接受采访的男孩子口中十分普遍，然而在早两年采访的时候却几乎不存在。男孩子在青春晚期时把我们关于亲密的同性友谊的问题变成了他们的性取向问题。他们说完自己对亲密的同性朋友的感想之后，通常都会加一句"不要同性恋"。根据城市词典（*Urban Dictionary*，在线词典，采用类似 Wiki 的方式，只要注册便可添加、编辑自己的词条。——译者注）"不要同性恋"是一个"俚语，用于某人无意间说了一些听起来像同性恋的事情之后"[8]。

恐同霸凌阻碍了男孩子跟他人进行深度而有意义的交流，他们也因此遭了不少罪。男孩子觉得已经没法信任自己最亲密的朋友了，他们不再谈论想法和情感。他们变得孤独、自闭，并不是因为缺少社交和情感技巧，而是因为社会不鼓励他们接触和运用这些技巧。男孩子害怕自己被贴上"同性恋"的标签,所以就借用一些极端的性别偏见来自我保护,自然也被展现男性阳刚之气的音乐和媒体深深吸引。

大多数男孩害怕被归为"同性恋人群",这对那些真正是同性恋的男孩子造成了很深的伤害。当周围的人都觉得没有什么比被认作同性恋更惨的事了,而你要去承认——甚至是去接纳——自己是同性恋,这该有多么痛苦和艰难。我们的文化很大程度上在对那些瑟瑟发抖的孩子叫嚷着:你们惹人憎恶,一文不值,目无神明,理应接受折磨和霸凌。这种社会观也让家长无能为力,在自己同性恋的孩子经历出柜的焦灼阶段时,无法给孩子提供支持的臂膀。这也让孩子孤立无援的感觉更加强烈。在孩子最需要父母的支持和肯定的时候,他们得不到,因为父母也在跟自己培养了一个同性恋孩子所带来的羞辱和尴尬做斗争。正是这种孤独,让一些孩子把自杀看作唯一的出路。《越来越好:出柜,战胜霸凌,创造有价值的新生活》一书的作者之一丹·萨维奇(Dan Savage)表示:"每十个性少数群体学生中就有九个说在学校遭受过霸凌。性少数群体的青少年尝试自杀的可能性是普通人的四到七倍。被家庭拒绝的性少数群体的孩子尝试自杀的可能性是其他人的八倍,而且更有可能无家可归,露宿街头。"[9]

父母,尤其是父亲,长期受到文化中男子具有阳刚之气重要性的影响,在孩子还在蹒跚学步的时候就已经去强化"不要同性恋"的心态了。一位名叫杰瑞的父亲告诉我:"我两岁的儿子克里斯托弗在家里玩耍,问:'我的手提包(purse,指女士用的手提包。——译者注）在哪里？'我立马就去纠正他：'你的包叫背包（backpack），不叫手提包。'克里斯托弗有三个姐姐，他喜欢跟着她们玩一些女孩子的东西。每次一有机会，我都抓紧教育他，男孩子不要这样做。"

我们完全可以轻易地把杰瑞视为墨守成规的恐同人群，但事情绝非那么简单。看到杰瑞在公园里陪着克里斯托弗玩耍，我发现他是个充满深情而又宠溺孩子的慈父。他发自肺腑地认为，做一个阳刚的男孩子是为了克里斯托弗好。"我不想让别的孩子因为他女里女气而欺负他，那样我会心碎的。"杰瑞坦诚相告。杰瑞的态度直指反同霸凌背后的复杂问题。这种文化上的细微差别渗透至深，以至于认为自己不仇同的人士也会做出符合传统社会性别观念和恐同认知的决定。公园里另一位男士凯尔对我们的谈话很感兴趣，他承认说："我照看着3岁的孙子拉肖恩，每次他冲我哭着说有人把他推倒了，我都不会扶他起来，不娇惯他。我会拍拍他的背，说：'加油，你是个大男孩了，不要哭。'"

杰瑞和凯尔都在传播"男孩法则"，威廉·保莱克在他的书《真正男子汉》中详细论述了这种文化信息。保莱克解释了"男孩法则"是怎样要求男生必须根据男性传统的理想行为标准去行事：不能疼得哭出来，显得软弱，不能公开悲伤和抱怨；男孩子就要勇往直前，敢于冒险，崇尚武力；男孩子应当"不惜一切代价避免丢脸"且要"装酷"；男孩子不能展现出任何"女孩子一样的特征"，比如流露情感，尤其是表达同情心，依赖他人[10]。打破"男孩法则"的男生都会遭到同伴严厉的惩罚，也会被家长和老师责备。打破这一法则会立即让这个男孩子面临着被指为同性恋的嘲讽，其他有可能太过女性化的行为也会被嘲讽。男孩子进入青春期之后，"男孩法则"就更加严苛了，原因正如丹·金德隆和米歇尔·汤普森在《该隐的封印：揭开男孩世界的残酷文化》这本具有开创性的书中所写：

> 11岁、12岁、13岁左右的男孩子谈"同"色变，恐惧同性恋像害怕瘟疫一样。不解其来源，让他们的恐惧更深了一层，但他们知道，同性恋可不酷。男同性恋者是男性，但没有男子气概。从青春期早些时候开始，指责某人有同性恋倾向的嘲讽言论数量之多，令人咋舌。"同性恋"的嘲讽一直都在，不管是针对男孩子的发型、口音还是穿着，不管是因为他成绩好还是语调难听。嘲讽不断重复，威力不会削减。这种嘲讽带来了火辣辣的伤痛，因为男孩子对同性恋的恐惧是深埋于心的[11]。

青春期的男孩子不能理解同性恋的渊源所在是可以理解的，即使受过良好教育的专家对其起源也尚有争论，但是大多数人已经接受了同性恋是与生俱来的这一事实。知晓为何孩子是同性恋，对父母的反应形成了最大的影响。知名博客"包容的父亲"的博主贝德福德·霍普（笔名）跟我谈起治疗师应对性别不一致（gender nonconformity）这一现象的两种指导理论[12]。"有两种治疗模式：矫正派和接纳派。矫正派基于弗洛伊德对同性恋成因的研究，提出了各种奇怪的心因性理论，并就此设计出了一些矫正同性恋的奇怪方法。接纳派是一些支持同性恋的教授，他们说一些孩子生来如此，因为社会不接受，他们才需要支持和帮助。我们的目标就是支持他们，保证他们的安全，同时也允许他们表达自我。矛盾之处就在于既让他们安全，又能实现自我表达。"

霍普评论道，父母中一方是接纳派，一方是矫正派，这是最难办的。他观察发现，一个人内在的情感是无法被矫正的，很多人最开始试图通过治疗让孩子回归正常，但最后往往都选择接纳孩子原本的样子。这种案例数量之多令人惊讶。除此之外，霍普还说："这可能给研究霸凌带来至关重要的影响：不管同伴霸凌带来的伤害有多深，都比不上假扮身份，即假装自己是异性恋所带来的伤害。"

霍普的儿子奥斯卡还在蹒跚学步时就像个女孩子。家人通过寻求咨询和治疗来想办法矫正他。加入互助会，做了研究之后，父亲霍普接受了奥斯卡的性别不一致。这一现象是与生俱来的。他和家人决定，最好的办法就是接纳，奥斯卡现在12岁了，仍然非常像个女生。霍普告诉我："很多——当然不是全部——女性化的男孩子最终都会出柜，所以家人最好早点接纳他们，趁着他们还小，接受他们可能是同性恋，而不是试图去匡正他们。"

重要的是，要能看出因被认为是同性恋而遭遇霸凌的孩子与真正出柜而遭遇霸凌的孩子之间的差别。很多社区都愈加开放包容了，在美国一些地区，同性恋儿童出柜之后可以得到很大的支持。但现实仍然很残酷，许多地区仍然对出柜的儿童抱有敌意。这些儿童不仅被自己的同龄人霸凌，甚至会被老师和家人霸凌，因为美国社会会把同性恋和软弱画等号。孩子们流露情感就会被其他孩子嘲讽为"同性恋"，意思是多愁善感的男孩子就是性格软弱。如果我们能够扫除同性恋和软弱之间的联系，同性恋孩子遭受的霸凌就会减少。要想这么做，我们应当改变给行为和关系贴标签的方式。

在《深层秘密》（*Deep Secrets*）一书中，作者韦建议：

> 要珍视所有的关系——生物多样性带来了林林总总的关系，在所有这些关系中认知和情感都密不可分，神经科学家也早已证实：情感丰富、重情重义不是"女孩子气"，也不是"小孩子气"，而是人类一种内在的、基本的特征；若要深究，这些改变会带来心理和身体更健康的状态，包括更少的霸凌，更高的毕业率，更多的在校互动，更高质量的婚姻，更坚固的友谊，更满意的工作，更长寿，也会使这个社会整体上更健康。[13]

我们该怎么做出改变呢？这个过程从人生早期开始。男孩子处于婴儿阶段或刚刚学步时，想要妈妈的怀抱并不意味着他们在示弱。这种依恋值得鼓励和培养。学前的男孩子们伤心的时候哭泣，也不用被诋毁为"女孩子气"。随着孩子们渐渐长大，他们的兴趣爱好可能会跟传统性别典型的兴趣领域相背离。喜欢音乐剧场的学龄男孩不用通过踢足球来"治疗"他们"同性恋"般的兴趣爱好。做出这些文化上的改变能够让下一代人对"男孩法则"不再趋之若鹜。只要整个社会联起手来，共同应对导致性别固化观念的根深蒂固的社会规范，反同霸凌就会减少。

虽然媒体报道中常把同性恋男孩子刻画为恐同嘲讽的受害者，但实际上，许多女同性恋、双性恋和跨性别的学生也遭受了残忍的伤害。纳奥米现在在读大学，七年级的时候第一次因为性取向而遭受霸凌。她还记得，在一次美国州际啦啦队比赛中，"我的室友为谁要跟我睡一张床争了起来，因为一个女孩子说：'她是个同性恋，我不想睡着的时候被她摸。'"纳奥米那时候还不知道什么是"女同性恋"，回家后就问了她母亲。"我妈妈说，同性恋有罪，只有病态的人才会喜欢同性。她说，如果发现我有喜欢女生的倾向，就不认我这个女儿。当我意识到我是双性恋，也喜欢女生的时候，我哭了很久。当然，我不敢'出柜'。我陷入了严重的抑郁，不敢寻求帮助。"

因为遭受嘲讽和霸凌，纳奥米得了神经性厌食症。这种饮食失调会让人体重大幅下降，绝食，惧怕增重。除此之外，她还会割伤自己来减轻痛苦。"有一天，我割伤自己的时候姐姐走进来了，"她说道，"我崩溃了，全都说了出来。从那之后，几个堂亲都来安慰我，我也对他们敞开了心扉。我们建立起了互助小组，不敢跟我爸妈说。我妈妈严重仇同，爸爸是个酒鬼，常常很刻薄，言语尖酸。"纳奥米在姐姐和堂亲的帮助下，撑了下来。整个中学时期，她都没有告诉父母自己的双性恋身份，也没有跟老师们报告过遭受的霸凌行为，因为她害怕爸妈知道。"双性恋者很容易隐藏自己的性取向，但是隐蔽的同时，你也丢掉了自我的一部分。"她吐露说。

有一天，纳奥米在跟她的一位大学教授说话时，自嘲地叫自己"胖同性恋"，高中的时候一个诋毁她的孩子常常这么叫她。"接着，"她回忆道，"我哭了起来。我尽最大努力去压抑遭遇霸凌时的记忆，但这些记忆还是涌了出来。我跟她说了所有的霸凌经历和家里的环境。她跟我说，她也是双性恋，知道在我当时那个年龄面对这一切有多困难。知道自己不是孤身一人的感觉很好。"

过去，在性少数群体学生向学校上报霸凌经历时，学校几乎没有采取任何保护措施。这种局面正在慢慢改善，有些学校对这个问题有了更多的认识。奥利维亚因为是女同性恋而遭到霸凌，一直都在寻求帮助，直到找到了一个真正愿意聆听自己说话的人，这也改变了她的人生。奥利维亚的霸凌经历从她悄悄告诉一个朋友自己喜欢女生的时候就开始了。这个女孩把奥利维亚的秘密透露给了那些"受欢迎的女孩子"，秘密便传遍了全校。奥利维亚描述了她在体育课上有多受罪[14]。"每天我走进更衣室，就面临着各种目光。慢慢地，人们开始叫我怪胎和同性恋。我告诉了老师，但他们无动于衷。"有天晚上，奥利维亚拨打了"孩子求助热线"（奥利维亚生活在加拿大，这里的孩子可以拨打这个电话讲述心事），问他们自己应该怎么办。"他们只是说，这不算最糟糕的，并没有给我什么建议。"奥利维亚说。

第二天，奥利维亚到了崩溃的边缘，开始冲着最开始排挤她的那个女孩尖叫。后来，奥利维亚再次寻求帮助，她去找了学校的咨询师。"我全都说了，她很支持我！看到她的反应我特别惊讶，因为直到那时，我所有倾诉过的老师都没给过我什么帮助。"咨询师问奥利维亚自己该怎么做才能帮到她。"第一节课的时间我们一直坐在一起讨论对策，我决定我必须回到这个问题的根儿上：体育课。体育课是第二节，我们聊完之后，她让我去更衣室跟她见面。"大家到齐了之后，咨询师让所有人都听奥利维亚讲话。奥利维亚第一次说出了心声。"我对着大家吐露了心声，希望她们能住手。讲完后我简直要哭了，大家也都湿了眼眶。一个女孩（我其实很喜欢她）放声大哭，因为几年前她也因为太胖遭到霸凌，我所说的感觉她都经历过。"

班上的女孩们拥抱了奥利维亚，体育课的老师也非常支持奥利维亚，说如果她想要倾诉，随时可以。奥利维亚后来跟家人表明心迹，并没有得到家人的支持，但学校里的好结果已经足够让她坚持下去了。对于处于同样境况的孩子，她建议说，"最好是跟你信任的某个人聊一聊，告诉他你的感觉，一起寻求解决办法。记住，这个人不一定是咨询师，甚至不一定是你的朋友。可以是邻居，或者社区里的某个人。一定要记得，如果人们因为你原本的样子批评你，他们就不对，不管他们有着怎样的社会地位，哪怕是你的朋友也不行"。

与学校和社区一起对抗这种反同情绪时，我们往往会看到更深层面的东西。仇同的背后甚至有着文化方面的渊源，比如共有的一些历史经历。科莎·伯奇-西姆斯（Kesha Burch-Sims）是一位常住芝加哥的心理学家，她接诊过很多霸凌受害者，其中很大一部分是非裔美国孩子。她跟我讲述了黑人同性恋孩子面临的特有的挑战[15]。"研究表明，黑人家长尝试让自己的孩子融入主流，因为他们不希望看到孩子被孤立。黑人家庭的家教对于'与众不同'尤为严苛，因为家长担心孩子会成为警方的目标。这样一来，他们不会支持任何让孩子更受污辱的行为，而同性恋、跨性别肯定会让非裔美国孩子饱受耻辱。"也正因此，黑人群体对同性恋孩子的支持力度更小一些。

伯奇-西姆斯解释了这种文化上对"与众不同"的厌恶是怎样影响到成年同性恋黑人群体的。"黑人教会倡导人们对性少数者友爱包容——教会中包含一些性少数的黑人群体，他们对这种氛围很放心，随后就会公开自己的性取向，而这有时候会引起其他人的不适。"通过理解黑人社区不愿接纳公开出柜的成员这一现象背后的原因，我们的社会可以更好地帮助非裔美国性少数群体被大家接纳。作者谢丽尔·基洛戴维斯在《我的公主男孩》一书中讲述了自己非裔美国儿子的故事，它就是一个黑人父母接纳自己孩子的例证。作者的儿子戴森是个黑人男孩，他戴着冠状头饰的形象受到了赞誉，打破了多个层次的固化观念。"我不得不摸索对儿子的接纳之路，戴森想穿裙子的时候，"基洛戴维斯承认，"我确实花了较长时间才意识到这才能让他开心。现在，我想帮助其他父母学会接纳自己的孩子[16]。"

第九章
网络霸凌的受害者

现在的社会中,孩子们一天24小时都可能会遭遇霸凌。安全地带已不复存在,因为互联网能随时随地把我们连接在一起。这是好事,但也可能会带来严重伤害。50年前,遭遇霸凌的校内儿童至少可以在安静的家中缓一缓,为第二天上学做好心理建设。现在,孩子们在学校被推搡嘲讽,回家之后又看到了电脑和手机屏幕上不断出现的恶毒信息。网上发言可以匿名,这也让一些攻击者变本加厉。他们写在网上的东西当着别人的面都说不出口。因此,受害者无时无地不在受伤。

遭遇霸凌的孩子常常经历着身体、言语和网络上的多重霸凌。安妮·柯里尔是"安全连接"公益网站(www.connectsafely.org)的编辑之一,她告诉我:"网络霸凌和霸凌总是纠缠在一起,几乎密不可分。我们了解到,网上和线下的高风险孩子是同一群人,即现实生活中容易遭遇霸凌的孩子也容易遭遇网络霸凌。"[1] 为了更好地阐释霸凌是怎样演化为网络霸凌的,让我们看一下如今20多岁的麦格经历的事。

从七年级开始，她就承受着各种霸凌行为的侵害。

我问麦格，这一切是怎么开始的。她声音轻柔而诚恳[2]："我从小就被嘲讽，但七年级的时候他们开始对我进行严重的肢体伤害。他们把我推到储物柜上，我身上瘀青，最喜欢的笔记本也被扔到了厕所里。带头霸凌我的是个叫杰克的男孩子。"麦格和杰克从三年级就一起上学，他曾经上一秒显得友善有魅力，下一秒即变得尖酸又刻薄。麦格回忆说，杰克会给人带礼物，但支配欲望也很强烈。杰克并不是她的男朋友，却单单找上了麦格。"初中时，我跟一群孩子关系不错，杰克就在那群孩子里面。"麦格顿了一下，回想着，"嗯，我当时觉得他们是我的朋友，但后来他们把我抛弃了。说实话，如果能重新回到这个小圈子中，杰克让我做什么我都会去做。每次其他孩子都说我一无是处，罪有应得。我信了他们的话。我一直听说有个关于我的网站，但我不敢去看。"

麦格沉默了片刻，追忆着往事。她深吸了口气，继续说了下去，这次语速很快："有一天，学校的一个变压器爆炸了，停电了，我们就都走到外面。有一小群人在一些树后面站着，我走到那儿的时候，六个孩子抓住我，把我按在地上。杰克从树上折了一个很大的树枝，扎到了我的胳膊上。这次事件让我的忍耐到了极限。我胳膊上破了一个大口子。我终于明白了霸凌多么危险，知道自己可能会伤得多重。我当时就想，到此为止，我再也不想被霸凌了。"

麦格尝试自己去面对霸凌。她常常假装无视他们，但无济于事。"当时我们有位社会学的老师，现在回头想想，我觉得他那时已经意识到了事情有些不对。他看到我越来越沉默退缩。"杰克划伤麦格胳膊的当天，麦格去找了这位社会学老师，告诉了他发生的一切。老师也不知如何是好，便把麦格送到了咨询师那里。"因为学校没电，"麦格解释说，"咨询师把我带到了八年级学生区中间的走廊上，问了我事情的经过。所有八年级学生都能听得到，我哥哥也知道了。我此前一直在隐瞒，我哥哥感到非常震惊。"

"麦格，"我问道，"那六个孩子把你按在地上的时候，有其他人看到吗？有人想去帮你或者去找一个成年人过来吗？"

"有。那件事情对我和很多人来说都是一个转折点。站在周围的很多孩子都看到了，有些孩子觉得不对，说'杰克，你快放手'，但他并没有放手。"很多孩子看到这一幕都震惊不已。那天晚上，学校接到了16个电话，都是孩子的家长打来的。孩子回家后跟他们吐露了麦格的遭遇。家长们害怕极了。即便如此，麦格说，学校那个时候也没有出台任何的反霸凌措施，校长对于这种行为完全不知道该如何应对。校方把麦格和杰克的父母叫过去开了个会，仅仅是让杰克不要再霸凌麦格了。

麦格的经历显示，霸凌伤害的不仅仅是被霸凌的对象，那些见证了麦格悲惨遭遇的孩子也留下了阴影，去寻求父母的帮助。旁观者感到焦虑很正常，因为他们担心自己或许也会成为霸凌的对象。特雷西·维兰考特（Tracy Villaincourt）等人在《北美学校的霸凌》一书中提到，人类对归属的需求是那么根深蒂固，旁观者看到他人被排斥时，自己的"排斥保护系统"[3]就会被激活[4]。在排斥和伤害面前,没有人觉得安全。

树枝事件发生几周前,麦格听到了一个有关神秘网站的传言。与杰克的家长会面时,她最大的恐惧变成了现实。"杰克承认,他创立了一个叫作'我恨麦格'的网站,让150个孩子注册了,基本上整个七年级的学生都在。他们在网站上写一些伤害我的话。真叫人绝望!要知道,在脸书上能创建各种群组。有时候我还会在谷歌搜索'我恨麦格',以确保搜不到类似内容。这场梦魇会追随我一辈子。"

麦格的母亲知道女儿受到了这么大的伤害,哭了起来。她不相信事情已经发展到了这么糟糕的地步,麦格把自己在学校的遭遇隐藏得天衣无缝。"我长大些之后,就明白了当时为什么不告诉父母——因为我觉得羞耻。我很尴尬,不知道'有150个孩子恨我'这句话怎么能对父母说出口。我甚至不知道父母听到后会做何反应。我觉得学校反对霸凌的条例措施应当就位,而我的学校不知道如何是好——他们只是让杰克关停那个网站,却没有采取惩罚措施。杰克甚至都没有一次被罚不许吃午餐。老师们无动于衷,这让我很生气。"麦格承认说。麦格纠结的点在于杰克没有受到惩罚,我却注意到学校并没有采取什么补救的行为。没有社工能跟涉事的学生坐下来谈一谈霸凌这个话题。包括麦格在内的孩子们没有一个安全的环境可以述说一下他们的情感、恐惧和伤痛。因此,即便网站关闭了,麦格仍被大家抛弃在一旁。七年级的漫长时光麦格都在孤独中度过。八年级的时候,她跟一群低一级的学生成了好朋友，这段友情延续至今，而她现在已经是一名大学生了。

麦格和同学们去当地高中读书之后，她还是总会遇到杰克。她说每天跟霸凌自己的人打照面太难受了。"在高中，没有一位老师知道此前的霸凌事件，因为那是初中发生的事情，也没有人受到惩罚，便没有记录在册。"杰克和麦格在高中同班，还得坐在一起，这让她觉得尴尬至极。有一次，老师让麦格和杰克一起完成一个英文项目，麦格鼓足勇气，告诉了老师为什么自己无法与杰克合作。老师一脸惊讶地问："你确定你说的是杰克？"麦格观察发现，这正是霸凌在初中能够持续很久的原因：杰克在老师面前藏得很好。"他掩饰得很好，"麦格有些无奈，"他参加志愿服务，是一个好学生，学习刻苦。我的英语老师接着问：'为什么我之前不知道？为什么高中的老师不知情？'这就是我初中学校存在的最大的问题——没有沟通。"

麦格对杰克的描述并没有让我感到惊讶。有些霸凌他人的孩子一看就像个小霸王，但他们大多会在师长面前保持良好的形象。那些身强体健的校内运动员和成绩斐然的学生高高在上，他们就是老师眼中的宝贝。有时候，老师和教练还会串通一气，对那些学生的霸凌行为睁一只眼闭一只眼，因为他们不希望自己的明星运动员在某些重要比赛前受罚。本应保护霸凌受害者的大人们会为了自己的利益出卖他们，这让受害者觉得很无助。

有意思的是，加利福尼亚大学戴维斯分校（UC Davis）

的社会学教授罗伯特·法里斯（Robert Faris）和戴安·菲尔姆里（Diane Felmlee）做了一项新的调查研究，发现在受欢迎程度的排名中，最顶端的孩子跟再往下一档的孩子相比，卷入霸凌事件的可能性更小。教授们对北卡罗来纳州（North Carolina）三个县的四千余名初高中学生进行了调查，让每个学生说出五个最亲密的朋友、五个他们霸凌过的学生和五个霸凌过他们的学生。通过形成每个学生的受欢迎程度图，并将其跟攻击性行为做对比，研究者发现，第二梯队的孩子最容易跟霸凌扯上关系。他们想要与"女神和男神"并驾齐驱，因此常会通过恶毒的流言蜚语、嚼舌和攻击性行为在社会等级的梯子上向上攀爬。最顶端和最底端的孩子就没那么有攻击性[5]。

麦格的故事中，杰克是个能在同辈中呼风唤雨的学生。麦格记得，上了高中之后情况就有所好转了，有很多学生跟麦格道歉，说是杰克威胁他们注册成为"我恨麦格"网站的成员。"他们说，杰克曾经恐吓他们，他们只好通过在网站上注册来不惹麻烦。但我还是觉得这是我的错，似乎是我做了什么错事，才让150个孩子恨我，在网上说我的坏话。有一次，我想跟杰克聊一下，他避之不提，说，'那时候我还是个孩子'，好像这不是什么大事一样。后来我再也没跟杰克说过这件事。谁也不应该经历这一切。"

麦格属于容易遭遇霸凌的高风险人群，正如安妮·柯里尔提到过的，这意味着她也极易遭受网上霸凌。麦格承认："我跟大家不一样，我太胖了。我爸爸是个职业魔术师，这份工作在其他孩子看来很奇怪。我从未融入任何一个小圈子中，我遇到杰克的时候，那是我寻找到的第一个小圈子。在我之后，杰克还对另外两个女孩做了同样的事情。"麦格很勇敢，不怕惹杰克生气，跟那些女孩讲了杰克的过去。杰克盯上的那些女孩也属于容易遭受霸凌的高危人群。"有一个女孩刚搬来这个城镇，像我一样，也很胖，比较笨拙。杰克开始关注她，当时她很激动。我看到了之后就告诉她一定要当心。我跟她说，之后杰克会不停地骂她。后来杰克真的是这样做的。她在能脱身的时候及时脱身了。"

很显然，杰克有心理问题。要想以后尊重他人，尤其是尊重女性的话，他必须接受治疗。麦格现在上了大学，在大学校园中重拾自信。她同父亲一道，为反霸凌奔走呼吁。她的父亲积极为女儿的经历发声。麦格的人生掀开了崭新的一页，但初中的经历也给她留下了伤痕。"我很难跟同龄人做朋友，"麦格承认说，"而且还总是觉得这都是我自找的。"

安妮·柯里尔创立了"网络家庭新闻"这一公益网站，她想让家长们都能理解，网络霸凌是目前成年人攻击性行为的延续。她指出，网络霸凌的发生环境同样是学校——不是脸书，不是只存在于虚拟的网络上[6]。"闹剧首先在学校上演，随后孩子们开始诉诸网络。网络霸凌让事态变得更加严重了，主要因其传播广泛，受众未知。把这些因素都考虑在内，会让网络霸凌带来的痛楚和伤害更为严重。但是，称网络霸凌是个流行的新生事物也不准确，它只是一个影响霸凌等式的要素，而等式本身并未改变。"

尽管网络霸凌背后的霸凌行为自始至终存在，但网络霸凌中蕴含的科技手段是个相对新鲜的现象。因此，相关的研究领域也较新。亚利桑那大学的副教授、硕士项目学校咨询部主任谢里·鲍曼（Sheri Bauman）跟我谈起了网络霸凌研究的复杂因素[7]。鲍曼曾主笔《网络霸凌：咨询师们应当知晓的事》一文。他解释说：

> 关于网络霸凌，有三方面的内容影响到了我们的认知：
>
> 1. 对于网络霸凌，没有什么广为接受的定义。不同的研究和成果或许会给出不同的定义。
>
> 2. 对于网络霸凌，没有一个统一的衡量标准。有些调研问：'你遭遇过网络霸凌吗？'这是基于受调查者自己对网络霸凌的理解来回答的。其他一些调研提供了一个根据行为来划分的清单，给出的所有回答加起来能够区分霸凌者与受害者。
>
> 3. 没有一个系统的方法论。我们用问卷调查、自我报告等方式进行调研。自我报告的数据很有用，但这种方式只能依赖一方的信息，也会掺杂报告者本人的偏见。
>
> 所以，这意味着我们很多理论和建议形成的基础都是不够完善的衡量体系。

我跟鲍曼说起麦格的故事，说到学校没有采取果断行动，只是让杰克关停网站，她对此并不惊讶。她提议："网络霸凌这个问题很微妙，发生的场所通常是校园之外，学校常常想要撇清关系。有些校长不想知道自己学校中是否存在网络霸凌，因为如果需要进行干涉的话，他们并不知道如何去做。"

学校管理层可以通过一些简单的问题来判断他们是否需要进行校园外的霸凌干预。《网络霸凌防治：专家的视角》一书的编辑贾斯汀·帕钦和我分享了他的看法[8]："如果某些行为影响到了学校的学习环境，学校是可以对这些校园外的行为进行干预的。发生的事情是否影响到了学生的学习能力？如果有影响，那必须行动起来。"这也是202学区的督学埃里克·威瑟斯庞采纳的标准。他在2010年埃文斯顿城镇高中发生的大规模网络霸凌事件中成功地运用了这一标准。我跟威瑟斯庞见了一面，向他了解了当时的场景和学校的应对措施[9]。

"一个周一的早上，"他说道，"很多女孩子上学时都为了一个叫'埃文斯顿恶鼠'的脸书网页而沮丧不堪，这个网页是周末建立起来的。这其实是很长时间以前学校发生的一件事的重演。那时候，一张施乐复印纸在学生中偷偷传阅着，这张纸就叫'埃文斯顿恶鼠'，因为大家在纸上偷偷检举行为不检点的女生。"这么多年来，这张纸都没有再出现过。

而现在，这个名单卷土重来，只是这一次散播的渠道变成了电子渠道。网页创立的那个周末，就已经有一百多个学生对其他学生进行了毒评，除此之外有几百人也浏览了这个网页，只为了读一下那些评论。一些被攻击的女孩子周一早上哭着来到学校，受到了严重的创伤。她们跟学校的安全专员讲述了所发生的事情。

"这件事情立刻引起了我的注意。"威瑟斯庞回忆说,"我们意识到了事态的严重性,首先进行了学校层面的调查。我们找人接入了脸书的网站(脸书在学校是被禁的),以查明事态。"

学校的职员们花了几分钟就证实,的确有一个叫"埃文斯顿恶鼠"的脸书网页对学生施加网络霸凌。"我能看到,这显然影响了学校的学习环境,被攻击的学生满面泪痕,其他学生则就网站上的言论威胁彼此。我明白,正是因为出现了这种混乱局面,我才有权力进行干预。"威瑟斯庞神情严肃地说道。在学生群体中,这个网页已经疯传开来,这对于一个有着上千名学生的学校来说绝非小事。获悉此事一个多小时之后,威瑟斯庞给埃文斯顿警方打了电话,讲述了事态,寻求警方援助。威瑟斯庞在这么短的时间里把整个学校和社区调动起来,而不是花数日或数周考虑是否采取行动而让事情逐渐恶化,这是值得称赞的。

警方介入调查之后,学校也对脸书通报了此事,但脸书拒绝提供网页创立者的信息。威瑟斯庞在学校很有威信,与学生之间关系亲密,他决定借用这个优势,对学生们晓之以理,动之以情。他平时很少用公共广播系统,但那个周一,他准备了一篇讲话稿,在上午课间的广播时间向所有学生进行了播报。他的讲话部分呈现如下[10]:

> 早上好。我是威瑟斯庞博士。今天早上,我必须要跟大家谈一个非常严重的问题。一个叫"埃文斯顿恶鼠"

的网页已经让我们的很多同学感到尴尬、羞耻、受伤。遗憾的是,很多同学已经注册了这个网站,读到了上面所写的一些恶劣的东西。

现在,我要求大家立即停止参与这一网站和类似网站的所有行为。你们的这种做法已经对他人造成了伤害。在埃文斯顿城镇高中,霸凌,包括网络霸凌,都严重违反校规校纪,必将导致严重后果:学生可被勒令休学十天,并(或)被禁止参加课堂活动,包括舞会和毕业典礼。

除此之外,网络霸凌可能成为违法行为。现在警方已就此事介入调查,可随时传唤登录这个网站的网络账号所有者,当事人可被提起公诉。

但更重要的是,埃文斯顿城镇高中的每个学生现在都要反思一下,自己想成为什么样的人。我们要打造一个互相尊重、彼此保护的安全社区。勿以善小而不为,多做好事,关爱他人,不作恶,不伤害他人。性格决定命运,你的人生在你自己手中。

如果你觉得自己是这场网络霸凌的受害者,咨询师和社工都可以帮助你。想要举报违法活动的话,教导主任会详细记录下信息。让我们戮力同心,保证不再有人受到伤害。

威瑟斯庞承认,公开解决此事的确冒着风险,因为在好奇心的驱使下,可能会有更多的孩子去访问那个网页。"但这个事件的影响已经像滚雪球一样越来越大了,网址已经传疯了，我觉得这样做也不会损失什么。"他就这样决定了下来。下午晚些时候，网页上的帖子被撤了下来。傍晚，网站关停了。不知道是创立者自己的操作，还是脸书执行官这么做的。但有一件事确信无疑——大家都意识到了事态的严重性。担心承担责任的心理给"埃文斯顿恶鼠"网页画上了句号。

接下来，发生了一件神奇的事情，威瑟斯庞和学校的其他领导都没有预料到。两个高年级学生保罗·品特和乔伊·费舍创立了一个新的脸书网页，叫"埃文斯顿鼠精灵"，他们想要给其他学生做点好事。费舍现在已经上大学了，他告诉我："我们想让大家好受些，也给学校做点好事。"这两个学生暖心地反转了整个事件，他们也为自己感到自豪。威瑟斯庞赞叹道："几天的时间里，有400多条帖子发了上来。跟上次的'恶鼠'网页一样，发生的时间和地点也都不是在校园内，而是学生自发的行为。学生们站出来说，这不是我们原本的面貌，这种行为不代表我们学校。学生们展现了出色的领导力，他们迎难而上，力挽狂澜，给这件事注入了春风化雨般的力量。我们见证了这了不起的一幕。"

最重要的是，没等受害者陷入严重的抑郁，学校就已经率先进行了干预。班上的同学对校方的干预也做出了积极的回应，卷入其中的女孩子们都放下心来，整个事件也就没有以悲剧收场。学校管理层定下了正确的基调，学生们直面挑战，化腐朽为神奇。两年之后，"埃文斯顿鼠精灵"网站还能使用。

网络霸凌入侵校园时，受害学生很难从中有所收获和成长。学校如果行动力度不够，学生常会转学或者转而在家接受教育。You-Tube网站上13岁的丽贝卡·布莱克（Rebecca Black）的歌曲首秀视频《周五》就带来了这样的结果。这个音乐视频在2011年的3月迅速传开，引发了大量消极评论。听众们批评她的声音、体形、长相，说她没有才艺。"我读过的最卑鄙的一句评论是：'真希望你能自杀，最好是饮食不规律，这样你还能长得好看点。'"布莱克在接受美国广播公司（ABC）新闻频道安德莉亚·坎宁（Andrea Canning）的一次采访中如是说[11]。2011年5月，You-Tube该视频下面的评论就无法点击了。6月，这个视频总共有了1.67亿的点击量，后来布莱克因为版权问题把视频从网站上撤回了。8月，布莱克在ABC晚间新闻中谈到，因为网络霸凌已经进入学校，自己在学校走廊上都会遭到嘲笑，只好退学在家[12]。她的妈妈在家对她进行辅导。根据帕钦的标准，布莱克的学校有义务给她提供一个安全的在校学习环境，但学校并没有做到。

性骚扰信息和网络性霸凌

数不清的网络霸凌受害者受到的攻击都带有赤裸裸的性色彩。性骚扰和其他各种形态的霸凌之间界限难以划清，这就让人们难以采取最有效的措施进行回应。收到性骚扰信息或是受到性方面攻击的孩子很难重新掌控局面，且由于这其中的性因素，霸凌带来的影响会持续很久。卡拉是网络性攻击的一个青少年受害者，她跟我讲述了自己的经历[13]。

"我还跟前女友史蒂芬妮见面的时候,给她发了我穿着内衣的照片,她也拍过我没穿衣服的照片。"六个月后,跟卡拉同岁的史蒂芬妮的妹妹吉尔发现了这些照片。那时候,史蒂芬妮20岁,已经高中毕业,在跟别人约会。卡拉告诉我:"吉尔发现自己的姐姐是同性恋,感到很沮丧,就拿我出气。"吉尔和卡拉都16岁,在同一所高中上学。吉尔把卡拉的照片传到了社交网站"我的空间",写了一些诽谤的话。卡拉悔恨地说:"她对同性恋认识不清,抱有偏见,写我非常喜欢肛交。这真是太不公平了。"

没几天,卡拉的生活就崩溃了。吉尔让人们都看到了那些照片,流言蜚语接踵而至。孩子们开始叫卡拉"荡妇"和"同性恋"。有些人把她的车胎扎破了。举重课上,一些男孩子开始骚扰卡拉,说他们觉得卡拉喜欢肛交特别"热辣"。很快,卡拉就开始觉得在班上穿健身服很不舒服。"我很害怕在男生面前脱掉我的连帽衫。"她承认。卡拉给史蒂芬妮打了电话,告诉了她发生的事情。史蒂芬妮最后只能向家人"出柜",告知他们自己是同性恋。吉尔在约一周后删掉了照片,但这些照片早已造成了伤害。卡拉没法跟家人坦白实情,至于为什么不跟其他孩子在一起,她只好撒谎。这件事情造成的影响已经不仅限于卡拉的社交生活。

之前,卡拉是学校的明星运动员,每个垒球季都要开球,但接下来的赛季,教练听说了那些照片的事之后,卡拉忽然坐了冷板凳,原因不明。卡拉质问教练,而教练假装听不懂她在说什么。卡拉退赛了,回家前自己在脚腕上包扎了几圈,跟爸妈说自己受伤了，不打比赛了。卡拉开始用酒精麻痹自己。"爸妈睡觉之后，我就会喝酒。"她承认说，"我爸爸喝酒很凶，有个很大的藏酒的地方，我每次喝一点，也不会被他发现。"

最终，卡拉极为保守虔诚的 AP（美国面向高中生的一种为上本科准备的课程。——译者注）化学老师发现了她是同性恋。这个老师（其女儿跟卡拉是同一年级）写了一封长信给学区管理部门，说卡拉严重影响到了班级的学习环境。这个老师说卡拉的行为"淫荡下流，不堪入目"，希望她能被即刻开除。"校长收到了这封信，"卡拉回忆说，"他很同情我，甚至没再提及这件歧视的事情，因为他自己也觉得不舒服。他是一个正派的人，想帮我找到怎么才能毕业离开这里的方法。他说，我可以直接参加美国学术能力评估测试（SAT）和加利福尼亚州毕业考试，这样基本上二年级就可以毕业了。我也这么做了。"卡拉在文件上假冒了自己父母的签名，跟他们说因为自己成绩优异，学校准许自己提前毕业。"我的空间"上的几张照片，让卡拉 16 岁时就结束了自己的高中生涯。

尽管遭受了这一切，卡拉仍然坚韧不拔。哪怕是在自己的整个人生全面崩塌之际，她也从来没想过轻生。"我告诉自己，犯错的是其他孩子，他们不想面对自己的问题，就拿我发泄。"她解释说。卡拉能够重新认识整个局面，让她免于陷入自杀的绝望情绪。她能认识到，错在于他人而非自己，这是霸凌的受害者最应当学习的。"虽然爸妈没有直接承认知道此前发生的所有事情，但我觉得他们在某种程度上是知道的。

我妈妈说,她知道我现在举步维艰,也相信我能挺过去,总有一天能远走高飞,重新开始。我感受到了爸妈对我的支持,这真的很有帮助。"卡拉告诉我。这表明,即便家长不能公开跟孩子谈论这些令人不舒服的话题,也可以在孩子艰难困苦的时刻尽力去爱,去支持孩子。卡拉的父母并没有明确赞同她的生活方式,但也不排斥她。卡拉现阶段正计划去另外一个城市读大学。

卡拉有望看到一个境况有所改观的时代的到来。对有些人来说,You-Tube上疯传的视频和有着性暗示的信息扼杀了希望,似乎生活再也无法回到正轨。这是自杀风险最大的时刻。正如2010年9月,因室友把自己进行同性性行为的视频上传到了网络,罗格斯大学的大一新生泰勒·克莱蒙迪自杀[14]。这场公众视野里的悲剧发生后,新泽西州(New Jersey)的参议员弗兰克·劳滕伯格(Frank Lautenberg)提出立法议案,要求大学采取一套行为准则,禁止霸凌和骚扰。2011年9月1日,新泽西州的《反霸凌权利法案》生效,这是全美最严苛的反霸凌法律。该法案要求每所学校都要指派一名反霸凌专家,调查学生的控诉;且每个学区必须配备一名反霸凌协调员,州教育部门将对各项反霸凌措施进行评估,在网站上对其得分进行公示。根据督学所言,不执行的教育者会丢掉从业资格。

如果孩子是网络霸凌的受害者,想要寻求更多建议,可参考本书第12章。

网络霸凌是双向攻击

安妮·柯里尔曾任奥巴马政府网络安全与技术工作组主席，她告诉我，大多数父母都觉得在网上看自己孩子裸照的人最穷凶极恶。"但实际上，"她解释说，"相比于成人罪犯，孩子们更容易受到同辈或是自己网络行为的伤害。我们也看到，善有善报，恶有恶报，至少在网络攻击这一方面是如此。我们发现，参与网络攻击的孩子遭遇网络攻击的可能性是一般孩子的两倍。"[15]这就意味着，很多孩子并非无辜地成为易受攻击的目标，他们确也有过不端行为。

没有其他任何地方比网络环境更容易实现霸凌者和受害者身份互换的了。在匿名的环境中，只要轻点鼠标，恶毒的评论、伤人的话语和令人尴尬的信息就可以传递下去。柯里尔建议说："如果孩子说遭遇了网络攻击，这也可能只是孩子的一面之词。家长在愤而起身、讨要说法之前，要看到全局和网络环境中的前因后果。我们常常发现，有些孩子在报告自己受害前，也参与了网络霸凌行为。"在这里要记住的就是，孩子们可以通过做遵纪守法的网络公民来保护自己。正如古语所言："己所不欲，勿施于人。"

实为性骚扰的霸凌行为

很多性霸凌实际上是性骚扰，这在美国是违法的。联邦法律中禁止学校性骚扰的是1972年的教育修正案第Ⅸ条，其中也禁止在联邦财政支持的教育项目或活动中对任何人进行性歧视。基于这一条款，学校需要有禁止性歧视的政策，这一政策尤其需要解决性骚扰问题。根据平权倡导者的说法，性骚扰被定义为[16]：

> 要求性亲密，强行进行性行为，性质恶劣，经常发生，使人觉得不适、恐惧、困惑，影响到学生学习功课，以及参加课外活动。性骚扰包括言语骚扰（对体形品头论足，散布性谣言，进行性评论或指控，讲黄色笑话或故事），身体骚扰（抓、擦、露私处、露屁股戏弄，触碰、掐、性侵犯）和视觉骚扰（展示裸体图片或与性相关的物品、不雅姿势）。性骚扰既可以发生在女孩身上，也可以发生在男孩身上。性骚扰者可以包括同学、老师、校长、门卫、体育教练和学校其他职员等。

我们在之前的案例分析中可以很容易找到性骚扰的具体例子。埃里克·威瑟斯庞把"埃文斯顿恶鼠"事件形容为网络霸凌，同时也是性骚扰，因为人们借用网络来散布性谣言，对特定女生进行性指控。威瑟斯庞知道在前面提到的第IX条款的规定下，学校有责任保护学生，这让他在获悉了"埃文斯顿恶鼠"一事之后就迅速采取了行动。另一个性骚扰的例子是卡拉在举重课上的经历，男孩子们用肛交取笑她，形成了一个让她觉得不安的环境。卡拉如果向学校正式提出控诉的话，校长需要在第IX法条的规定下对此事做出回应。

如果孩子遭遇了性骚扰，可以采取以下步骤：

1. 重要的是要告诉孩子，她／他不该被责备，哪怕最开始调情的过程是相互的。进行性骚扰的那一方需要对这种不恰当的言行负责。

2. 鼓励孩子对性骚扰坚决说不。如果之后这种行为还在继续，让孩子把每次发生的事情记录下来，写下日期、具体时间，以及对事件的描述。如果孩子在任何时候需要医疗服务或咨询，立即寻求专业援助。

3. 必须和孩子一起，把性骚扰上报给学校的负责人，因为只有在学校官员知情的情况下法律才能要求学校采取行动。学校的第Ⅸ法条专员应当在援引该法条走申诉程序时给予帮助。

4. 如果学校没能成功阻止性骚扰，可以向美国教育部民权办公室（OCR）提起对学校的诉讼。免费热线电话是800-421-3481。在美国大多数州，可以在歧视行为发生180天之内对OCR提起诉讼。

5. 如果性骚扰仍在继续，可以起诉学校。记住，他人对按照第Ⅸ法条采取行动的人施加报复是违法的。如果他人对孩子举报性骚扰进行报复——可悲的是，这是很有可能的，可以报警。

如果孩子说自己遭遇了霸凌，一定要仔细判断情况，看看孩子是否遭遇了性骚扰。"霸凌"是个流行词，涵盖了很多行为。孩子提供的描述越具体，越能安慰到他／她并给予保护。可以参照本书附录3中的样本调查，研究者们用这个调查来评估学校中发生的性攻击。这些调查可以帮助孩子评估自己是攻击方还是受害者。

第十章
霸凌对大脑产生的有害影响

学校中发生的霸凌事件可以对孩子造成一生的影响。人类是社会动物,生来寻求群体归属[1]。孩子们遭遇霸凌之后,有些倾向于内化这些经历,常自我责备,认为这种虐待还会继续[2]。根据受害者报告的心理影响,反霸凌作家和专家芭芭拉·克罗卢梭拓展了霸凌的定义,增加了第四个因素:恐惧。她提到,随着严重而持续的霸凌行为,"受害者会产生恐惧,而霸凌施加者无所畏惧,不怕报复,不怕反击。遭遇霸凌的孩子束手无策,不可能反击回去,或者告诉任何人自己的经历。霸凌者希望旁观者也参与进来,至少不要去管闲事。这样,暴力的循环就开始了"[3]。

我们已经知道,有些孩子面对严重的霸凌行为会结束自己的生命,他们的父母也因此采取法律手段来反抗学校和霸凌者。尼尔·马尔(Neil Marr)和蒂姆·菲尔德(Tim Field)在《霸凌自杀:死于嬉戏时光》一书中介绍了这个短语"霸凌自杀"。下面是几个霸凌自杀的悲剧:

• 阿曼达·卡明斯,15 岁,死于 2012 年 1 月。

卡明斯是纽多尔普（New Dorp）高中的二年级学生，遭受同班同学多年霸凌后，撞公交车自杀身亡。她在生死边缘挣扎的六天时间里，霸凌者仍在她的脸书主页上写一些怨恨的评论（比如，"她主动去撞车真是让我笑掉大牙了"）。她死后，霸凌者仍然在继续，在她的脸书页面上写一些恶毒、嘲讽的评论[4]。

• 阿诗琳·康纳，10岁，死于2011年11月。

康纳是山脊农场小学的学生，被学校和邻居的孩子嘲讽三年后自杀。孩子们叫她"胖子、丑八怪、荡妇"。这个小女孩在一个周四问妈妈自己能不能在家读书，不去学校，不受折磨。她妈妈保证，下周一他们会跟校长谈一谈，但周五晚上，康纳就自杀结束了自己的生命[5]。

• 杰米·罗德梅耶，14岁，死于2011年9月。

罗德梅耶在威廉斯维尔（Williamsville）北部高中读书，因网络霸凌者在他的Formspring（问答网站）账号（该网站允许匿名评论）上书写带有反同色彩的恶毒言论达一年之久，结束了自己的生命。罗德梅耶陷入绝望之前，曾在"一切都会好"项目网站上为其他同性恋孩子留言支持[6]。

• 埃里克·墨海特，17岁，死于2007年3月。

墨海特在俄亥俄州（Ohio）门托（Mentor）高中读书，因为自己的独特外形（身高1.85米，体重仅50千克，外号叫"小树杈"）和喜欢穿粉色衣服被嘲讽数年之久，用自杀结束了自己的生命。据报道，有个同班同学跟他说："你怎么不回家开枪自杀，又没人在乎。"[7]

- 菲比·普林斯，15 岁，死于 2010 年 1 月。

普林斯最近刚刚跟家人一起从爱尔兰搬到马萨诸塞州南哈德利（South Hadley）地区，因被学校同龄人恶意嘲笑、遭受网络霸凌而自杀。这个案件引发了全球对美国学校因霸凌问题出现学生自杀的关注[8]。

- 埃里克希·斯凯·皮尔金顿，17 岁，死于 2010 年 3 月。

皮尔金顿生活在纽约长岛地区，因在社交网站 Formspring 上总是被攻击而自杀。皮尔金顿死后，为她而建的脸书网页上仍有人匿名对她进行评论攻击[9]。

通常情况下，受害者再也无法忍受霸凌带来的精神和心理影响的时候，就会选择自杀。尽管受害者不用再忍受痛楚，他们崩溃的家人和所爱的人仍将继续忍受折磨，必须去承受失去骨肉的痛楚。而那些遭受严重霸凌，却并没有选择自杀的人又经历了什么呢？很多人挺过了地狱般的校园生活，但一辈子都留下了伤疤。一个叫安德莉亚的女孩跟我分享了她作为霸凌受害者的经历。"这让我难以承受。我开始相信他们说的话，相信我很丑，是个怪胎，没人要，没人爱。我现在仍在纠结这些东西。"

斯科特也是霸凌受害者，他跟我分享了自己遭受创伤的过去，以及霸凌对他现在产生的影响[10]。"我每天都会感受到影响，哪怕霸凌已经过去 20 年了。我今年 32 岁，如今脑神经科学已经足够发达，能够告诉我们重复遭遇的经历是怎样影响我们的行为的。这真的开拓了我的视野，让我认识自己——这一切都要追溯到我遭遇霸凌的年代。"

斯科特天资聪颖，一直到五年级都上私立学校，但当时他的爸妈没钱继续让他读私立学校了。从六年级开始，他就去上当地的公立中学了。"第一天，我就被来自两个班的霸凌者扔到了垃圾车里。这只是噩梦的开始，梦魇没有停止。直到高中结束，同年级的学生一直都对我进行身体上和言语上的虐待。我曾有几个好朋友，但他们一度跟我反目——不跟我有任何联系，甚至跟那些霸凌我的人一起欺负我。"斯科特身材瘦小，直到14岁时身高才约1.68米，所以霸凌他的人觉得他是个很容易攻击的靶子。

他还记得："每天上学，他们把我推到储物柜上，拳打脚踢。我每次在走廊上路过，都有几十个孩子嘲笑我。我的书被扔得满走廊都是，有的孩子模仿我的笔迹给其他学生写纸条，想让他们也加入进来一起欺侮我。每天放学回家，都有孩子跟着我，霸凌我，后来我甚至每天都走不同的路线回家。我在整个童年时期总想着自杀。我总是处在'战斗或逃跑'的状态，大脑总是上紧发条——随时留意着下一个威胁。"

"战斗或逃跑"的状态指的是身体的自主神经系统面对突如其来的压力环境所做的反应。人类以及其他动物感知到危险时，其自主神经系统会准备好，要么背水一战，要么逃离险境。人在这种状态下，会出现心跳加速、呼吸急促、双腿颤抖、瞳孔放大、便秘及食欲不振等状况。如果总是处在这种状态中，就像斯科特一样，可能会产生更广泛的焦虑失调或者恐慌心理。霸凌跟与焦虑相关的症状是紧密相连的[11]。

斯科特因为霸凌而受到了严重的影响。"我的学业被毁了。我之前很有天赋，1岁前就能说完整的句子，而现在变得碌碌无为。"虽然斯科特还上快班和AP课程，但他的成绩已经从A下滑到了B和C。"谁还在乎学业啊，"他想着，"现在整天都要担心自己会不会被打。"斯科特的经历提醒家长们，孩子遭遇霸凌有个警示标——成绩下降。很多父母担心孩子学习成绩不好，可能是因为染上了毒品或者酒精，要么就是对学业漠不关心。然而，另外一种可能性是，孩子在学校生存下去都成了问题，对学业则根本无暇顾及。斯科特读完高中后终于松了口气。"最后，终于解脱了——我到别的地方去上大学，可以重新开始了。有一段时间很难适应，但我还是很幸运，交了一些好朋友。我时不时还是会因为跟他人不同而被排斥，但跟以前相比已经有很大改观了。"斯科特以为他的困境已经结束了，开始度过了一段好时光。他觉得自己已经成功地熬过了遭遇霸凌的岁月。

随着时间的流逝，斯科特对于生存有了新的定义。"问题是——我过去几年刚刚意识到——我以为一切都结束了。我以为自己已经走出来了……从某方面讲，我确实已经走出来了……但它已经在我大脑中留下了烙印。在工作的地方，我很难跟好斗的人打交道。我工作都能做完，对一些问题回答得也都正确，在脑海中已经做了充分的准备，但一旦有人说话语气咄咄逼人或是粗鲁，我就束手无策了。我像是被定住了一样。我并不觉得这种事情跟之前遭受的霸凌一样让我沮丧，但我能感觉到我的头脑僵住了。像是进入自我保护模式一样，我被冻住了。面对咄咄逼人的提问，我一个问题也答不上来，太糟糕了。"

斯科特的经历在学校霸凌受害者中很常见。研究者们发现，人们在童年时期遭受的伤害，其产生的影响会一直持续到成年时期。德博拉·A. 罗思（Deborah A.Roth）、梅雷迪斯·E. 科尔斯（Meredith E.Coles）和理查德·G. 海姆贝格（Richard G. Heimberg）在 2002 年共同完成的一项研究发现，童年时遭遇过霸凌伤害的成年人展现出了较高的特质焦虑、社会焦虑、担忧和焦虑敏感性[12]。斯科特们在孩童时期经历的持续高压状态会改变他们的危险感应雷达，很小的威胁就能引发过多的焦虑。这种生活状态很可怕。

斯科特还面临着霸凌产生的其他影响。他说自己很难对他人产生信任，无法接受赞美以及任何积极的回馈，"因为八到十年前，同学说我是个废柴、怪胎，一无是处……他们一边打我，一边灌输这种观点。我上学的时候没人在乎我。'孩子总会嘲笑别人，忍忍就过去了'这种想法像咒语一样响彻我的耳边"。斯科特很难相信自己最亲密的朋友或者其他重要的人真的喜欢自己，更不敢相信他们爱自己。斯科特坦承，如果同事、好友、挚爱的人赞扬了他，他的第一反应是不予理睬和自我贬低。他说："我控制不住自己。我敢说这简直不可理喻——但我大脑就是会做出这样的反应。"斯科特接下来的日子还将继续遭受霸凌的影响。假以时日，辅之以治疗和用药，他的症状应该能有所缓解，但霸凌已经改变了他的一生。斯科特是活生生的例子，不是研究报告中的一个符号。幸运的是，斯科特现在能为社会做出积极贡献，有工作，能维持正常的人际关系，但他仍然遭受着焦虑的困扰。

有些人受同辈伤害带来的精神影响过于严重，以至于成年后并不能像斯科特一样正常生活。拉娅在学校期间也被同龄人霸凌达数年之久，至今仍然无法走出阴影。她跟我说了几种自己被折磨的方式[13]："女孩子们会嘲笑我，算计我，躲着我，有些时候会合起伙来想办法让我丢脸。我还记得，一个'朋友'假装告诉我进入操场上女生营地的密码，后来我发现密码是错的，在所有人面前丢人现眼。"拉娅回忆说，男孩子们更咄咄逼人。三年级时有一个同班的男生威胁她，说要用"扑通"（kerplunk）游戏中的小棍把她的眼睛挖出来。"我直到现在还很害怕这个游戏。"拉娅说，"我五年级时，另外一个男孩子明目张胆地告诉我，他鄙视我。那是我第一次听到'鄙视'这个词。青春期的我很胖，八年级时，每当老师忙其他事情，我后面的男孩子就会在班里朝着我学猪叫。"整个高中阶段，在集会或者学校开运动会时，露天看台上拉娅身后的男孩子会狠狠地掐她后背的肉，并假装自己什么也没做。拉娅在阅读和写作中逃避这令人恐惧的现实。书籍是她的良药，是对她最大的安慰。

成年人的建议大多数对拉娅没有用。她回忆道："我爸妈只会说：'别理他们，他们就是想打倒你。'这对我一点儿都没用！而且让我很反感，因为霸凌我的孩子肯定希望我做出反应，而让一个悲伤、恐惧又孤单的小女孩在遭受霸凌时不做回应，就像是让一片叶子不要在风中颤抖！'自己坚强点，让他们看看，霸凌你的人其实跟你一样害怕！'这句安慰也不奏效。我尝试过——我有时害羞紧张,有时扯破嗓子叫喊——但他们还是当着我的面笑话我。他们知道,我是想说他们很荒唐。我还常常听到'记住,言语不伤人'这样的话。这也让我觉得自己很软弱,因为我自己确实会被别人的话语伤到。"

如今,拉娅无法胜任任何一份工作,不能跟同龄人维持关系。"霸凌彻底毁了我的一生。我26岁了,但没有正常的行为能力。我领着政府的残疾人抚恤金,有社会焦虑和广场恐惧症。我总怕自己在别人眼里做错什么事,让别人觉得我愚蠢,没法胜任工作,害怕被排斥,被指点。操场上被朋友羞辱的那件事让我无法信任他人,我很难与人亲近,总会担心朋友们会背叛我。我甚至很难跟另外一个人在一起待超过一个小时。"拉娅的精神诊断符合杰玛·L.格拉德斯通等人在2006年所做的研究。该研究发现,成年人如果在孩童时期是霸凌的受害者,那么更可能患上社交恐惧和广场恐惧症[14]。虽然现在拉娅的人生还是很艰难,但接受治疗、服用药物的话,还是有希望改进的。

霸凌的受害者在意识到自己的症状已经影响到日常生活之后,通常会寻求临床心理学家的帮助。科莎·伯奇-西姆斯在芝加哥进行的临床心理实践中接诊过很多霸凌行为的受害者,现在她会在学校就这个话题进行宣讲,也开了几个针对霸凌的工作室。她跟我说:"我见过霸凌对人产生的长期影响。受害者长期以来都难以实现自身的身份认同,难以融入集体,难以适应社会。他们为了弥补霸凌受害的创伤,会习得其他行为，但这种人生的适应过程非常痛苦。"[15]伯奇－西姆斯观察到，霸凌受害者在跟其他学生开展对话时有着较高的焦虑水平。他们惧怕团队合作，因为不敢主动加入任何学习小组，所以学习成绩也会受到影响。

我还记得有个叫麦迪的女孩告诉我："我很怕去上学。说实话，我会崩溃。"麦迪宁愿挂科，也不愿去学校遇到霸凌她的人。伯奇－西姆斯说："大学中很需要团队合作，对于那些孩提时代经历过霸凌的人来说，这就是一场梦魇，因为霸凌已经给他们造成了创伤。这是一种系统性、重复性的创伤，会影响到脑部化学反应。"她补充说，好消息是人类很坚忍顽强，霸凌的受害者也不例外。他们会寻求治疗，但这个过程不会一帆风顺，对于有其他心理健康问题，比如患阿斯伯格综合征和抑郁的人尤为如此。

人们一想到霸凌对大脑产生的危害，就会想当然地认为，我们这里所说的大脑是受害者的大脑。但正如之前我们所提到的，霸凌也影响到了霸凌者和旁观者的身心健康。一次纵向实验跟踪了1981年出生的2540个男孩子，研究者们发现，童年时期被归为"霸凌者"这一类别预示着将来他们会进行实质性的欺侮行为并患上抑郁和焦虑症。属于"受害者"这一类的男孩子则更容易查出焦虑性障碍。"霸凌—受害者"（被他人霸凌又同时霸凌他人的孩子）这一类的男孩子会面临着反社会型人格障碍、抑郁、焦虑性障碍等的风险[16]。霸凌—受害者最容易患上抑郁症[17]。

除此之外，研究以性别为基础的学前霸凌现象的专家劳拉·哈尼诗（Laura Hanish）说："对于孩提时期霸凌他人的孩子而言，他们侵略性的行为在青春早期容易出现多样化，发展为更为极端的暴力行为、性骚扰，以及在与他人约会时的攻击性行为等。"[18] 越早发现孩子身上的霸凌行为，就可以越早帮助他们获得必要的治疗，以期他们在成长过程中避免上述问题。如果置之不理，霸凌伤害的就不仅仅是孩童和青少年了。米歇尔·博巴的提案《结束校园暴力和学生霸凌（SB1667）》于2002年签署成加利福尼亚州法律。米歇尔告诉我："8岁时经常霸凌他人的孩子中，有四分之一在26岁时都会有犯罪记录。8岁时的行为已经成了这些孩子根深蒂固的习惯。最好的防范措施就是早期干预。"[19]

童年时的霸凌者会把攻击习性带到成年，而少时的霸凌行为受害者仍将面临着严重的社会焦虑。工作场所霸凌研究机构的数据表明，35%的美国工作人口，即超过5000万人，说自己2010年在工作场所遭受过霸凌[20]。工作场所霸凌现象在严重的情况下会触发与压力相关的疾病，比如高血压、焦虑性障碍等。美国各大企业也认识到了问题的严重性，至少17个州都在考虑在工作场所引进反霸凌法案。如果我们能教育现在的儿童如何社交，不要霸凌他人，我们就有可能减少下一代工作人群中霸凌事件的发生。

第三部分

预防、干预与和解

第十一章
温暖的家庭环境很重要

家长们听到霸凌的恐怖故事时,第一反应是:"怎么才能保护我的孩子不遭受霸凌?"最开始,我们都会担心其他孩子是侵略者。但实际上,很多情况下,自己的孩子则是在扮演霸凌者的角色。我们需要承认这一点,并且首先要自我检查,我们为人父母是否做到了以身作则。只要稍微注意一下通过对话、肢体语言、教育方式和家庭环境所传递的微妙的信息,我们就会对孩子的所作所为产生巨大影响,因为孩子是在家中习得社会关系,再把这种知识带到学校的。

戴维·施里伯格(David Shriberg)是芝加哥洛约拉大学的副教授,他关于校园中的社会正义这一话题著述颇丰。关于霸凌问题中家庭协作的重要性,戴维指出了如下几条[1]:

风险因素——霸凌者更有可能经历:

- 频繁的、前后不一致的、无效的惩罚措施;
- 严苛的家教,被排斥或被忽视;
- 遭到虐待,目击家暴;
- 缺乏温暖,家庭不和,家长较少参与孩子的学校生活。

保护因素——适应良好的学生常有这样的家长：

- 管教有效；
- 积极参与孩子在学校的活动；
- 为孩子设立前后一致的行为界限和期待；
- 与孩子的老师经常交流。

施里伯格发现，孩子们不会无缘无故地霸凌他人。他们的行为、世界观和人格都受到了家庭的影响和塑造。健康的社会关系不是一劳永逸的，而是一种生活方式。孩子们总是在察言观色，家长和照料者对他们产生了巨大的影响。

获奖作品"中学密谈"系列的作者安妮·福克斯（Annie Fox）跟我分享了她关于怎样影响孩子的一些看法[2]。"如果家长说话时互不尊重，那孩子会学到什么？——不尊重他人。如果我们因不经意的疏忽而把残酷无情强加到孩子身上，那么孩子对待他人尖酸刻薄也就不足为奇了。如果你的女儿很刻薄，做妈妈的应当扪心自问：'她是在学我的样子，还是我允许她这样子？'妈妈对女儿的影响至关重要。如果母亲站在镜子前面说自己屁股大，而5岁的女儿正站在她身后。女儿就会知道，做女人就意味着对自己的身体不满意。"

孩子们会从自己的父母身上吸收言语层面和非言语层面的信息。如果母亲跟孩子一起外出办事，看到一个肥胖的人，母亲面露厌恶的神情。哪怕母亲没有直接说"看看那个胖女人"，孩子也会注意到。每次我们对他人加以判断时，孩子都在一旁学习着。

福克斯也注意到，家长在无意间给孩子施加压力，让他们觉得自己必须受欢迎。这也让孩子一旦经历霸凌，更难向家长诉说。福克斯建议说："不要问孩子'你跟谁玩了？跟谁坐一起了？受邀参加聚会了吗？'。因为孩子觉得只有自己受欢迎，才会被父母珍视。孩子害怕告诉父母自己不受欢迎。如果这些孩子遭遇霸凌，他们会觉得是自己的问题，会自责，会觉得自己是废物。家长需要做的就是改变问问题的方法，试试这样问：'跟我聊聊这次实地考察吧。'如果从来没有电话打来找孩子，应该先跟老师们谈一下，看看发生了什么，再把自己的关切投射到孩子身上。如果知道孩子做得不够好，你要做做调查。"

年幼孩子面对社交痛苦时的需求

后来跟达拉进行一系列的采访时，我想起了安妮·福克斯的建议。达拉在过去三年里都是她女儿参加的"黛西／布朗尼童子军中队"的领头人。达拉遇到了一位母亲，相比孩子所受的痛楚，她更在乎孩子有多受欢迎。达拉解释了事情的经过[3]："我们有个由27位女孩子组成的二年级童子军，其中21人在一起三年了。我很了解这些女孩子和她们的母亲。我们看到，童子军里有了些小圈子。后来出现了霸凌现象，比如开会前会有人进行言语攻击，如果跟不喜欢的人分到了一组会翻白眼，几个女孩子悄声说话，孤立另外一个孩子。举个例子，我们队里有个女孩子是印度人，一个金发女孩嘲笑她皮肤颜色深，胳膊上毛发重。这个印度女孩的妈妈向我说起了这件事。我们决定,就霸凌问题召集女孩子一起开个会。"

达拉邀请学校的社工一同参会,推动讨论。她们做了两个小型问卷调查,让女孩子们回答关于霸凌的问题,包括:"你会嘲笑其他孩子吗?你在说的是秘密吗?你被霸凌过吗?"社工在女孩子们参加测试之前会跟她们谈话。会上,社工告诉孩子们,这个调查是匿名的,结束后可以销毁,也可以把这两份完整的调查问卷带回家,跟爸妈聊一聊。

达拉记得一个叫凯莉的小女孩看上去非常沮丧。她那时遭遇着霸凌,填写问卷的时候觉得自己被欺凌得很严重。她哭了起来,跟达拉说想把问卷带回家,跟妈妈谈谈。"凯莉的爸爸来接她时,我把他拉到一旁,说了这一切,让他知道女儿很沮丧。我特意告诉他,凯莉说她很想回家之后跟妈妈谈一谈。凯莉爸爸是个很上心的父亲,说一定会告诉妻子。"

一周后,达拉跟凯莉的妈妈一同参加了学校的聚会。"我问她有没有跟女儿聊起霸凌的问卷。这位母亲说:'哎呀,还没有呢。你肯定觉得我不称职,但我们真的忙坏了。'我回答道:'你真的应该跟女儿聊一聊,她很难过。'不过,这位妈妈转换了话题。"达拉提到,她已经觉得这位母亲会把事情搞砸,所以才特意问起来,真是可悲。"这位母亲热衷社交活动,脸书总是在线,一直强调身材苗条、受人欢迎是多么重要。"达拉评论道:"坦白地讲,我们生活在社会中上层居民的居住区,很多妈妈都很在意,要买最贵的牌子,穿衣要体面,要去健身。"

上二年级的凯莉希望得到帮助，却被无情拒绝，母亲假装一切皆好，而不去承认女儿在社交中面临的问题。凯莉未来发展方向叵测，家里的环境造就了一个受害者。但事态也很有可能逆转，在以后的日子她也有可能霸凌他人。凯莉与母亲之间联系并不紧密，这不足以让她成长为坚强而有同情心的个体。这的确很难，因为很多家长在对孩子的教育中掺杂着自己过去社交中的不安感和不适感，把这种不健康的模式传递给了下一代。

一方面要竭力不对孩子的社交进行不必要的干涉，而另一方面则不由自主想为孩子谋利益，这之间形成了一种微妙的平衡。《大西洋月刊》刊登了心理治疗师洛丽·戈特利布（Lori Gottlieb）的一篇文章（《怎样让孩子接受治疗》），讲述了父母往往出于好意，保护孩子不受不良情绪影响，却对孩子造成了伤害。戈特利布诊疗了很多人，他们成年之后都有种迷失感，举棋不定，因为他们从未真正习得适应性，也不具备坚忍这种品质。《自恋传染病》一书合作者之一让·特文格（Jean Twenge）表示，这些品质昭示着人生的成功和圆满[4]。戈特利布为写文章采访了很多人，包括一位名为"简"的学前教师[5]。

简解释说，我们假设一位妈妈正站在签到单旁边，儿子跑出去玩耍。忽然间，妈妈看到儿子强尼在跟同班同学抢玩具。属于儿子的一辆翻斗卡车玩具被另外一个孩子抢了过去。强尼喊道："不行，那是我的！"两个孩子一直在吵,而那个孩子还在玩着那个小卡车,最后说:"这个才是你的!"说完,扔给了强尼一个粗制滥造的卡车玩具。得知那个孩子不会改变主意后,强尼说:"好吧",拿起那个劣质的小卡车玩了起来。

"她儿子其实没觉得什么,"简说道,"但那个妈妈跑过来说,'不公平,大卡车是小强尼的,你不能就这么抢走。该轮到他玩了'。其实两个孩子都没太在意。小强尼有很好的适应力。我们肯定教过孩子们不要抢别人的东西,但争抢还是时有发生,孩子们需要知道怎样处理这些事情。孩子们是可以应对挫折的,但家长心烦意乱,我最后往往都是在哄家长,而孩子在一旁愉快地玩耍着。"

我读了戈特利布的文章,其中讲述了"直升机"式家庭教育中的自恋情结。我发现我跟丈夫也有些像这种在高处盘旋、参与过多的家长,总想让全世界都看到我们的认真负责。意识到这一点,已经有所帮助了。现在我在公园或者沙滩上跟女儿们一起待着时,看到她们跟其他孩子争抢沙滩玩具或者某些设施时,我会尽力退后。如果吵起来,我会控制自己闭嘴、止步,提醒自己不要去"救援"。抢玩具不是霸凌,荡秋千的时候偶尔推搡一下也不是。我们作为父母,如何去判断何为正常的社交冲突,父母需要退后一步,让孩子自己感受痛楚;何为霸凌,何时需要成年人的干预?我们需要提醒自己霸凌的特征:重复性的、不希望接受的攻击,双方实力对比悬殊。可以看看下面两个假想的情景,这能帮助我们区分正常的打闹和霸凌。

情景 1

每周有几个下午,瑞秋都会带着儿子盖布里埃尔去家旁边的公园玩。他们认识几个其他同在公园玩耍的孩子及其父母。有时候,盖布里埃尔会跟其他孩子一起在攀登架玩,也会跟学校的几个朋友一起踢球。盖布里埃尔有些内向,虽然不是小圈子里的领头羊,但也能被大家接受。有一天,他看到一个秋千没人玩,就跑了过去。他的朋友卢卡斯注意到他盯上了秋千,就先跑了过去。盖布里埃尔开始哭泣、叫喊。他抓着卢卡斯的腿,想把他从秋千上拉下来。卢卡斯把他踢走了,一边喊着:"是我先来的!你这个爱哭包!"瑞秋和卢卡斯的母亲弗朗西斯卡赶紧跑上前去,她们总会这样做,想让自己的孩子开心满意。盖布里埃尔和卢卡斯总是会这样吵架,两个男孩子都会争玩具,争领地。但除此之外,他们追追赶赶、做喜欢的游戏时也很开心。卢卡斯占上风的次数比较多,但也不尽然。

情景 2

每周有几个下午,利亚纳会带着儿子乔伊去家附近的公园玩耍。他们认识几个其他同在公园玩耍的孩子及其父母,但乔伊跟其他小朋友并不很亲密。乔伊因为语言障碍,正在接受语言治疗,其他孩子听不太懂他说话。乔伊总是很安静,不论是在学校还是在公园,都很难融入其他孩子的小圈子。

有一天，乔伊在开心地荡秋千，另一个男孩达蒙把他从秋千上推了下去，说该轮到他了。达蒙总是来这个公园，他总跟着乔伊，抢乔伊的地盘。有时候，达蒙会对乔伊动手、推搡，还会在乔伊大哭的时候叫他"爱哭包"。乔伊总是想躲着达蒙，很怕他，哪怕他们其实年龄相仿。达蒙还召集其他孩子一起玩捉人游戏，却唯独不让乔伊参加。有时候所有孩子都绕着乔伊走。就在这个下午，达蒙把乔伊推下秋千之后，乔伊坐在地上哭了起来。达蒙的妈妈坐在一旁的长椅上打电话。听到乔伊哭，她抬头看了一眼，但无动于衷。利亚纳则迅速走过去调停。只要达蒙在旁边，她就会紧紧看好乔伊，帮着乔伊在公园的游乐场里寻找玩耍的地方。

在情景1中，盖布里埃尔和卢卡斯就是典型的两个男孩之间的打闹。他们都没有完全控制另一方，也不害怕另一方。瑞秋和弗朗西斯卡这两位母亲在孩子们玩耍的时候或许盯得太紧了点儿。在这种情况下，家长希望孩子们开心满足、公平玩耍的强烈欲望会让他们像直升机一样在高处一直盘旋。卢卡斯在盖布里埃尔身旁"偷走"了秋千，惹他生气，确实不公平，但这种互动也没什么不正常的。有时候，男孩子们需要经历这种玩玩具时间不一样长的失望和沮丧。实际上，小孩子并不善于分享，只能随着年龄的增长，多加练习，才能做得越来越好。没错，卢卡斯叫盖布里埃尔"爱哭包"，算是骂人了，但这仍然属于正常争斗的范畴。两个男孩子重归于好，已经开心地玩了很久，两位母亲可能还在检查他们有没有承受社交伤痛。我们做父母的，总是对孩子受到的冒犯如此敏感。米歇尔·汤普森与凯瑟琳·奥尼尔·格雷斯合著的《最好的朋友，最坏的敌人：理解孩子们的社会生活》一书非常精彩。书中的一段话让我释怀：

> 所有的孩子都会被嘲笑，都会被骂。这是坏消息。好消息是，大部分孩子都很顽强，会有办法对付学校里接踵而至的辱骂。他们都能被社会接受，所以这些侮辱并不能把他们怎么样。他们都是被保护的。绝大多数的孩子就算不受欢迎，也能被某一个小圈子接受。虽然或许他们不能实现自己最高的社会理想，不时会被其他孩子嘲笑，遭受痛楚，但他们都能被接纳——受伤之后，重整旗鼓。就算社会的海洋波涛汹涌，他们也有足够的认知能力和社交能力让自己不被卷入海浪之中[6]。

作为父母，我们不要每次孩子受伤时都去宠溺他们，除非孩子自己觉得是受害者。大部分孩子虽然偶尔会受伤害，但并非天生就是受害者。盖布里埃尔的妈妈大可放心，因为后来，她的儿子是可以加入其他玩耍的小伙伴之中的。她的儿子不用非得做那个最受欢迎的，但他需要被接纳。

根据米歇尔·汤普森的说法，最应当被担忧的是一小部分——10%—12%的孩子，他们是"被排斥的孩子，或是因为太听话，或是因为太霸道。这些孩子有较高的社会风险"[7]。

在情景2中，乔伊的风险系数就很高。他因为有语言障碍，较难融入他人的群体，这让他成了霸凌的对象。达蒙跟乔伊之间的互动体现了霸凌关系的所有特征：

• 达蒙总是在折磨乔伊。

• 达蒙针对乔伊的嘲讽、讥笑、身体上和社会关系上的攻击，都是乔伊不想要的。

• 达蒙比乔伊强壮。

• 乔伊惧怕达蒙。

就此而言，乔伊的妈妈利亚纳盯紧乔伊是对的。这位家长没有进行直升机式的看护，而是能准确判断孩子处于危险当中。因为乔伊难融入小群体，或许悉心干预能让他从中受益，比如带他参加社交技巧训练小组。或者利亚纳可以帮他带一个朋友去公园，这样乔伊玩起来时身边就有个小同盟了。如果乔伊不是孤身一人，达蒙可能也就不再挑事了。或者利亚纳也可以帮乔伊在公园里找个孩子，让乔伊去邀请他做玩伴，这样其他孩子就能在一种不是太敌对的环境中结识乔伊了。虽然达蒙的妈妈在游乐场里的行为已经显示出她或许不屑一顾，但利亚纳也可以去找她谈谈。重要的是，乔伊要知道自己的母亲了解情况，随时可以出手相助，因为乔伊说话并不清楚。利亚纳不必做儿子的大救星，但需要支持他、力挺他。

很多家长都对孩子是否处于危险中相当敏感。尽管凯蒂经历了一些基于性别的嘲讽和人际关系层面的攻击行为，我并不觉得她在社交方面存在危险。如果她被排除在外，遭到嘲讽，我都试图退后一点（说起来容易做起来难）。怎么说服自己她没问题呢？很多次生日聚会凯蒂都受邀参加了；在公园里，在沙滩上，她都能跟不认识的孩子交朋友；她通常都能很容易地加入一个小集体。凯蒂时不时会抱怨自己被孤立在外——有时候其他孩子可能不想选她做朋友，或者没邀请她参加生日会，或者课间休息的时候没叫着她一起玩游戏，但这些痛苦的小事每个孩子都会经历。米歇尔·汤普森告诉我："孩子们的生命中总有些绕不过去的社会性残忍，因为这不是人间天堂。"每次遇到这种事，我都痛苦万分，我焦虑地等着放学，观察凯蒂的言谈举止来断定她到底怎么样。因为自己焦急，我总想问她："今天好些了吗？""今天其他小朋友和你一起玩耍了吗？"

但汤普森建议说："社交痛苦只要在正常范围内，家长就不应当每天过问，因为你其实是在进行'痛苦审讯'。你觉得自己是在关心孩子，帮助孩子，但实则会让孩子更觉得自己是受害者。你提问的方式限制了孩子的回答。不要每天都问'其他孩子带你玩吗？'，或者'其他孩子对你不好吗？'，因为这样孩子就得在脑海中重演一遍痛苦的经历，再告诉你。最好的做法是通过提问，激发孩子内在的力量。最好孩子亲口说出来的不是一个受伤害的故事，而是他怎样进行顽强回应的故事。"[8] 90%的情况下，凯蒂都能自己解决遇到的社交问题，这也提醒了我，我主导的干预都是没必要的，也没用。少年时期处理社交痛苦的次数越多，长大后一旦在社会中受到冒犯，应对得就越好。但显然，劝诫自己要退后一步实在是困难重重，因为你只想听孩子说："是的，爸爸妈妈，我觉得很安全，大家都爱我，以后也不会有问题！"

社交痛苦和"闹剧"面前大孩子的需求

对大孩子常会使用一个涵盖了各种形式的社会性挣扎的流行语："闹剧"。这是个暗语，能代指大大小小的危机事件，有的或许微不足道，有的或许相当严重。"闹剧"可能意味着孩子在恋爱关系中遇到了问题，也可能指与朋友相处时出现了嫌隙。我记得当年我家请的一位年轻保姆有一晚没来上班，她说她在"处理一场闹剧"。把社交痛苦称作闹剧，孩子们就能规避那些火药味十足的"霸凌""打架"，甚至是"问题"这样的词。说"闹剧"能挽回些面子，甚至能不让爸妈意识到问题的严重程度。"哦，她就是跟朋友小打小闹。"一位母亲跟另一位母亲说道，这样就不用承认，自己的女儿正在经历排斥或者其他形式的残忍对待。如果孩子跟你说，自己正在处理一场闹剧，你一定要意识到可能真的发生了些事情。这个词总会让父母不屑一顾，而孩子需要的可不是这个态度。正确的做法是，多加询问，让孩子倾诉，认真倾听，不要批判。之后，你们可以一起找到一个都可以接受的解决办法。

随着孩子长大，社交痛苦会发生变化，霸凌的理由会更加复杂。不少青少年会发现自己今天还能被接纳，明天就被排斥在外了，这让他们困惑不已，不知道自己人际关系崩塌的原因何在。狄安娜就经历了这样的遭遇，她告诉我，从六年级开始自己就遇到了问题[9]。"我以前交朋友完全不困难，但现在上了初中，女孩们都不喜欢我，因为我留短头发，穿的衣服很古怪。"对于狄安娜的家庭来说，达到收支平衡已是难事，而她的学校坐落在一个富人区。一年过半，这种对她的排斥已经发展到了白热化的程度。"我问一个女孩为什么不喜欢我，她只是说：'因为你很奇怪。'我伸出手，说：'我觉得我们可能有点误会，咱们重新开始吧，你好，我是狄安娜。'她看着我说：'重新开始？我才不要和你一起玩！你是什么呀，同性恋吗？'之后这个女生在全校散布谣言，说我其实是个同性恋，哪个女生跟我说话我就会强奸她。"

问题已经到了很严重的程度，狄安娜只是让班里一位女生从她的座位上站起来，就被指控为性骚扰。这种状况一直持续了整个初中。七八年级的时候，她一用女卫生间，大部分女生就会大惊小怪，骚扰她。她回忆道："她们全都走了，害怕被强奸。我只用图书馆大厅的卫生间，一有可能，我就逃到图书馆去，反正那些酷酷的孩子也不去那里。"

狄安娜受到的霸凌已经不仅限于言语上的嘲讽和排斥。她每天下公交车的时候都会被打。她解释说："女孩们会围住我，扯我的头发，推我，踢我，我常常都是逆来顺受。"在特别艰难的一天后，狄安娜尝试着告诉父母自己总会在公交车站挨打，但当他们发现，欺负自己女儿的是比她年纪和个头儿都小的姑娘时，他们说，狄安娜自己应当学会反抗。"我花了两年的时间，才鼓起勇气告诉他们，"狄安娜惊叹道，"而他们只是责备我不懂得反抗。所以有一次，读八年级的时候，我也动手打了欺负我的孩子，却被暂时停学了，因为其他七个女生都说是我先挑事的。"见到父母不屑一顾的反应之后，狄安娜再也没有对他们敞开心扉。她的父母以为问题已经解决了，因为在家的时候，她跟往常一样活泼又健谈。狄安娜告诉我说："但在学校里，我始终保持沉默，只有必须说话或是要求去图书馆的时候，才会开口。"狄安娜与父母之间的经历意味着她将来仍然会在苦痛中挣扎，因为父母并未给予她任何同情和支持。学校中的孤苦伶仃与家庭中的情感疏离，让狄安娜雪上加霜。

很多情况下，大一些的孩子不愿意求助，因为他们觉得尴尬羞耻。如果孩子们说自己在经历"闹剧"，而我们对他们遭受的苦痛一无所知，这时他们可能会诉诸一些不健康的应对机制。既然年龄大些的孩子希望保护好自己的隐私，家长和教育者就要注意到孩子正在受苦的示警，这是至关重要的。有时候家长注意到了，但闭口不言，因为他们觉得这不过是成长中的一个阶段而已，或者觉得如果真的是个问题的话，孩子会主动提起。对于这类担忧，家长最好立即提出来。如果看到孩子有如下表现，应尽快去寻求专业的帮助，看好孩子。

情感不适或可能的自杀倾向示警：

• 饮食习惯改变（家中忽然消失了大量食物，意味着孩子可能暴饮暴食；孩子总去洗手间，可能患上了贪食症；严苛地控制饮食或是疯狂运动，意味着孩子可能患上了厌食症）。

• 失眠、躁动、白天瞌睡，或者其他睡眠习惯的改变。

- 总穿长袖衬衫、长裤或者长裙（为了掩盖割痕），或者胳膊上和腿上常见绷带（割伤或者其他形式的自残行为）。
- 家中酒柜里的酒减少，药柜里的药减少。
- 对正常的活动丧失热情和兴趣（不做运动了，不玩乐器了，等等）。
- 悲观、无助、持续抑郁。
- 不与家人和朋友交往，社交孤立。
- 把珍爱的藏品送人，表达想死的欲望。

自残无处不在

如今孩子们面临的一个最大的危险就是割伤自己，我们看到有些霸凌的同性恋受害者就是这么做的。一位某高中高年级的学生卡珊德拉告诉我，她在八年级的时候开始以割伤自己来应对被同伴欺侮所受的伤害[10]。"我有认识的朋友也这样做，于是我决定试试看能不能帮自己缓解痛苦。我最开始割伤了手腕，但我不想被别人看到，这样会显得太软弱，所以我就开始割小腿和大腿。我差不多每周割三次，视心情而定。"有一天，卡珊德拉的学校里有人注意到了她的伤口，就跟咨询师说了。咨询师给了卡珊德拉一天的时间，让她自己告诉爸妈，否则学校就会通知家长。她跟爸爸说了，爸爸站在她这边，学校也要求她接受治疗。

卡珊德拉是在获悉其他孩子割伤自己之后，才开始这一行为的，这一点很重要。自残行为可以是一种群发行为，孩子们之间会相互"触发"。其他可能互相触发的行为还有进食障碍、吸毒、酗酒、无节制的性行为，以及其他一些不健康的应对机制。作为家长，我们可以密切关注孩子的朋友身上发生了什么，这样能了解到很多信息。如果自己女儿最好的朋友有厌食症的倾向，一定要牢牢记住，一旦女儿遇到社会性的闹剧，她也选择厌食，就不足为奇了。进食障碍越成型，越难治疗，所以最好是尽快处理。孩子们是在用这种自残的行为来应对自己无法管控的情绪。

这些问题不仅局限于女生，男孩子也会借用进食障碍和自我割伤来应对，这是让更多家长感到惊讶的。在前文提到的《包装男孩童年》一书中，作者阐释了男孩子是怎样转向这种伤害性的行为的：

> 青少年时期的情感伤痛尤为剧烈，这是因为青少年难以进行情绪的自我管理。媒体报道中很少有通过寻求帮助、开展对话来应对强烈情绪的成年男性榜样。幸运的男孩子会弹弹吉他写写诗，但不幸的孩子只好捶墙、谩骂父母，拿起刀子割伤自己[11]。

14岁的约拿·莫里是反同性恋霸凌的受害者，在学校里总受其他孩子的折磨，选择了去割伤自己。2011年，刚上八年级的他在社交网站上传了一段视频，哭着展示了自己的伤疤，并举起了一张告示牌，上面写着："我常常割伤自己……这是家常便饭。伤疤到处都是。自杀也不是没可能……很多时候我都想一死了之。"[12] 我和丈夫一起看了莫里的这段视频，为其所受的苦难深感悲痛。

孩子们之间自残的行为可以互相影响，但他们也可以彼此鼓励，健康向上。我问卡珊德拉是什么让她减少了割伤自己的次数，她说："八年级快结束的时候，我不再恨自己了。我曾经假装变成另外一个样子，想办法合群，但后来我认识到这不是真正的自己，就开始穿文化衫、牛仔裤，而不再穿裙子了。我认识到做自己更好是受了几个人的影响。有个朋友，之前自残得很厉害，后来她决定就做自己，自残行为逐渐减少，她也更快乐了。我慢慢也决定，坚持自我，现在也远比之前开心了。"卡珊德拉找到了宣泄情绪的健康途径，她告诉我："心情不好的时候，我就带着小狗外出散步，这是我缓解情绪的好办法。我几乎每天晚上都写诗，这比割伤自己要管用得多。"

告诉孩子"我站在你这边"

即便不采取自残行为的孩子可能也有想掩盖的情绪伤痕。家长如果太过在乎社会地位，孩子就会心寒，不愿意告诉父母自己受到的来自同伴的伤害。不论男孩子还是女孩子，都对父母的赞许很敏感。如果你高度重视孩子的受欢迎程度，孩子就不愿意跟你讲述遇到的社会问题。凯拉在七年级的时候遭遇过严重的霸凌，她告诉我："班上很多女孩子在家里接受的价值观教育就是错的。她们觉得最重要的是给妈妈展现某种形象，后来她们看到了我——一个不在乎自己形象的脆弱的孩子，于是就开始霸凌我。"凯拉曾经希望，自己能拥有一个朋友，哪怕这个想象中的朋友生活在另外一个城镇。父母并不知情，这更让她孤立无援，部分原因是凯拉的妈妈在女儿遭受霸凌的时候法律事业刚刚起步，凯拉觉得这个时候告诉母亲霸凌这件事并不是一个好时机。

凯拉回忆说："有一次，我妈妈问我，为什么没有其他孩子来找我玩。这让我觉得交不到朋友是我的错。她对我下定论，如果妈妈说你哪里有问题，你真的是会相信的。"[13]安妮·福克斯建议说，如果注意到孩子似乎很孤独，从来没有朋友找他玩，那么询问孩子的时候试着不要妄下定论[14]。你可以说："听起来你对这场季后赛很感兴趣啊！我们邀请一两个好朋友过来一起看比赛会不会更开心？我们可以叫点好吃的外卖。"如果孩子拒绝，就可以借此机会，和缓地问询，看看孩子喜欢跟朋友一起做什么类型的活动。在这个过程中，或许孩子就会说出"大家都不喜欢我"或者"我不想跟任何人出去玩"这类话。一旦听到诸如此类的话语，就要跟孩子一起寻找解决的办法。"有没有别的班的小朋友，你觉得还不错，想多交流一下的呢？"可以这么问，来帮孩子培养一段新的友情。

有时候，解决问题的关键是帮孩子找到一个全新的社交途径，这样孩子有可能建立一个崭新的身份[15]。帮他加入一个校外的体育队、戏剧小组、音乐班，或者其他形式的组织。鼓励孩子尝试舞蹈课、空手道课，或者作诗课。就算孩子并没有在这些兴趣班中交到朋友，这些活动本身或许就能让他觉得舒适。一位叫莎哈拉的英国少年告诉我："对我来说，最佳应对方式就是即兴演奏萨克斯，直到我觉得好受为止。要说有什么建议的话，我想告诉所有跟我有着相同处境的人——不要自残，不要酗酒，这些都无济于事。"[16]

同样的策略也可以用来帮助那些称霸的孩子。如果家长对待这类孩子采取合作的态度，而不是惩罚或不屑，这些孩子更有可能跟同伴们发展一种积极的联系。有时候，一个咄咄逼人的孩子需要找到怒气的恰当的宣泄口，学会用合适的方式体验消极情绪。敲鼓或者击打篮球可能会有所帮助，也可以拿球拍用力击打网球。如果孩子需要集中注意力，可以练习瑜伽或者武术。

"觉得气恼很正常，"你可以跟称霸的孩子这样交流，"但不能打人。你可以觉得疯狂、悲伤、气恼、恐惧，你有权感受到任何情绪，但你不能为所欲为。"大一些的孩子会了解到，哪怕他们真的很沮丧，也要为自己的行为负责。

如果家长自己也在挣扎着寻求接纳，孩子的社会问题会引发家长不相称的痛苦。如果你觉得自己过度焦虑，知道孩子正在艰难度日时自己也心烦意乱，那么就去寻求治疗，先治好自己的创伤，降低把自身的问题投射到孩子身上的可能性。家长如果自己曾经遭受过霸凌，则会更难判断孩子是否需要外界的帮助。"我极为敏感，或许敏感得过头了，任何女儿被排斥或者遭受不好的对待的小事我都会很警觉。"维多利亚·斯蒂尔维尔（Victoria Stilwell）曾在"动物星球"频道风靡一时的电视节目《我或我的狗》中出演一个遭受霸凌的明星,她这么说道,"也就是说,这种小事只要发生,被我看到,我就会跟女儿聊一聊。如果她觉得不在乎,那我也就放手了。我不希望本来没事,反倒是我无中生有,让女儿觉得自己是受害者。"[17]

第十二章
对网络技术、媒体使用设限

我们总会读到新闻报道,讲述孩子之间不分昼夜的霸凌行为。大家都在问:"怎么才能让他们住手?"或许我们更应该问的是:"他们是不是跟我们学的?我们自己怎样才能停下这种行为?"每天,成年人都在进行网络霸凌,甚至丝毫觉察不到,而孩子们却在一旁注视着我们。

究竟是怎么回事?让我们看看下面两个假设的场景。

场景1

约翰是个尽心负责的爸爸,有两个儿子,每天早上都会花上几分钟的时间浏览一下自己最喜欢的体育博客。读完博文之后,他喜欢往下滚动页面,读一读评论,有时候也会发表评论。发表评论的人有时候很暴躁,观点不同时会互相攻击。有天早上,约翰看了看手表,跳起来冲进厨房,喝几口咖啡,马上要去上班了。他13岁的儿子戴维(David)走进书房,开始看电脑。浏览器还开在体育博客的那一页,大卫开始读屏幕上的内容。他看到爸爸刚刚写了条评论,把一个没投进关键一球的篮球运动员称作"死同性恋"。两周后,戴维在一位初中同学的脸书主页上写下了"死同性恋"这样的评论。

场景 2

维基是一位全职妈妈,育有一儿一女,每天花很多时间接送孩子去上课上兴趣班。一天,在外面等女儿的芭蕾班下课的时候,她刷着自己的苹果手机。维基最好的朋友米歇尔跟她在发短信聊天,谈论着孩子小学一位同学的母亲。这位母亲很不友善,在最近一次家校联盟组织的聚会上放了她们鸽子。芭蕾课结束了,维基十岁的女儿艾米蹦蹦跳跳地跑了出来。艾米把维基的手机要了过来,说是要在车上玩游戏。快到家的时候,米歇尔又发了条短信过来。艾米点开了,看到了整个对话内容,包括之前维基写的,说那位放别人鸽子的妈妈"屁股好大,穿得像荡妇"。第二天,艾米给她最好的朋友发了一封电子邮件,评论班上的一位女孩"穿得像一个荡妇"。

这就是事情的原委。家长们每发送一条尖酸刻薄、充满闲言碎语的短信,写一条贬低别人的评论,都在降低网络社区的水准。人们在网上更加无所顾忌,常常抒发着日常生活中不会当着别人的面表露的"大义凛然"和讽刺刻薄。一点击"发送",语言就成了刀枪剑戟。成年人不只是在体育网站上或者在私下聊天的时候进行霸凌——我见过很多没有恶意的家长在育儿网站上因为意见相左就开始唇枪舌剑。容易引发人身攻击的热门育儿话题都有什么呢？比如，是否要给孩子做包皮切除手术、哺乳、幼儿选美大赛、家校共育等。

起先是激情洋溢的文明讨论，但常常演变成恶意中伤、煽风点火的长篇激烈批评，散播着恶意的成见。来自网络霸凌研究中心的贾斯汀·帕钦告诉我："我收到的关于成人网络霸凌的电子邮件和电话比青少年的都要多。但我仍然把重点放在孩子身上，因为成人有别的方法能加以应对，可以通过律师追究民事责任。除了网络霸凌之外，新闻上也总能见到政客互相攻击，真人秀电视节目如《青少年妈妈》和《泽西海岸》上也屡见不鲜。这是个无解的问题——从我们的视角很容易看出这种文化是有害的，但很难把这种认识转化为真正的行为。"[1]

还记得《我的公主男孩》一书的作者谢丽尔·基洛戴维斯吗？我们谈到了成人网络霸凌现象，谢丽尔在"我的公主男孩"脸书网页上也遇到了很多网络霸凌。这个网页原本是鼓励人们就挑战传统性别规范的孩子进行健康的讨论，鼓励不同观点，只要文明发言即可。谢丽尔告诉我："我们脸书页面的规则就是，如果出现了对我们或者其他评论者进行人身攻击的言论，就一定会被删除。建设性的对话交流没有问题，可以有不同意见。发表不同见解的时候甚至可以热情洋溢、情绪强烈，但一旦出现人身攻击，就不是建设性的对话了。"

我跟谢丽尔还谈到，有些人原本立论精彩，却愤怒过头，诽谤中伤，进行人身攻击，这着实让人失望。"有时候，"她叹了口气,"我们的声援者也会口头攻击霸凌者,我们只好把这个跟我们处在同一战线的人驱逐出去。我们预料到会有人持不同看法,但我们没料想到人身攻击的严重程度。有些人甚至在被禁言后重新申请账户,继续回到这个页面,偷偷对别人进行网络骚扰。脸书的法律团队只好出手相助。"[2]

有些网站设有监督者,会把辱骂性的评论和评论者屏蔽。但很多网站上的评论区是不加监控的,侮辱谩骂无处不在。我还记得安妮·柯里尔的建议——"既然攻击性的行为会增加一个人受害的风险,那么文明的行为就会降低风险。成年人应当为孩子做出表率,做一个优秀的数字时代的公民。人们一旦把自己视为数字社区的利益攸关者,就会有公民意识,哪怕这个社区是个在线的虚拟社区。公民会关心社区的福祉,会在乎影响社区福祉的行为。紧接着,心理学家所称的'社会规范'就会产生——社区成员会为彼此做出表率,这比自上而下的规则制定更有说服力"。[3]这并不意味着所有参与网络霸凌行径的孩子都是跟家长学的。有很多在网上攻击别人的孩子,他们的家长都不知道怎么发电子邮件,更不知道怎么上网、发短信。但对于那些技术一族的家长来说,要知道,你的行为孩子看得到。

根据数字公民这一理念,我们都可以影响他人,让他人彼此尊重,这也会对孩子产生潜移默化的影响。数字社区最大的问题之一是事情发生得太快了。人们没时间冷静思考,就会对他人做出回应。谢丽尔告诉我她的观察:"有些人状态更新得太快,在推特上,他们不会停下来想想自己的言语可能带来的后果。我们看到有些名人发表了反同性恋的诋毁性言论，事情过了一段时间后，他们会因为之前那条反同性恋的言论被人揪出来。他们以为这件事已经翻篇了，但恶毒的话语还是能让他们无处遁形。"[4]

我们的生活中，数字媒体无处不在，很多家长会跟孩子一起坐在屏幕前。这似乎是一段亲子时光，但实际上可能是家长在向孩子强化灌输刻薄的行为。安妮·福克斯解释了这种残忍的行为是怎么偷偷渗入家庭中的："太多妈妈和女儿心连心的纽带就是诋毁其他女性，比如一起看奥斯卡颁奖典礼，攻击其他人的穿着，借此机会交心。她们坐在电脑、电视机或者手机前，对别人的缺点指指点点。"[5]

在美国，要说最糟糕的一个例子，应是密苏里州（Missouri）少年梅根·梅耶于2006年10月的悲剧性自杀。在14岁生日即将到来时，梅根上吊自尽，因为她在"我的空间"（My Space）和"即时通信"（IM）上约会的虚拟男友乔希·埃文斯跟她恶意分手了。实际上，"乔希"是梅根一位朋友的妈妈罗莉·德鲁捏造出来的，因为梅根冒犯到了她的女儿，她想要报复。德鲁和她18岁的雇员阿什莉·格里尔斯首先创造了一个极具魅力的"乔希"形象，引梅根上钩，然后突然改变策略。"乔希"给梅根写道："我不喜欢你对待朋友的方式，我不确定还想不想跟你做朋友。"他说梅根很"胖"，是个"荡妇"，接着，其他在线联系过"乔希"的女孩子也都对梅根开始侮辱漫骂。在最后一条让这个可怜的女孩饱受创伤的IM信息中，"乔希"说："你是个坏人，大家都恨你。愿你余生惨不忍睹。没有你这个世界才会好。"梅根到了崩溃的边缘，结束了自己的生命。德鲁试图逃避责任，说她只是想"把她惹恼"[6]。

虽然绝大多数父母的判断力都比罗莉·德鲁好得多，但我们仍然要对孩子进行教育，不要让他们随意附和那些评判自己同伴的言语，从而伤害同伴。孩子只要转发一个说闲话的信息，或者一张暴露的照片，就算是参与了网络霸凌。有一点是确定无疑的：就算孩子不是信息最初的编撰者，而只是传播信息，也要受到谴责。

面对网络霸凌帮助孩子学会自我保护

www.onguardonline.gov 网站发布了以下几条建议，帮助家长在网络世界中尽可能地保护好孩子[7]：

- 提醒孩子，在现实生活中需要对网上的行为负责任。
- 提醒孩子，他们发到网上的信息不能被撤回。
- 如果可以的话，加强社交网站的隐私设置。
- 检查孩子的"朋友列表"，保证他们都是现实生活中真正认识的人。
- 建议孩子不要在网上跟陌生人谈论"性"这个话题。
- 鼓励孩子举报可疑的用户。
- 教导孩子不要在网上模仿假扮其他人。
- 让孩子起一个安全的网名，保证他们在 IM 上的昵称跟电子邮件账户名不一致。

如今，年轻的情侣互相分享密码越来越常见了。不过我要说，不要这样做！分享密码或许就像一个宣言："我信任你，我爱你，我对你没有什么可隐瞒的。"但实际上，这可能是场大灾难，尤其是如果这段关系结束了更是如此。密码是自己的隐私，这不是鬼鬼祟祟，而是一种健康的保护自己和他人的方式。

任何人都能编造一个姓名和年龄，捏造一个在线的形象。帕钦警告说[8]，孩子们需要记住，人们也可以在网上捏造情感、评论和反映。提醒孩子，有人可以在网上假装跟你发展浪漫的关系，他们知道电脑另一端的人会动真心。教育孩子，学会质疑其他人在网上发布的评论的真实性。其他人所写的有关你的东西可能感觉很对，但并不一定真是如此。尤其是如果他人恶意中伤，更要这样想。而且，如果孩子收到了一条看起来有些奇怪，不像是认识的人写的评论或信息，很可能这是陌生人在模仿孩子的朋友。一些青少年经常盗取别人的账户，发电子邮件、信息，或是写网上评论。如果感觉异样，那么很有可能是陌生人盗号发的，并非朋友本人。

家长一旦获悉孩子遭遇了网络霸凌，会做出的一个本能反应是完全规避这个科技手段。贾斯汀告诉我："这种做法将会使事情变得更糟。家长需要教孩子怎么从这种现代科技手段中暂停一下，而不是因噎废食。家长最主要的目的就是告诉孩子，他们是支持孩子的。"帕钦强调，孩子跟家长的视角不一样。他评论说："孩子可能有两千个朋友，只遇到了两个霸凌者,但孩子仍会关注霸凌他的这两个人。在家长心里,网络霸凌没什么大不了的,但如果孩子跟家长讲起网络霸凌的片段,就说明这在孩子眼中可是天大的事。"如果事态恶化,帕钦建议家校联手给孩子提供帮助。他补充说,如果家长面临质询,获悉自己的孩子卷入了网络霸凌事件,他们应当承担责任,而不是推诿[9]。

现如今,孩子们在科技日新月异的环境中成长,而他们的上一代人未曾有过这种体验。所以,一些家长害怕跟孩子谈起网络霸凌,因为他们不清楚事情的发生过程。"儿童网络问题解决方案"的负责人米歇尔·亿巴利建议家长在告诉孩子现代技术的使用方法之前,自己先尝试使用。"学着发信息,加入一个社交网站,好好了解一下,再跟孩子自然而然展开对话,谈谈使用网络技术时的安全问题。不用一次讲完,可以把这种对话作为跟孩子日常交流的一部分。"[10]

孩子如果参与了不合宜的网络行为,家长可以选择拟定一份技术使用公约。罗莎琳德·怀斯曼建议说,制定家庭公约这个办法不错,这也让孩子看到你对技术的误用这个话题多么重视。下面是来自怀斯曼《女王蜂与跟屁虫》一书中的一份技术使用公约样例,经允许,抄录如下[11]:

> 我们,爱德华一家,坚信正直和同情是我们家庭的价值观。家庭中的每一位成员都明白,我们的价值观应体现在对技术的使用当中。因此,我们公认以下行为与价值观相悖:

- 在未经别人允许的情况下，使用其密码和身份识别。
- 散布谣言。
- 制作或转发有性挑逗意味的照片。
- 发送病毒。
- 参与在线投票。
- 创立或参与侮辱性的网站和博客。
- 使用脸书、"我的空间"、"Xanga"、"LiveJournal"、"YouTube"或者其他网站侮辱他人，或旁观、参与侮辱他人。

任何一位家庭成员，做出上述违反公约的行为，将会：

首次违反：取消电脑或手机使用权_____（时间）；

再次违反：取消电脑或手机使用权_____（时间）；

第三次违反：剥夺违反者最珍惜的某种权利。（记住，iPod可能是孩子所珍视的，可能参加运动队也是。）

我们理解，任何人都会犯错，但我们相信，坚守这些价值观才是至关重要的。

签署日期_____（年/月/日）

孩子_____家长_____

版权所有©2009 罗莎琳德·怀斯曼

如果你对创立自己的家庭合约感兴趣,可以去下面的网站下载符合需求的模板[12]:

- 家庭在线网络安全公约(www.fosi.org/resources.html);
- 家庭网络使用公约及家庭手机使用公约(www.cyberbullying.us/cyberbullying_internet_use_contract.pdf 及 www.cyberbullying.us/cyberbullying_cell_phone_contract.pdf)。

讨论到媒体使用风险这个话题,罗莎琳德·怀斯曼提到,家长不合宜的网络行为被孩子效仿,这个问题比比皆是。她向我强调:"家长觉得,孩子跟着凯莎(KeSha)的《跑趴滴答》(*TiK ToK*)或者碧昂丝(Beyoncé)的《单身女性》(*Single Ladies*)哼唱很好玩。其实,一点都不好玩。录一段你的小女儿跟着凯莎唱歌的视频,传到 YouTube 上,这不是什么好玩的事。让孩子知道《跑趴滴答》的歌词并不是聪明的事。我甚至不会在车里放凯莎的歌,因为她唱的是早上喝杰克丹尼威士忌有多好,而我不想让我的孩子听到这个。"[13] 聊过之后,我又重新看了一遍电影《贱女孩》(*Mean Girls*),发现在好几个场景中,女王蜂的小妹妹都在背景中,跟着不登大雅之堂的音乐视频疯狂转圈。家长把自己的孩子跳性感舞蹈的视频传到 YouTube 上,就是在被当今社会中的文化信息洗脑,逼迫自己的孩子过快成长。

这并不意味着家长和大一些的青少年不能听这些歌，因为孩子长大一些后，就能够对这些话题开展恰当的讨论。我经常在健身的时候戴着耳机听凯莎和蕾哈娜（Rihanna）的歌。我已经38岁了，足够老练，能够听她们的音乐，但未必去模仿这些歌手的生活方式。我可以看懂蕾哈娜的音乐视频《枪杀男人》(*Man Down*)，明白她是在做一个社会宣言（虽然太过偏激）。这个视频讲述了一个饱受虐待的女性忍受到了极限，枪击了她的侵犯者。但我女儿没法做出这些区分和判断，至少需要与别人进行讨论，被悉心引导，而她现在还小，我无法跟她进行这种对话。

年轻的女孩把凯蒂·佩里（Katy Perry）、碧昂丝、布兰妮·斯皮尔斯（Britney Spears）、蕾哈娜、詹妮弗·洛佩兹（Jennifer Lopez）和凯莎看作女神一般的存在，想跟她们一样。2010年，月刊《儿童与媒体》报道，9岁到11岁的青春期之前的女孩子尤其容易受到女性流行乐手的影响，这些乐手直接影响女孩们对自己女性身份的建构。女孩们不论是在卧室里度过私密的时光，还是在学校操场上跟朋友一起玩耍，都像是在做"练习生"，立志成为流行明星。这些女孩看到她们的偶像穿着极其暴露的衣服，在视频中跳着性感的舞蹈，坚信这就是女性的定义[14]。了解到年轻女孩对流行明星多么认可，家长们就应当与自己的女儿保持密切的交流，这样在必要的时候，就能一同探讨性取向和女性气质的话题了。

嘻哈音乐

嘻哈音乐是美国文化必不可少的一部分，很有可能你的孩子就在听嘻哈音乐。一所规模较大的郊区高中的管理者凯斯·罗宾逊告诉我："我们国家的学校极具多样性，学生们说着90多种不同的语言。我们学校里最流行的音乐就是嘻哈乐。孩子们听饶舌音乐，试图融入美国的文化，因为孩子们也想跟周围的大环境产生联系。我觉得，很多孩子更喜欢音乐中的旋律和节拍，而不是音乐传递的信息。"[15]

不可否认，嘻哈音乐中有一些暴力的元素，尤其是为人所知的"匪帮说唱"（gansta rap）这一类，因为这种音乐根植于贫民窟中的生活故事。不熟悉匪帮说唱文化的家长会觉得这种音乐的歌词令人震惊。我跟教非裔美国文学和流行文化的威尔·克劳福德聊起了嘻哈音乐和这种音乐在美国文化中的地位[16]。克劳福德解释说："不太精通说唱音乐的人们觉得说唱就是毒品、杀戮、暴力和仇同，但实际上这种内容在任何音乐种类中都会出现。"消息灵通的父母应当知道每天孩子们都在面对何种事物，他继续说道："那些不赞成饶舌音乐的父母可能不知道，孩子在其他地方也能接触到恐同、厌恶女性，以及对异性的成见，比如在广告中等等。只不过形式更微妙。"克劳福德无奈地说："匪帮说唱成了社会顽疾的替罪羊。"我们一起想了想，听过的不少流行音乐电台播放的歌曲，其实也是少儿和家庭不宜的，但这些歌大多被接受了。

杰利·波普是两所公立城市高中的全国大学升学顾问，

他跟我谈到嘻哈音乐对他的学生而言有多么重要[17]。"嘻哈音乐把孩子们聚到了一起,"他肯定地说,"而且,说实话,跟流行音乐的歌词相比,对说唱音乐的歌词需要仔细审查其中的种族主义倾向。想想凯蒂·佩里广为流传的歌曲《上周五晚上》(*Last Friday Night*),她唱的是喝醉酒、与陌生人的一夜情、三角家庭、把骇人听闻的照片传到网上、从酒吧里被踢出去、违法、逃避抓捕,还计划把这些再来一遍。这种歌词极具破坏力。"但家长们放着广播,会跟自己尚未到青春期的女儿一起哼唱,注意力更多地放在吸引人的旋律上,而没有在乎歌词表达的内容。而就是这些父母,很多都不会跟自己的女儿一起唱嘻哈音乐。这无疑是双重标准。

波普发现,人们对未知的恐惧也体现在饶舌音乐上。20世纪70年代,老一辈的人看着年轻人留长发,会想他们一定是瘾君子。波普还记得,埃尔维斯·普雷斯利(猫王)做客"艾德苏利文秀"时,画面上只展示了他腰部以上的身体,因为家长们觉得,孩子一旦看到猫王扭动胯部,就会跑出家门滥交。后来,人们不怕猫王了,接受了他。"现在,"波普指出,"人们害怕嘻哈音乐,因为嘻哈文化的表现方式让人觉得,这会让孩子产生暴力行径。早些时候,说唱是从纽约市的街区聚会演变而来的,当时是由DJ拼凑在一起的电子音乐。人们尝试了搓碟、节奏混合,融入了牙买加音乐和雷鬼音乐的元素。渐渐地,控麦者(MC)和饶舌音乐稳步成形。人们最恐惧的是演变为匪帮说唱的音乐形式,其歌词充斥着暴力、性别歧视和仇同的色彩。但这些音乐的表演者会说,'我们就是生活在这样的世界里,我们只是把所知道的唱出来而已'。"波普也同意罗宾逊的感慨,虽然很多家长被歌词困扰,但很多孩子甚至都不注意歌词是什么,他们只对节奏感兴趣。

不管孩子听嘻哈音乐、流行音乐、乡村音乐、节奏布鲁斯还是另类说唱,音乐都是家长与孩子进行沟通的绝好机会。人人对音乐都有偏好,孩子总有办法听能与自己对话的音乐。所以完全禁止听音乐对于大一些的孩子来说是注定会失败的。克劳福德建议说,如果孩子听 2Pac(图派克,美国黑人说唱歌手。——译者注)的歌,那么家长可以花时间了解一下 2Pac,这样就能跟孩子一同探讨《改变》(*Changes*)这首歌的社会意义。如果孩子在看凯蒂·佩里的《上周五晚上》的音乐视频,就借此机会跟孩子谈谈视频中流露出来的那些模式化的看法。但如果能告诉孩子,凯蒂·佩里也会反其道而行之,创作一些打破陈规、鼓舞人心的视频作品,就能提升家长在孩子心中的权威。比如佩里的音乐视频作品《烟火》(*Firework*),介绍了一个害羞的胖女孩、一对同性恋情侣和一个患癌症的孩子,他们都找到了内在的欢欣与美丽。事实上,很多音乐艺术家都很复杂,有多面性,家长们会发现他们的歌中正能量与负能量并存。如果要跟孩子讨论陈规和成见,不妨问问孩子,他(她)觉得 Lady Gaga 的音乐怎么样。Lady Gaga 还是学生的时候遭遇过霸凌,她多次在公开场合声援反霸凌的运动,这时可以用她的歌《生来如此》(*Born This Way*)引入,跟孩子开展一场有关霸凌问题的对话[18]。

讨论中,多加交流,分享你的看法,也聆听孩子的观点。

克劳福德承认说:"我算是听嘻哈音乐的老前辈,没法跟这些新晋饶舌歌手产生共鸣,他们太年轻了。但作为家长,我有责任熟悉孩子们听的音乐。开车的时候,我会跟儿子轮流选音乐来播放。我让他听听我喜欢的音乐,他也会给我放他最喜欢的饶舌歌曲,我们会就此交流。"如果孩子听 Jay-Z(肖恩·卡特,美国说唱歌手。——译者注),那就聊聊孩子对于 Jay-Z 贬低女性、称女性为"婊子"这件事怎么看。如果是女儿,就可以借机询问她有没有被这样叫过;如果是儿子,就可以借机问一下他有没有这样叫过其他女生。有些孩子可能会说自己没怎么在意过"婊子"这个词,因为他们已经听习惯了。他们听歌,但并不仔细分析。

单纯听音乐和看音乐视频是两种完全不同的体验。孩子单纯听歌的时候,可以走走神,欣赏歌曲的节奏就好,不用明确地想着歌词。但在 YouTube 上看视频就不一样了,孩子会把看到的性感及暴力的画面跟这首歌联系起来。认为孩子找不到渠道看这些视频是很天真的想法,禁止他们看只会事与愿违。林恩·迈克尔·布朗建议家长们一定要跟孩子就视频中出现的问题进行讨论。问问他们注意到了什么,对于他们的观察不要否定或是争论。认真听,说出你的顾虑,指出视频中的陈规和成见。"帮孩子学会做一个有见识的媒体消费者。"布朗强调。关于音乐视频中传播的成见,我们在第 15 章中会详细讨论[19]。

做孩子的人生导师,能够通过音乐跟孩子建立联系是一种很宝贵的能力。作为大学升学顾问,杰利·波普用饶舌音乐作为一种与学生交流的方式，不然学生会觉得他跟自己不是一个世界的人。他笑着告诉我："我去听过利尔·韦恩（Lil Wayne）和T.I.（小克利福德·哈里斯，美国说唱歌手。——译者注）的演唱会，孩子们惊讶万分，不敢相信我会听这种东西。接着，孩子们就开始跟我谈音乐，带来他们听的CD，这能让我更好地跟他们沟通交流。"我告诉他，研究显示，觉得能与他人交流的孩子在学校中更少会参与霸凌行为[20]，波普补充说："大学委员会的研究表明，容易上不了大学的孩子都来自少数族裔群体——西班牙裔、非裔美国孩子，以及第一代移民的孩子。其中，有些孩子能去上大学最重要的原因，是他们生命中有一个很重要的人鼓励他们上大学。对于很多孩子来说，这个人是一位老师，或者是学校的升学顾问，因为在家中他们得不到这样的鼓舞。我知道孩子们私下会说：'波普先生说大学不错，他还听利尔·韦恩和T.I.的演唱会，我或许可以跟他聊聊，他说不定能帮到我。'音乐，拉近了每个人之间的距离。"波普想了一会儿，又补充道："我是说，看看我——黄头发蓝眼睛、同性恋、白种人，喜欢听嘻哈音乐，能跟非裔、西班牙裔美国孩子和穆斯林学生通过饶舌歌曲，建立亲密的关系。"[21]

体育博客

很多现代音乐中传播的大男子主义的文化，在职业男性运动中也很常见。这个领域有着大量网上追随者。与体育相关的博客、网站和线上社区总会不时发起在线讨论，尤其是在男孩子和成年男性中进行。令人振奋的是，一些知名博主视提高博客水准、创造更加接纳包容的环境为己任，这是树立数字公民榜样的好方式。我跟写知名的白袜队（White Sox）的博客"南边袜"的博主吉姆·马格拉斯谈到了他于2010年接手博客之后做出的改变[22]。

在棒球赛季，"南边袜"每天有着数以千计的点击量，马格拉斯决定让在线讨论公开透明。他解释说："亚裔、黑人、白人、犹太人和拉丁裔都在关注这个博客，诋毁他人的现象时有发生，这就降低了博客的阅读量。很多时候，一些看似冒犯的话语，其实不过是熟知的朋友之间在开玩笑，但读到博客的外人并不知情，会觉得被冒犯。我想让博客摆脱那种俱乐部内熟人相互开玩笑的感觉，这样就不会让那些能对讨论贡献真知灼见的人觉得不受欢迎，而把他们排除在外。"本着促进健康、启迪智慧、就事论事的讨论原则，马格拉斯撰写并发布了一套新标准，以下行为被列为"不被允许"：

- 人身攻击：禁止威胁、试图恐吓或对其他留言的人猛烈抨击。

- 发表色情内容：禁示发布衣着裸露的女性（或男性）的照片，以及不必要的、令人恶心的帖子——不想让你的老板看到的东西，就不应当拿到这里来。

- 耍小孩子脾气：如果不喜欢其他留言者，简单说出你的看法就行了。

- 发挑衅帖子：发帖的目的是惹别人不高兴，或者根本就没什么目的,这不被允许。

马格拉斯定下这些新标准之后,经历了一段时间的调整。"最开始,"他说,"有一小部分人受不了这些规定。他们觉得,大家都是成年人,能接受得了各种各样的内容。但因为博客上有我的名字,这反过来会影响我。我接受得了骂人、球队战绩不佳的时候骂声一片,但我不允许恶意诋毁。"

马格拉斯告诉我,写受欢迎的芝加哥小熊队(Chicago Cubs)的博客"流血的小熊不开心"的博主艾尔·耶伦比他的标准更严格。我给耶伦打了电话,他说:"严格限制说脏话。有时候比赛打得火热,会出现情绪激动的言辞,但除此之外其他都不允许。"耶伦的博客在赛季进行的时候每天有八千左右的点击量,他的孩子只有14岁,也会参与评论。"孩子能提出一些真知灼见,跟年长20多岁的人们并肩捍卫自己的观点。"耶伦想给他最年轻的读者创造一个安全的环境。他说:"人们觉得网络就像是西部世界——所有行为都可以接受。直到最近,人们都还可以在几乎所有网站上匿名发表评论,他们觉得可以为所欲为,不会产生任何后果。有些网站建议脸书和其他平台做出改变,要求用户实名发言。我觉得这才是未来的方向。"[23]

耶伦的标准包括下述几条:

对社区成员进行直接的人身攻击或讽刺贬低,比如,"你真是个白痴""我的吉娃娃都比你更懂棒球",或者单纯为了讥讽他人而发帖,这些行为是绝对禁止的。

狭隘、偏激的评论(性别歧视、种族歧视、仇视同性恋等),

比如，"你怎么不回家玩娃娃？""小熊队不应该签黑人运动员。""达蒙不是看起来像个基佬吗？"诸如此类，不被允许发表。

总的来说，两个芝加哥棒球队博客的反响还是不错的。2011年5月，"南边袜"举行了专门为博客读者而办的第三届年度车尾烧烤野餐会。马格拉斯感到很高兴，说："我能跟很多读者见面，大家都对博客赞不绝口。大家也互相认识了，哪怕在博客上意见相左，见面了也会相互尊重。这种感觉太好了。"一旦时间合适，就办一个线下的聚会，让网络社区的人们能够见个面，这是个很棒的想法。当面聊过之后，博客读者们上网时如果有不同意见，就更能文明沟通，因为在彼此眼中，他们不再是屏幕背后冷冰冰的虚拟形象了。

马格拉斯和耶伦两人对违反规定的读者都会进行黄牌警告，如果再犯，就会出示红牌。耶伦觉得人们对待电脑不够认真。"我见过孩子用爸爸的账号写评论，因为爸爸敞着电脑，开着浏览器，就走开了，"他告诉我，"这说明我们真得注意一下自己在写什么，因为孩子是能看到的。"

社交网站、在线游戏和浏览网页

家长可以把家中的电脑放在一个公共场所，比如厨房或者客厅，这样能够降低孩子们滥用网络的机会。如果电脑旁边总是人来人往，孩子看不合适的东西时，最小化屏幕、切换页面的时间就会缩短。然而，随着技术变得愈加廉价和触手可及，一个家庭共用一台电脑的时代已经过去了。家里的每个孩子都有自己独立的能上网的手机、笔记本和（或）iPad，这已经很常见了。自然，家长就更难监控孩子的行为了，但也不是完全做不到。孩子如果查看不合适的网站，家长可以启动对电脑（电视）最高级别的管控措施，可以查一下孩子浏览器中的浏览历史，来监控他们的在线活动。如果对拦截器和过滤器不熟悉，那就花时间学一下怎么用。专家贾斯汀·帕钦和萨米尔·辛杜佳（Sameer Hinduja）建议参考以下两个可供家长学习的网站[24]：

• www.getnetwise.org/videotutorials. 据称该网站有着最大的在线视频教程资源库，向家长和其他用户展示怎样保证家庭的在线活动安全无忧。

• GetParentalControls.org.

对于大孩子的在线安全教育

虽然脸书规定的最小用户年龄是 13 岁，但很多孩子会谎报年龄，只为了申请一个账号。不熟悉脸书的家长可以下载"脸书家长使用指南"（www.connectsafely.org/Safety-Advice-Articles/facebook-for-parents.html），学习一下这个规模庞大的社交网站是怎么运作的[25]。很多家长给孩子讲了一个条件，那就是孩子必须要在脸书上把他们加为"好友"，方便他们监控孩子的活动。孩子们到什么年龄就不需要跟家长做"好友"了？像 AIM、"我的空间"，或者"photo-bucket"这样的社交网站，又该怎样设限呢？

孩子们是不是到13岁就有权保护自己的网上隐私了？还是15岁？没有哪个年龄是这样的神奇年龄，这个问题没有确定的答案。这取决于你跟孩子（以及孩子的朋友们）关系如何，赢得了他们多大程度的信任，以及你是否觉得孩子面临危险。有些家长说，他们觉得16岁这个年龄限制可以接受，因为16岁的孩子在美国可以考驾照，进而也有了更多的独立性。有些家长觉得没必要跟孩子在脸书上互加"好友"。但如果孩子抗议，说需要有自己的"网上隐私"，正好就可以借此跟孩子聊一聊根本就没有"网上隐私"这回事。任何孩子在自己的资料中添加的东西——照片、评论、链接——都是面对公众开放的。可以被拷贝、粘贴、转发、分享、拍照，甚至打印出来传阅。如果孩子真的有一些私人的想法、情感和照片，那就不要传到社交网站的页面上[26]。

因为青少年更愿意彼此倾听，而不那么愿意听家长的，因此或许可以带大孩子去参加一些青少年主导的网络霸凌预防倡议和行动。贾斯汀·帕钦和萨米尔·辛杜佳认为，最吸引人、最有效的两个网站是[27]：

• www.cyberbullying411.com. 这个网站对青少年很有吸引力，展示了有关线上骚扰的一些有效信息。

• cybermentors.org.uk. 这个英国网站的特色是，一些经过训练的年轻人去处理遭受霸凌或网络霸凌的年轻人发来的咨询。在受理霸凌受害者的求助时，这些年轻的导师自己也会得到指导。

瑞秋·西蒙斯认为，有一个社交网站是霸凌滋生的温床，这就是问答网站 Formspring。她建议孩子们不要上这个网站。"Formspring 可以说很神秘，"她告诉我，"家长们甚至都不知道这个网站。在这个网站上，孩子们可以匿名畅所欲言，女孩子尤其喜欢这个网站，因为她们迫切地想要知道自己在别人眼中的形象。"西蒙斯见过对 Formspring 上瘾的女孩子，她们相信这是了解其他孩子对自己的看法的最好方式。"这让她们更抓狂了。"西蒙斯解释说。她建议家长检查一下孩子是不是在这个网站上有自己的主页[28]。

低龄儿童的在线安全教育

小学的孩子玩电脑的欲望也很强烈，他们也进入了网络游戏和社区的世界。谢里·鲍曼研究了针对较小孩子的网站，告诉我："很多家长很喜欢 Webkins 网络游戏，但家长们应当注意，一旦登录这种互动性的网站，就产生了危险互动的可能性。如果家长自己对这些网站很熟悉，跟孩子就这种网站的使用保持沟通，这就没问题。有一个很不错的资源网站：www.commonsensemedia.org，有低龄儿童的家长可以看一下。如果孩子想玩企鹅俱乐部或者 Webkins，可以去这个网站读一下。如果觉得益处大于风险，那就让孩子去玩。告诉孩子，如果在网上被人中伤，要告诉家长。如果游戏里有太多攻击性的元素，或许孩子应当选一个其他游戏来玩[29]。"

鲍曼和其他网络霸凌专家一样，并没有让父母禁止孩子玩网络游戏。在我们生活的世界中，这样做不现实。问题不是允不允许孩子上网，而是要教会他们安全上网。有些专门教孩子安全上网的网站，下面两个是被广泛推荐的[30]：

• www.hectorsworld.com. 对于9岁及以下的孩子，这是最好的互动网站之一，能够教孩子怎么安全使用现代科技。这是新西兰推出的一个网站。

• www.superclubsplus.com. 对于6—12岁的孩子和老师来说，这是一个受保护的社交网站。45个国家的学校都参与进来，建立了自己的社区网页，让孩子学习如何安全上网。

教育者和学校的几点考量

如果你是学校的行政人员，可以针对在线活动采取措施，创造一个更加安全的校园环境。专家建议，学校可以设立一个网络霸凌"特别工作组"。一个有效的工作组需要包括教师、社工、咨询师、学生、家长和社区成员。工作组可以指定霸凌专家，并明确告诉学生、家长和老师，预防霸凌、举报霸凌可以找专家。除此之外，学校可以制定一个专门的政策，界定网络霸凌行为，并令行禁止；发生网络霸凌事件的时候，可以制定条约，加以干预[31]。对高质量的课程材料感兴趣的学校行政人员可以访问下列网址[32]：

• www. Commonsensemedia.org/educators. 它提供从学前班到五年级，以及从六年级到八年级的课程内容。

• Cybersmartcurriculum.org. 它可提供从学前班到十二年

级的学习材料。

在家中对技术使用设限

如果孩子在跟你聊天的大部分时间里，都在用 iTouch、iPad、手机，或者打电子游戏——时不时抬起头来看你两眼，这就说明跟与你谈话相比，电子世界更有吸引力，而你要设法避免这种情况出现。我开始跟网络霸凌的专家聊起来的时候，意识到我和安德鲁都对自己的手机上瘾，这让我们感到很有罪过，于是我们接受了罗莎琳德·怀斯曼的建议，一回家就把手机放到一个篮子里。没有什么事情那么紧急，回家之后还需要一直关注。不论是儿童还是成人，对电子邮件和信息上瘾真的是个问题。收到信息"叮"的一声，能让我们获得一种即刻的满足感。人类时刻准备着在信息中寻求一份潜在的奖赏，比如受邀跟朋友共进午餐，或者一直焦急等待的考试成绩还不错。

有趣的是，人们也总是想要去查看消极的信息。遭受网络霸凌的孩子很难挡住诱惑，总想去看看别人是怎么诋毁他的。瑞秋·西蒙斯谈到 Formspring 网站时，就注意到了这种恐怖的吸引力。它让受到霸凌的孩子控制不住，要去读这些残忍的评论，哪怕知道这样对自己不好。女孩子更容易卷入网络霸凌的风险中，因为相对于男孩子，她们浏览博客和 IM 的频率更高[33]。部分原因是，女孩子认为与他人时常保持联系是最重要的。

有那么几周，我和安德鲁都很注意少碰手机，但现在，我们在屋子里踱步的时候，手机又不知不觉地溜进了我们的口袋中。我们都在努力提醒对方，把手机放在某个"中央位置"。安德鲁总想看体育新闻的更新，我总想查看信息，我们无法低估手机的"瘾"力。"你是要 15 分钟后去做脑科手术吗？"鸡蛋在炉子上快烧煳了，我却疯狂地在手机上打字，安德鲁看到了之后这样问道。是的！我好想这样回答他，但其实我可能就是在跟妈妈或者姐妹们聊天。孩子们或许会觉得这种吸引力更难抗拒，因为他们整个世界都是围绕着自己的社交圈子转。虽然要限制孩子的网络互动生活，但也要试着去理解一下这种处境下的孩子。安德鲁和我总要互相提醒，兄弟姐妹间或父母之间面对面的交流，总比两个人在沙发上并肩坐着，来回摆弄手机要健康得多。

跟孩子们聊天前，让他们先从手机屏幕上抬起头来。家庭聚餐时，可以考虑把手机放在远离餐桌的一个固定的地方，以防大家都在忙着发信息、上网，交流时不走心。

有时候，孩子们沉迷于手机，深夜还在发信息，导致睡眠不足。如果孩子们本来就担心被排斥在外，那么一想到掉线可能会错过讨论或者圈内的玩笑，就会害怕得不睡觉。八年级的索尼娅告诉我："午餐的时候我都不会离开餐桌去洗手间，担心别人在我离开的时候会谈论我。"正是这种敏感，让孩子们也时刻不肯离开自己的"脸书午餐桌"。家长可以规定，手机和电脑晚上要在孩子的卧室外面充电。如果你怀疑孩子整晚上都在发信息，那就看一下你手机和网络的收费单，看一下孩子使用设备的时间和频率（这是可以做到的）。如果孩子离不开手机，那就把手机放在你自己的卧室里。跟手机分开睡最开始可能会觉得很恐怖，但大多数孩子最后都会喜欢这种不被打扰的连贯睡眠，这也会增强他们应对社会性压力和网络信息火力网的能力。

遭遇网络霸凌应该采取的举措

虽然孩子很努力，想做一个自觉守法的网络公民，但还是有可能成为网络霸凌的目标。谢里·鲍曼告诉我："我们都知道，有些孩子多么容易遭受攻击——运动员、成绩拔尖的孩子、荣誉学生（如我国的"三好学生"。——译者注）、学生会的骨干——就是因为他们很突出，才让他们更可能成为目标。一次投篮没中，就会在网上被嘲讽。"如果孩子遭遇了网络霸凌，有这么几步，可以重新掌控局面[34]：

- 打印出证据来，比如过分的评论、视频，或者照片。这样就可以把证据带到学校，如果有必要的话交给警方。还可以把脸书页面或者其他网页截屏保存。
- 让孩子屏蔽霸凌者，或者删除其联系方式。可以的话，点击"屏蔽/删除此人"。
- 提醒孩子，不要试图写恶意或者伤人的评论来报复。霸凌者想要的就是回复，这是他们的养料。
- 向相关网站举报发生的霸凌事件。有些网站会注销霸凌者的账号。如果网站上有，可以点击"举报滥用"。如果没有，可以在"联系我们"中找到该网站客服的联系方式,发邮件进行投诉。

- 注意观察孩子在使用电脑之后有无过度沮丧的情形出现。
- 带孩子参加一个网络霸凌互助会,这样孩子就不会觉得太孤单。
- 在家中给孩子以安慰和支持,帮孩子认识到,所有事情都会平息,这件事情也不例外。孩子可能觉得一辈子就这么完了,但随着时间的流逝,分散一下孩子的注意力,肯定会让他有所释怀。

如果发现孩子参与了发送色情信息,哪怕只是接收了一张照片,也有必要告诉孩子此类行为的法律后果。很多孩子意识不到,发送色情信息是违法的,哪怕仅仅是传送了一张同学的裸体照片,也会被指控为制造或传播儿童色情内容方面的罪行。如果照片通过邮件或者短信发送给了其他国家的公民,就变成了联邦重罪。如果孩子在手机或者电脑上保存着其他学生的裸体照片,就有可能被冠以财产类罪名。孩子意识到发送色情信息的严重法律后果之后,下次在发送之前,或许就会三思而后行了。

与小孩子聊一下色情信息和网络性霸凌

很多小孩子的家长读到泰勒·克莱蒙迪(Tyler Clementi)之类的新闻时,觉得自己孩子距离遇到色情信息或者基于性别的网络霸凌事件还远着呢。但如同所有的罪行一样，早期干预更为有效。我们的确有办法跟小孩子们一起推倒"色情信息"这座高墙。跟一个上小学的孩子聊这个话题要怎么开口，可能很多家长并不清楚。关键是要就合适的电子媒介的使用展开一场自然的、符合孩子年龄特点的讨论。

我们第一次跟凯蒂和安妮尝试进行这方面的讨论是在2011年3月，主题是关于一些含有性意味的不合适的照片。当时，我们正在家里懒洋洋地待着，享受着刚刚开始的周末。凯蒂和安妮在那个周六参加了旗帜日的活动。最开始，安德鲁发现她们在地下室的卫生间躲着不出来，门锁着。"姑娘们，让我进去。"安德鲁语气很坚定。他发现凯蒂和安妮正拖着一张很大的《星球大战》中雪兽"万帕"（Wampa）的毯子挤在洗手间里。凯蒂蜷缩在一个角落里，背着手，藏着东西——是一袋曲奇饼干。

"我不小心把曲奇带下楼了，"凯蒂解释说，"我错了，我吃了6个。"

"我吃了8个。"安妮承认说。

大约一个小时以后，两个孩子坐在沙发上，对着一本《人物》杂志咯咯地笑个不停。"他们没穿衣服呢，"两个孩子兴高采烈地叫着，举着一张广告上的照片，上面是一对情侣在激情拥抱。虽然广告上的人物只露着脸、胳膊和躯干，但很显然，这对模特是赤身裸体的。安德鲁瞪了我一眼，说："不能把《人物》乱放！"

我把这件事情忘得一干二净，直到那天晚上，安德鲁给我看了《纽约时报》上詹·霍夫曼（Jan Hoffman）撰写的一篇文章《女孩一张裸照，人生就此改变》。文章讲了一个令人心碎的故事：一个中学女孩做了一个错误的决定，照了一张自己赤裸的正面照，发给了自己的男朋友。他们分手之后，她男朋友又把这张照片发给了另外一个女孩。这个女孩很卑鄙，跟照片中的主人公吵过一架，她抓住机会，进行了网络霸凌。

这个卑鄙的女生打了这么一行字："注意了！如果觉得她是个婊子，就把照片发给你朋友吧。"[35] 自此，一场闹剧开始了，给当事人和几个卷入其中的人都带来了不可磨灭的伤害。我跟安德鲁彻夜讨论了这个可悲的局面，聊到了色情信息有多么恐怖。"问题是，点一下'发送'按钮太容易了。"安德鲁说，"一旦点击，覆水难收。在这一由媒体和社会造成的孩子们高度性感化的环境下，他们不会想到拍一张自己的裸照会带来的长期后果。"

女孩们更容易成为发送的裸体照片中的主人公，因为虽然有些男孩和女孩都会公开地在手机里保存女孩子的裸照，但很少有男孩子会在手机里保存其他男孩子的裸照。这就意味着女生裸照潜在的受众更多。作为三个女孩子的母亲，我想保护姑娘们不受自己和同伴一念之差所带来的伤害。除了限制技术的使用之外，最好的办法就是谈论一下这个话题。因此，周日早上，我和丈夫第一次跟一年级和学前班的女儿们聊起了色情信息这个话题。

凯蒂最近收到了一个数码相机，她喜欢冲着所有东西按下快门——她的玩具，她的妹妹，走廊里的地毯，天花板上的裂缝，等等。我们决定用她的相机作为这场对话的切入点。

"凯蒂，别人穿着衣服的时候你能给他们拍照，穿着泳衣也可以，但不能拍别人只穿着内衣的照片，不能拍别人的隐私部位。"

凯蒂想了想，问道："爸爸不穿上衣的时候，我能拍他吗？"

"可以，"我们回答说，"因为去外面公共场所的时候，在沙滩上或者泳池旁，能看到不穿上衣的男性。但不能在妈妈没穿上衣的时候拍照。"

"我现在还没有发育，那我能照自己不穿上衣的照片吗？"她问道。

"不行，因为你的胸部是隐私部位。在有些国家，女孩子和成年女性在沙滩上不穿上半身的泳衣，是可以接受的，但在我们生活的地方，女性的胸部是不能露出来的。所以我不想让你拍自己不穿上衣的照片。"我解释说，"如果你跟朋友一起玩，她们想拍这样的照片，你可以跟她们说，这样不好。"

凯蒂和安妮还没有手机和电子邮件的账户，于是我们打算谈到这里为止。今天的孩子们学习技术手段的速度远快于他们的认知水平，我们需要帮助他们缩小"怎么做"跟"是否该做"之间的认知差距。这一系列的对话我们需要在将来以各种形式继续开展下去。这第一场对话，我们的目标就是告诉孩子，不能拍赤身裸体的照片。

第十三章
友善比刻薄更能赢得他人的尊重

知名女演员蔡斯·马斯特森（Chase Masterson）告诉我："我觉得，人们会认为尖酸刻薄很时髦，这实在恐怖。访谈秀和喜剧秀认为嘲笑别人没什么大不了的，但这不对。这不符合'己所不欲，勿施于人'的态度。自己不希望遭到轻视，那为什么要轻视别人呢？我们的文化传递出了一个信息，那就是只有完美无缺才能被人接纳。作为演员，我深有体会，因为女演员只有不到48公斤重才能拿到角色。真是悲哀。我在《星际迷航》里扮演的角色丽达（Leeda）嫁给了一个外表丑陋、被抛弃的弱者，但他的内心很美。"马斯特森提到，哪怕是今天，她虽然觉得自己还算脸皮厚，但每当读到尖锐的批评，"都让我想起了小时候被霸凌的经历"[1]。

不仅仅《星际迷航》传递着有价值的社会信息，今天很受欢迎的电视节目之一《欢乐合唱团》（*Glee*）也充斥着关于霸凌的各种问题。这档节目把极客孩子和同性恋孩子的霸凌问题摆到了所有美国人的面前，围绕高中学生的社会等级和底层孩子所受的痛苦，构建了一个有意义的故事线。《欢乐合唱团》展现了不计其数的固有成见（包括足球运动员、啦啦队队长、聪明孩子和傻乎乎的金发美女），但节目这样做是为了解构这些固有认知。有意思的是，节目中一些主要角色发现自己同时属于社会等级的顶层和底层，比如费恩（Finn）既是橄榄球队的四分卫，又是极客俱乐部的领唱之一。这就给他带来了独特的机会，让他能够构建同情心，同时把自己关于接纳他人的认知带到橄榄球队那些霸凌他人的成员身边。我们的文化觉得这档节目很"酷"，这也就提升了节目中孩子的社会接受度。这档节目通过提升知名度，传递着反霸凌的信息。在荧屏之外，这种现象也在升温。

《欢乐合唱团》面临着艰巨的任务，要与10岁到20岁之间的年轻人从类似《泽西海岸》（*Jersey Shore*）这样的秀中获得的信息做斗争。这类节目固定推广的基本上是一系列单一肤浅、外表至上的权利获得感。《大家所属的学校》一书作者斯坦·戴维斯直言："《泽西海岸》是媒体界目前最差劲儿的节目。"[2]

关于真人秀节目对孩子产生的影响，不仅仅只有戴维斯感到担忧。根据"大芝加哥及西北印第安纳女童子军"组织的一项最新的调查研究，常看真人秀电视节目的女孩通常在现实生活中对更激烈的闹剧、攻击和霸凌接受度更高；她们更相信尖酸刻薄、谎话连篇会帮助自己走向成功。除此之外，相比于不看真人秀的同龄人，她们更看重外表的价值。

这项名为"我眼中的真实：女孩与真人秀"的研究显示，47%的11岁到17岁的女孩子经常看真人秀节目。她们相信，这就是现实生活的真实写照。研究的几点发现揭示了真人秀节目是怎样篡改女孩子的看法的[3]：

关系闹剧方面：

• 78%常看真人秀的女生认为"说闲话是女生关系中很正常的一部分"，不看真人秀的女生中只有45%这样认为。

• 68%常看真人秀的女生认为"女孩子的天性就是恶毒、相互竞争"，不看真人秀的女生中只有50%这样认为。

自我形象方面：

• 72%常看真人秀的女生说，她们花很多时间在自己的外貌上，而不看的女生中，这个比例是42%。

• 38%常看真人秀的女生认为女生的价值是基于外表的，而不看的女生中只有28%这样认为。

关于怎样取得成功：

• 37%常看真人秀的女生相信"只有说谎，才能得到想要的"，而不看的女生中只有24%这样认为。

• 37%常看真人秀的女生说"恶毒比友善更能赢得他人的尊重"，而不看的女生中只有25%这样认为。

我跟"大芝加哥及西北印第安纳女童子军"的首席执行官玛丽亚·怀恩聊了起来，问他们为何决定开展这项研究[4]。"作为理事会，"怀恩解释说，"我们很好奇，也有动力想要去通过女孩子的眼睛看世界。我们获悉'恶毒女孩综合征'是她们在真人秀电视节目中看到并学到的一种东西，害人不浅。踩着别人往上爬，这种做法不对。"

幸运的是，考虑到有这么多看真人秀的女孩子，这项研究也得出了一些积极的发现。常看真人秀的观众比不看的人群更自信,她们也觉得真人秀让自己能接触到不同背景、信仰,有着不同观点和视角的人们。

具体而言,振奋人心的结果如下:

• 62%的女生说真人秀节目提高了她们对社会问题和社会事业的关注度。

• 46%常看真人秀的女生渴望跻身领导层,不看的女生只有27%有这个期盼。

• 75%常看真人秀的女生觉得自己是其他女生的榜样,不看的女生中只有61%这样想。

女童子军计划利用这些积极的发现,作为一种跟女孩子沟通的方式,同时试图减缓真人秀带来的消极影响。怀恩相信"进行干预的时刻正是当下",并建议家长"问问女儿们的想法,提醒她们真人秀播放出来的连续镜头实际上是经大量剪辑过的。问问她们觉得幕后是怎样的,一定是真实的吗?"。为了帮助家长跟孩子探讨,女童子军组织发表了一篇导读,题为《给家长的建议——我眼中的真实》。可以在www.girlscouts.org/research/pdf/real_to_me_tip_sheet_for_parents.pdf中找到。

现在,甚至是不看《泽西海岸》这种节目的小孩子,也被淹没在了各种颂扬性和攻击的电视节目和电影中。这是一个不断演化的过程。20年前,女孩子基本上有着理想化的友善甜美的形象,流行电视节目强调女孩子从不捣乱。当时最流行的节目有《我的小马》《爱心小熊》《草莓酥饼》。随着一些女孩子开始反对僵化的不自信的女性形象，出现了一类改变后的女生形象，但如今，钟摆朝反方向摆得太远，甜美不见了，取而代之的是粗野和潇洒。

玩具行业也在模仿电视节目的趋势，开始推广外表令人紧张不安的娃娃。一些公司推出的平价品牌玩偶，如布拉茨娃娃（MGA娱乐公司生产）和"怪物高中"玩偶（美泰公司生产），都是暗箭伤人、滔滔不绝的女孩子形象。她们散发着性和凶恶的气息，甜美不复存在。尽管这些娃娃成了MGA娱乐和美泰的摇钱树，顾客却开始为传统的流行玩具仗义执言了。高度性感化，有时凶狠恶毒，这些娃娃与相关网站正在把更年轻的孩子吸引到了一个充斥着短裙、浓妆、高跟鞋和尖刻回击的世界。

我知道博客"饮酒骂人的母亲"的博主、咨询师尼古拉·克奈普喜欢跟女儿一起玩"怪物高中"玩偶，便问她："有些家长想帮孩子以一种积极的方式玩这些娃娃，你对他们有什么建议？"

"我意识到，这些娃娃是根据一些奇幻文学形象和长期存在的神话人物创造出来的。"克奈普回答，"有了这些娃娃，我就有了个好机会，能通过玩想象游戏丰富我女儿历史和文学方面的知识。我们查找神话传说和故事，这样她就有了更多的背景知识，来给娃娃们创造一段历险旅程。随着我谈历史，讲故事，她对怪物的恐惧也就逐渐消失了。"

克奈普的女儿得知数千年来，数以百万的孩子都害怕藏在衣橱里和后院中的"怪兽"，感到很惊奇。"我们会嘲笑一些更愚蠢的观念,也会聊为什么我们会接受想象的世界里有无穷可能。"她告诉我。

但不是所有的家长都打算像克奈普一样,花时间跟女儿玩,而且有些孩子只是通过看网剧才接触到了《怪物高中》,这就让他们的关注点更加肤浅了。

美泰有个有意思的发现,那就是《怪物高中》的人物形象总是攻击性太强,于是公司决定与一场反对霸凌的"善良运动"联手。"善良运动"是两位年轻女性劳伦·帕瑟基恩(Lauren Parsekian)和莫丽·斯特劳德(Molly Stroud)共同创立的,目的是减少女孩对抗女孩之间的"罪行"。两年前,还是大学毕业生的劳伦与莫丽跟着妈妈和一位摄像师挤在一辆小厢式旅行车后面,拍摄了一部广受赞誉的纪录片,叫作《寻找善良》。美泰公司和"善良运动"之间的关系刚刚宣布,反霸凌倡议者们便强烈反对,因为他们担心美泰是借此机会,在"善良运动"校际集会的时候推销产品。劳伦跟我解释说:"新闻刚见诸报端的时候,人们产生了很多误会。大家觉得,我们就是为了在校园兜售玩具。完全不是。这不是我们集会的内容,我们不是要让美泰的牌子强加到我们的品牌上面。我和莫丽是被装扮成了怪物的形象,走进'怪物高中',展开'善良运动',教育那些'怪物女孩'——弗兰奇·斯坦、德库莱拉、克里奥·德奈尔等——善良待人多么重要。"[5]

我担心劳伦和莫丽会被打造为着装性感的怪物形象。劳伦让我放心:"我们询问了衣服款式。我们知道很多小学女生都看这个剧。我们穿裤子,衣服的领口在脖子处。我们希望能通过自己的力量给《怪物高中》这一网剧带来社会性的改变。这也给了我们一个机会,把'善良'的信息传递给更多观众。"

劳伦和莫丽都承认,小学女生会看《怪物高中》,因此可以推断,美泰公司也意识到年轻女孩占了观众中的很大一部分。尽管公司一再声称,该剧的目标观众群是10岁以上的青少年。

如果《怪物高中》真的致力于改变自己的形象,美泰公司则需要做出符合受众年龄的有意义的改变,需要让变化带来持久的影响力,而不仅仅只改变其中一集的剧情。劳伦和莫丽不仅仅要告诉"怪物们"怎样善良待人,还要告诉其为什么要善良待人,这是很有趣的一件事。这也引发了关于求同存异、悦纳他人的讨论。通过跟"怪物们"讨论偏见和成见,"善良运动"深挖刻毒的根源。我们面临的障碍就是,这种内容上的改变需要《怪物高中》的编剧把每个故事线的整体方向都做出彻底调整。"冲突才能推动故事情节的发展,但我们也能跟美泰公司就此展开讨论。我们跟美泰公司所进行的谈话,是很多孩子的母亲都想进行的。美泰会倾听我们的意见,而我们会倾听妈妈们的意见。最后,大家不得不等待和观望,但如果我们不相信能做出任何改变,最初也就不会与美泰公司联手。"[6]

最终,看到美泰公司决定与"善良运动"合作,还是很鼓舞人心的。对于那些不支持的人,我想说:如果非营利组织没有一个愿意跟美泰合作,因为担心被认为与美泰一起愚弄大众，那我们怎么才能看到进步呢？劳伦和莫丽为年轻女孩发声，总比只是抱怨问题但拒绝跟外部资源合作要好。两人理解霸凌背后的机制，这很明显，看到她们所做的工作的人都知道。莫丽告诉我："我在高中早些时候也经历过严重的霸凌。在学校的最后一天，那个总是霸凌我的恶毒女生看到了我，在走廊里叫住了我。我很害怕，但让我震惊的是，她说：'我对自己的所作所为感到很抱歉，我也不知道我为什么会这样做。'这个道歉很有力，让我度过了痛苦的艰难时光。我们在学校里，会做一件叫作'善意的致歉'的事情。我们把致歉卡片发出去，看着女孩子们把卡片填好，交到想要致歉的女生手里，对方也接受了道歉。这真是一件神奇的事情。通常情况下，最开始的冲突已经不那么明显了，但她们还是生着对方的气。"

女孩子之间的恶意侵犯已经不是个新问题了。同"善良运动"一样，有很多人都在努力揭露并减少女性之间的霸凌。在瑞秋·西蒙斯的畅销书《奇怪女孩出去：潜在的女性攻击文化》中，作者这样写道：

> 我们的文化拒绝接受女生之间的正面冲突，这就迫使她们的冲突变为非肢体的、间接的、隐秘的行动。女生们会背后诽谤、排斥异己、散布流言、辱骂他人，并通过操纵他人给人带来精神上的痛苦。不像男孩子既霸凌熟人又霸凌陌生人，女孩子常会在一个紧密的朋友关系网中攻击他人，让人难以分辨是否受到了攻击，给受

害人带来更大的伤害[7]。

凯拉是个外向的姑娘,有着温暖的笑容。但她讲起自己在中学被一群女生霸凌的经历时,至今仍然会发抖。"很难察觉,"她说,摇着头,脸上带着懊恼的笑容,"问题就在这里。女生们总是背后做事,有的是很明显的攻击,比如不选我进她队,或者公开说不想要我,但有时候,我有的是种被孤立的感觉。她们能嗅到我身上的脆弱,哪怕我看起来跟别人没什么两样。我太天真了,女生们都会就这一点欺负我。"[8]

西蒙斯建议,我们需要告诉女儿,没有不存在冲突的关系。女生们用不着被对冲突的恐惧支配。在线交流的激增加剧了隐藏的攻击性行为,因为女生可以在网上以匿名的方式攻击他人,这种现象在上一代人身上是不存在的[9]。西蒙斯建议女生直面冲突,正面交锋,这样能更好地减少背后攻击的现象。直面问题比背后复仇带来的社会痛苦更少,但很多女生并不知道彼此之间的不平事还有什么其他的化解途径。要我来说,第一步,要让孩子们意识到造成这一局面背后的动因;第二步就是教给她们使用自己的社会和情感技能,互动交流。

霸凌领域的研究专家们一直在争论,孩子们彼此之间的霸凌行为是因为他们不知道此举带来的伤害有多深,还是他们根本不在乎自己伤人有多深。我觉得都有可能,有时候两者皆有。很小的孩子,还在学习应对各种社会场景,在这种情况下,我猜他们可能根本不知道自己的言行会伤及他人。

如果霸凌他人的孩子在知道受害人的感受之后，还是一再进行霸凌，那我们可以说，这种不良行为产生的原因之一是缺乏同情心。这个时候，文化中关于残忍的看法发挥着关键作用。如果年龄较小的孩子在媒体中接收的信息恰恰相反，那就很难说服他们，持续、故意、残忍地对人是不可以的。

安妮·福克斯建议道："告诉孩子，不用通过跟着孩子王亦步亦趋来赢得赞许。孩子们觉得如果在小头领眼里上一个台阶，自我感觉会更好，哪怕要实现这个目标就得把别人拖下水。我告诉孩子：'你这其实是在把自己拖下水。你在跟自己宣战，背离朋友，对父母撒谎，所有做的这一切都是为了保持一个本来不属于自己的生活方式。残忍并不是酷。'"[10]

家长们听听安妮·福克斯和瑞秋·西蒙斯这样的专家的建议是有意义的，但当企业也开始反霸凌时，我们又该如何做呢？我提到了美泰公司和"善良运动"之间的合作，结果仍然需要拭目以待。另外一个合作关系关注度更广，引起了社会上更大的反响，是世界摔跤娱乐（WWE）、全国教育协会（NEA）与创意联盟之间创制《做一个明星》反霸凌节目的合作。这个对数以百万计的民众宣传反霸凌的机会激励人们加入《做一个明星》的阵营中来。

但这种联合有些复杂。WWE制作的大量娱乐节目都在宣传堕落的社交互动。虽说比以往要好一些，但这档节目仍然严重依赖消极的陈规、成见。所有活动都是严格按照剧本进行的，罗莎琳德·怀斯曼说，虽然编剧能完全控制节目的表达，但他们仍然选择去传播与羞辱和性相关的信息[11]。

WWE制作的节目如"Smackdown"(《美国职业摔跤联盟》)和"RAW"。在这些节目中我们看到穿着比基尼的女性为争谁在男性眼中最性感攻击彼此；也看到男性通过恫吓和武力，来证明自己的男子气概。

看这些节目的男孩子被鼓动去做"真正的男子汉"——大嗓门，好斗，浑身肌肉，对女性有吸引力，有仇必报，善于使用武器和熟练掌握格斗技巧等。男性的世界中已经容不下安静、敏感、聪明、善于表情达意的男孩子了。既然男生需要大男子主义才能算作真正的男人，那么社会就得出结论，没有大男子主义的男生就不算真正的男子汉。他们被诟病为同性恋、基佬、娘炮、懦夫。WWE的剧本迎合的正是这种男孩子素来所接受的陈旧的身份认知。这种故事在书本、杂志、电子游戏、音乐、电影和电视节目中反复出现，一股脑儿地塞给了小男孩们。《包装男孩童年》一书的几位作者这样描述了传统的"男孩力量"：

> 这类故事中，那些最有力的人拥有的常常是错误的力量——他们是霸凌者、自恋的运动员、"坏蛋"、"浪子"。他们操控事态，能得到衣着暴露、摆动屁股、在音乐视频中出现的姑娘。这类故事教育男孩子，要不惜一切代价不让别人羞辱自己，被错怪了要报复，通过打扮来博得好感或是来恐吓他人，技术要娴熟，要炫富，要冒险，同时要假装自己一点儿都不在乎[12]。

这种身份故事让人无法跟反霸凌联系到一起。我跟"无广告童年"运动的副主任乔希·高兰（Josh Golan）聊了起来，谈到了WWE最新的反霸凌联盟。"《做一个明星》其实是一部叫作《这就是我》的电影的副产品，"高兰告诉我，"这是WWE出品的一部电影，主演是艾德·哈里斯（Ed Harris）。我拿到的那份电影视频文件在播放开始之前，就有一个WWE电子游戏的广告。"高兰对这个反霸凌联盟表示担忧，他说WWE是"厚颜无耻"的。

尽管如此，我们也很难拒绝一个想要传播反霸凌信息的公司，尤其如果这个公司的影响力覆盖数以百万计的民众，就更难了。批评者认为，如果WWE能够对他们的剧本做出严肃认真的改变，那他们是可以在"善良"的圆桌旁占有一席之地的。WWE把霸凌行为伪装成体育竞赛，其产业帝国已经形成，不太可能一边完成反霸凌平台的搭建，一边原模原样地保持既有品牌策略。当下这个品牌已经获得了很大的商业成功，所以WWE可能没有动力仅仅为了安抚一小部分仗义执言的批判者而做出根本性的改变。

WWE与同性恋反污蔑联盟（GLAAD）达成一份"对仇同说不"的合约一周后，一位WWE的评论员给同事发了一条推特，称他为"基佬"。这位评论员因自己的言辞受到了批判，之后他发推文做出回应："对任何可能因为我的推特内容受到侵犯的人，我在此致歉，我没有冒犯大家的意思。"[13] 虽然这很有可能是两个相互熟悉的人闹着玩，涉及一些仇视同性恋的言论，但旁观者仍然会被冒犯，男孩子也会面临更大的压力，不希望被同辈认作"同性恋"。抛开推特事件不说，WWE有着数以百万计的粉丝，他们一直在支持"做一个明星"运动。很显然，公司雇用了精明的市场营销人员，现在该雇用一些优秀的剧本写手了。

最后我要说的是，WWE和美泰公司不过是两家企业，但它们代表着企业对文化产生的巨大影响。我一直是一个乐观主义者，略持怀疑论。我很好奇，想看看这两家公司是否能够贯彻自己声称的反霸凌运动的理想。这仅仅是圆滑的市场营销手段，还是会带来意义重大的改变呢？让我们拭目以待吧。

第十四章

性别划分与霸凌

粉色代表女孩，蓝色代表男孩。有时我们觉得改变这种强大的文化信息是不可能的。历史上，颜色是否也曾经有这么强大的代表意义？能否改变这种看法？回答都是肯定的。乔·保莱蒂是一位历史学家，曾主笔《粉与蓝：在美国区分男孩女孩》一书，告诉我："很有意思，粉色就像19世纪的黑色一样有象征意义。那时候，穿黑色衣服意味着你在哀悼。黑衣女性就是寡妇。这是个有强大象征意义的色彩。很显然，现在，黑色的意义已经发生了改变。黑色已经变成了时尚宣言。"显然，粉色成了新的"黑色"。粉色已经成为21世纪文化中最富代表性的颜色。粉色象征着女性，还代表着拒绝接受粉色的女孩和喜欢粉色的男孩的那一份悲惨。保莱蒂评论说："市场其实创造了可供人们霸凌他人的符号。就像有一份食谱，上面列着男性气质和女性气质的配料，如果你跟食谱上有所出入，你就会遭到霸凌。"[1]

阿什利·艾克斯坦（Ashley Eckstein）在《克隆人战争》中给阿索卡·塔诺（Ahsoka Tano）配音，她就想改变这份"食谱"。艾克斯坦刚开始为阿索卡配音的时候,看到几乎没有为女性"星战"迷准备的周边商品,感到很失望。她做了些研究,发现几乎一半的"星战"粉丝是女性。"我问为什么我们不准备女性周边商品,却被告知女性不会买,如果想要的话,只要用男性商品的小一号就行了。我没法接受这个答案。'星战'是为所有人准备的,女性专区里也应当有'星战'系列产品!"因此,艾克斯坦开展了"她的宇宙"项目,这是针对女性"星战"粉丝的一条商品生产线。她解释说:"'她的宇宙'不只是个服装公司,而更是个社区。在这里女性科技迷不用遮遮掩掩,可以光明正大地喜欢'星战'。女孩们在我们的网站上分享着自己的故事,讲述着是怎样因为害怕遭到霸凌而不敢做真正的自己。"2010年,因为Syfy(美国NBC旗下的一个电视频道——译者注)半数的观众都是女性,"她的宇宙"宣布与Syfy就"星战"相关产品开展合作。艾克斯坦强调:"女性观众庞大的数量就摆在那里,但陈规陋见仍然存在。我们怎么才能打破这个障碍呢?那就要站出来发声。"[2]

我的反霸凌博客最早的一位读者艾琳拍了一张沃尔玛玩具区的照片,发给我,说道:"难怪6岁的男孩子搞不清!看看这商店的摆设!没有'玩具',只有女孩的玩具和男孩的玩具。我为这个生气已经有好几年了,但读到凯蒂的故事,我简直气炸了!"另外一个读者米尔顿,给沃尔玛发了一封邮件后收到一位高级副总裁的回信。她把回信抄送给了我。这封回信上写着:"感谢您提到沃尔玛玩具区的'性别偏见'。我们会认真考虑您的担忧,看看是否能够改变标示牌上的文字，使其更加性别中立。我们希望孩子们能玩各种各样的玩具，不以性别设限。再次感谢，您的建议对我们很珍贵，我们会认真对待。"米尔顿后来又试图联系这位高级副总裁，但无果而终。

2011年3月，我带着两个女儿去塔吉特购物，给安妮的好朋友挑选生日礼物。我们迅速穿过诱人的玩具区，很快就给这个4岁的女孩选了一款玩具，接着朝收银区走去。但我又把手推车转了个圈，起因是我刚刚读了沙龙·兰姆（Sharon Lamb）和林恩·迈克尔·布朗写的《包装女孩童年》一书。书中提到，日常生活中遇到了此类情景时，要跟儿童、青少年聊一聊成见是怎么被传播出去的。于是我决定实践一下这种教育机会。

"凯蒂、安妮，你们看看玩具架子后面的背景，看到什么了？"

"星战"人物、乐高系列、建筑玩具和小汽车后面的背景一般是蓝色或黑色的，而芭比、厨房玩具、娃娃、迪士尼公主和各种造型的衣服后面的背景一般是粉红色的。"姑娘们，"我解释说，"商店把传统意义上女孩子的玩具都归到了粉色区，男孩子的玩具都归到了蓝色区。所以，如果你想买一套'星战'的乐高玩具，你会有一种跨界到男孩子区去选玩具的感觉。凯蒂，这就是男孩子们嘲笑你带'星战'水壶的原因之一——你跳出了条条框框的限制。"后来，我们凑巧走在了一个陈列比较中性的过道上，卖的是适用于各种场合的礼物包装纸。"这些架子后面的背景色是什么？"我问。"黄色。"她们回答道。于是,我们就聊到了黄色是一个谁都适用的颜色。那是我们第一次就这个话题展开讨论,我觉得自己说得太多了,滔滔不绝地介绍了太多的词汇和概念。等我想问她们的看法时,她们更想去买个热的椒盐卷饼。下次继续努力吧!

家长可以跟儿子开展类似的对话,因为同样也有很多针对男孩子的陈规和成见。在《包装男孩童年》一书中,作者兰姆、布朗和马克·塔潘(Mark Tappan)建议:

> 一旦他开始有性别意识——三四岁、四五岁,询问什么是男孩什么是女孩时,就可以告诉他这个 S 开头的英文单词了:sterotype(陈规)。可能他们还太小,不一定说这个词,但要讲这个概念。媒体中到处都会说,男孩子应当喜欢各种其他以 S 开头的东西,比如超人(superheroes)、速度(speed)、运动(sports)等等。他会了解到,男孩子应当保持亢奋,身强体壮,表达夸张,情感(除了攻击和愤怒之外的情感)是女孩子的东西,打嗝、放屁、惹恼别人则是男孩子喜欢做的。对男生的这些期待在媒体报道中太常见了,跟儿子的对话在任何时候任何地点都可以开展。我们建议,下次去玩具商店的时候就可以聊起来。那些讨厌的零售商已经帮你准备好了,在玩具反斗城和沃尔玛的粉色和蓝色/黑色的玩具区,一场生动活泼的对话随时可以开始[3]。

商店根据性别做出的隔离主要是受经济利益驱使。想象一下你是个玩具生产商,想卖一套红色玩具。那如果你在一套上涂蓝色,在另一套上涂粉红色,那就可以把这两套都卖给一位带着儿子和女儿来购物的妈妈了——儿子一套,女儿一套。这样,多卖了钱,但也带来了一些不好的社会影响:(1)兄妹二人不用分享玩具了,限制了他们社交技能的发展;(2)粉色和蓝色会强化传统上的性别偏见。

就这个话题,我在博客上发起了讨论。一位叫凯德伦的读者说:"我住的地方的凯马特(知名百货商店。——译者注)是根据玩具类型对玩具进行分类的,不是根据性别。'玩具总动员'的玩具都在动漫人物那一栏,还包括了'玩具总动员'的芭比娃娃,而不是把娃娃跟其他芭比一起,放在娃娃区。这里的凯马特还用白色做玩具区的背景色。"乔斯琳·格雷(Joslyn Grey)是博客"十足疯妈妈"的博主,她告诉我,她女儿看到到处的玩具市场都根据性别区分玩具,感到很沮丧。"在麦当劳,服务员会问吃快乐套餐想配男孩子的玩具还是女孩子的玩具。我的女儿们很生气。她们会私下议论。"收据上,麦当劳会避免直接标上是男孩玩具还是女孩玩具,但总是会标上是卡车还是娃娃,这实际上都是一回事。

哪怕是我们最爱的"星战"玩具,也是个典型的例子。"星战"玩具总是放在男孩子玩具区的正中央,甚至在动作人物的陈列中很难找到《星球大战》影片中的女性人物角色。卢卡斯影业的一位内部人士告诉我:"玩具公司对孩子们做了一个调查,看他们喜欢哪个动漫人物形象。但这个研究是有倾向性的。他们采访的人群中，80%是男孩子，剩下的20%是女孩子，而不是男女五五分。其实，调查问题的设计都有人在背后操纵。"阿什利·艾克斯坦跟众多女性商店老板一样，依赖的是这个不客观的调研，一直很难说服大多数零售商售卖面向女性的"星战"服饰。艾克斯坦说："现如今，在广阔的市场中，你输不起。这不是你能选的。孩之宝（美国著名玩具公司。——译者注）和乐高需要向塔吉特和沃尔玛保证，他们的新品肯定能卖得好。如果不能保证销量，他们则不希望在传统男孩子玩具市场中卖女孩子的东西。"这个研究说起来虽然是有偏见的，但仍然给孩之宝和乐高公司提供了参考的依据。而且，这份研究并没有显示女孩子的玩具能够保证销量。艾克斯坦指出："'星战'是去年玩具销量中的第一名，卖了5000万美元，他们会说：'销量好着呢，为什么要做出调整？''她的宇宙'算是我走出的第一步。但我们已经取得很大进步了！卢卡斯影业让一个14岁的小女孩做了阿纳金的绝地学徒是很重要的一步。在卢卡斯影业工作的人都在跟我合作，尽可能地帮我。"[4]

基于性别的市场对孩子产生的影响比对成人产生的影响多得多。成人能够洞察事理，不会像孩子一样按照字面意思理解。我在广告里看到一位身材高挑、婀娜多姿的女性使用某一种牌子的香水，我能从逻辑上推断，就算用同款香水，我也不会变得身材高挑、婀娜多姿。我能识别媒体想要传递的信息，但我的女儿们还不行。孩子们很实在，有时候让人发笑，有时候让人担心。保莱蒂告诉我，她如果从孩子的视角看问题，就很理解基于性别的市场所产生的影响。"我开始从孩子的视角思考，孩子把营销当真了。他们相信电视上所看到的，而且他们对事物的解读跟成年人不同。就算是上了大学的孩子，比如我自己的学生，自认为无所不知，但实际上仍然很受广告的影响。一旦让孩子看到，他们真的会坚持并巩固这种性别上的固化观念。"

因为孩子真的会赞同传统的性别观念，而他们又常常陪着父母一起去实体店购物，零售商因此故意在实体商店中夸大性别差异。一旦把孩子这个因素从等式中去掉，购物体验就发生变化了。"网上有很多中性的衣服，"保莱蒂观察发现，"因为在线购物的人不是4岁的小孩，是坐在电脑旁边的成年人。我们更可能看到那些服装并做出更中性的购物选择。"[5]

愿意跨越传统性别界限的小孩子的家长，看到孩子被旁人指责，又会感到痛苦。孩子们会把广告当真，对待批评也很当真。就算是有父母支持的孩子，也会逐渐意识到外界对自己的批判，从而减少与自己性别不一致的兴趣爱好。一位母亲对此很担忧，她告诉我："我很烦恼，我儿子喜欢各种玩具（"星战"的东西、娃娃、卡车，还有新的"公主和青蛙"贴纸），但他渐渐长大了，注意到了来自亲朋好友甚至陌生人的消极反应，因为他们看到了我儿子的杰西娃娃（"玩具总动员"中的角色，他们觉得他应该玩巴斯和胡迪）；听到他在杂货店要粉红色的气球；喝水时用的水杯是紫色的，而不是其他更'男孩子气'的颜色；或者听到我要带他去上舞蹈课。我总是跟这些人说，我们不相信孩子喜欢的颜色、玩具和参加的活动要划分男女，所以你们有意见的话请保留，但我不一定总能在场。很快，我儿子就会开始听他们的，为自己的喜好感到不好意思……这真让我心碎。"

劳拉·哈妮诗（Laura Hanish）主要研究基于性别的小孩子的霸凌。关于基于性别划分的玩具营销对孩子产生的影响，她分享了自己的认识[6]。"从幼儿园开始，"她说，"我们就观察到孩子是根据性别被区分开来的。女孩子们一起玩，男孩子们一起玩，而且玩耍的活动也是隔离的。"我想了想，自己也曾经走进幼儿园的课堂，看到女孩子们在玩过家家或者穿衣打扮，男孩子们在建造汽车或火车的轨道。哈妮诗补充说："这种隔离对孩子的发展会产生一定影响。女孩子跟同性一起玩耍的时间越长，跟异性打交道的时间越短，她就会对性别典型的行为产生更多的兴趣。同时，这也限制了她与男孩子正常交往的能力。随着孩子渐渐长大，他们更能发展出自己性别典型的交往风格，而非性别非典型的风格。举例而言，女孩子一般更温顺，男孩子更强势。如果一个女孩展现出了非典型的性别行为，比如坚定自信、领导他人，这就会带来冲突。女孩子如果坚定自信，就容易被同辈欺负。"之后，当女孩子开始跟男孩子交流时，哈妮诗解释说，就会不容易理解彼此，这就会导致攻击行为和霸凌。设想一下这样一个世界，在这个世界中，孩子无法玩某些特定的玩具，而且习得了某些特定的行为品质。而在一个更多元化的环境里，女孩和男孩之间能更频繁地交流，就会彼此加深理解。多样性不仅仅在种族和宗教领域是个好东西，在性别关系上也是如此。

实体店缺少性别中立的衣服，这会强化孩子们在成长中只与一种性别产生共鸣的欲望，这也会带来更严重的性别隔离。这就导致了哈妮诗在上面所描述的消极影响。我们失去了不可分割的统一体，孩子们要么被推到这个阵营，要么被推到那个阵营，没有一个中立的地方可以待。卡车和裤子就是给男孩子的，娃娃和裙子就是给女孩子的——我们的子女在大型零售商店购物的时候，已经失掉了自己的个体性。赚钱是基于性别的玩具市场背后的一个推手，但也有另外一个文化因素在作怪，即关于性别角色的焦虑。保莱蒂指出："孩子们别无选择，只好被归到自己并不一定那么喜欢的一类中。我有这么个理论，但还没被证实，那就是如果孩子非常倾向于挑选性别特征明显的衣服，那么他们对自己的性别就更加认同，或者更想证明自己的认同。如果儿子喜欢闪闪发光的东西，但却被明确告知男孩子不能买这种东西，他就会选更阳刚一些的衣服。造成霸凌的是内心的恐惧。"[7]

这个理论跟电视节目《欢乐合唱团》第二季中的一条故事线高度吻合。有一个名叫戴维·卡洛夫斯基的角色其实是同性恋，但他借用自己阳刚的外表遮掩着内心的焦灼。由演员马克斯·阿德勒（Max Adler）饰演的卡洛夫斯基是个大块头、大男子气的男孩子，每天穿足球夹克，总是不停地霸凌他人，尤其是一位由克里斯·科尔弗（Chris Colfer）饰演的公开身份的同性恋角色库尔特·赫梅尔（Kurt Hummel）。我跟马克斯聊起了他在这部剧中饰演的反同性恋的角色[8]。他解释说：

"卡洛夫斯基有着对未知的恐惧。在俄亥俄州郊区生活，是个运动狂，他根本接触不到其他多种多样的文化。他被灌输的观念就是'库尔特是不对的'。卡洛夫斯基既仇同，又害怕。他看到库尔特就会想：'你这么与众不同，意思是我也跟旁人不一样？这对我来说又意味着什么呢？'卡洛夫斯基不想看到库尔特，眼不见，心不烦。"

或许卡洛夫斯基只是个荧屏形象，但在现实生活中也有很多他的翻版。杰利·波普——我之前提过的跟学生通过嘻哈音乐交流的大学咨询师——就是一个例子。波普很早就知道自己是同性恋，他把自己的恐惧和愤怒发泄到了异于他人的孩子身上，就像卡洛夫斯基一样。波普不像典型的同性恋，没人怀疑他是。他成年之后出柜，家人甚至都很惊讶。波普魁梧挺拔，当时是个浑身肌肉的运动员，看起来就像一个典型的兄弟会风格的男生。他告诉我："我会故意欺负那些同性恋的孩子，因为我知道，我是那么不想做同性恋。没人能让我觉得有共鸣，我觉得孤立无援。没有网络，我也不认识任何跟我一样的人——大块头的运动型同性恋男生。我在农村长大，曾经以为我一辈子都不会出柜。"[9] 就算是在如今的电视节目上，很多同性恋男性形象也都是有些女性气质，卡洛夫斯基的形象则是对传统同性恋形象的一个偏离。马克斯说："我收到了太多封高大魁梧的同性恋人士给我寄来的信，说出来你可能都不信。他们看了这个节目之后，都很高兴，发现终于有一个能代表他们的同性恋形象了。不是所有的同性恋都有着跟库尔特一样的外貌和言行，知道这一点让他们觉得不那么孤单了。"

对于这个世界上的卡洛夫斯基们来说,男性气概的定义是狭隘的,它被包裹在一个齐齐整整的蓝色盒子里,还系着蓝色的蝴蝶结,让人不敢打开盒子,不敢迈出一步。杰利·波普正积极地跟自己一直以来被灌输的思想做斗争。他看着我,诚实地说:"我一直在想办法弥补。我生长的环境中充斥着种族主义、性别歧视和对同性恋的仇视,每天我都在让自己转换思路,我知道很多人都在这样做——我可以原谅,就像科比·布莱恩特(Kobe Bryant),他在比赛中一激动,说了一个诋毁同性恋的词语。这就是一个借机施教的时刻,他道歉了,我也原谅他了。"

人们对基于性别的固有看法产生的兴趣激增,很多研究者都在仔细观察这一现象,其中有一位就是林恩·迈克尔·布朗。我们谈到了粉色和蓝色的两难境地,她评论道:"我们正处在性别现象的后现代时期。男孩和女孩都在跨越性别的界限。这很复杂,也引发了家长们巨大的焦虑。妈妈们觉得只有自己的女儿像女孩,儿子像男孩,这才让人舒服,因为他们觉得这样符合期待。但没有人知道会发生什么。孩子们会出人意料。"营销者和媒体正是借用了这种焦虑情绪,化复杂为简单,称"这就是男孩""这就是女孩""这就是男子气概——就是诋毁女性气质,诋毁同性恋",布朗评论说,"女孩子被认为就是要性感"[10]。虽然社会在尽力单一化,但孩子们还是从这个精心设计的让男孩女孩各就各位的契约中挣脱了出来。这个社会中,有坚持买粉色网球鞋的小男孩,也有坚持买"星战"水壶的小女孩。

乐高推出"乐高女孩"产品时，引起了人们对基于性别的市场营销的激烈争论。这个新的产品线是2012年1月乐高产品目录中的亮点，叫作"好朋友"。其中的女性人物形象比传统的乐高小人要更苗条，还有婀娜的胸部曲线。"好朋友"们住在心湖城，目前为止，心湖城中有美容院、烘焙屋、咖啡店、兽医办公室、服装设计学校、摄影棚和一个发明家工作室。玩具中还有各种配饰，包括口红、梳子和茶杯蛋糕。不像男孩子玩的乐高玩具，"好朋友"系列不需要女孩拼装完毕才能玩，这样就降低了女孩按照说明完成积木组装的成就感[11]。虽然新增的这一套玩具很好玩，有能让小孩子尽情玩耍的美发沙龙和咖啡馆——因为很多孩子真的很喜欢这些，但人们也注意到，这对女性的领导角色体现得不够。女性消防员和女老师在哪儿？心湖城的女警官、女市长又在哪儿？

为了回应消费者的批评，乐高解释说，他们面向女孩和家长做了四年的市场调研，说这就是女孩想要的[12]。女孩通常喜欢这些东西，但她们也有别的爱好！乐高"好朋友"系列是女孩想要的，这并不奇怪，因为乐高和其他的大型零售商都在告诉女孩子，这是她们应该要的。孩子们会认真听的，如果你一直说，女生喜欢聚会、化妆，男生喜欢冒险、建筑，他们就会同意你的说法。之后，乐高再问女孩子喜欢玩什么，她们就会回答："公主、珠宝、化妆品和鲜花。"这是乐高参与其中构筑的一份答案[13]。

乐高本可以用一种更综合的方式增加产品的供给，吸引更多女孩。比如，只有乐高"好朋友"系列中的人物，不是其经典的块状人物形象，这就让女孩子变成了"其他人"。为什么不在现有的乐高产品线中添加女性的乐高小人？为什么不去生产粉色和紫色的砖块，跟红色、蓝色和黑色的砖块混在一起？要是男孩子想用粉色和紫色的砖块呢？难道他就得去女孩玩具区？要是男孩子想建一个烘焙坊呢？合理的策略应当是，把所有的乐高配套组件都放到中性的包装里，让男孩女孩自己选玩具，不用觉得被贴上标签。可以加上咖啡馆和美妆店，但要让感兴趣的孩子都能玩。本质上就是回归乐高在1981年的营销策略，那时候公司分发了一些打印的广告，上面有个红色脑袋的小女孩，穿着蓝色的牛仔裤和蓝色的T恤，骄傲地拿着一个用乐高搭建的作品。这个广告上面写着"这就是美"。用更小的字体标明这套乐高玩具是"通用的建筑模型"。不是"女孩的"，也不是"男孩的"——是通用的。没错，那就是美。

佩吉·奥伦斯坦就乐高"好朋友"系列撰文，指出，虽然学前的男孩女孩喜欢不同类型的玩具，这是正常的发展阶段，但研究表明，小孩子的大脑更容易受到影响[14]。家长在买玩具的时候该灵活一些了，思想不要僵化。"这样，人们争辩的，"奥伦斯坦在《纽约时报》上写了一篇文章，"就不是先天还是后天的问题了，而是后天怎样变成先天：孩子们玩耍和成长的环境可以让他们的各种天资显现，也可以让他们泯然众人。不经意间纵容——甚至故意加强——基于传统性别观念的玩耍模式，可能会给孩子的发展潜能带来更消极的长期影响，这些是父母想象不到的。促进而不强迫发展跨性别的友谊，拓展玩耍模式，可能更有益。"[15] 2012 年春天，乐高集团表示，他们倾听了消费者的担忧，并与闪耀（SPARK）——一个女孩子推动的组织——的代表共同举办了一场会议，致力于结束媒体使成年女性和女孩追求性感的趋势。目前，乐高正在努力解决因性别产生的各种问题，可以给其他公司做出表率，帮助其把客户的反馈融入热销的产品中去。

第十五章
儿童不要过早性感化

2012年的冬天,沃尔玛宣布引进青少年彩妆产品线Geogirl,这是一条新的针对8岁到12岁女孩的化妆品生产线[1]。这家大型零售商希望在青少年化妆品的市场中分一杯羹,目前其每年赚得2400万美元的利润,销量最好的分别是唇彩、眼影和睫毛膏[2]。我听说沃尔玛进军儿童美妆市场,第一反应就是这对于反对霸凌运动无益。家长可能不理解,霸凌跟化妆有什么关系,这个关系是通过性感化实现的。

美国精神病学协会(APA)出台的《APA特别工作组女孩性感化报告》有如下描述:

> 性感化有几个特征将其与健康的性征区分开来了。女孩性感化体现在:
> ● 一个人的价值只通过其性的吸引力或行为来体现,排除其他任何特点。
> ● 一个人外表的吸引力(狭义)等同于其性的吸引力。
> ● 一个人成为"性感尤物"——为了他者的性需求,

被物化成了一件东西，而不是被视为具有独立行为及决策能力的人。

- 把性征不适宜地强加于一个人身上。

上述四种情形无须全部具备，其中任何一个都是性感化的证据。而第4条（性征不适宜地强加于人）尤其适用于儿童。所有人（女孩、男孩、成年男性、成年女性）都可能被性感化。一旦孩子被冠以成年人的性征，多半都是被强加上去而非自主选择的。然而，自我驱动的性探索则不符合我们定义的性感化，适龄接触跟性相关的信息也不是[3]。

大量零售商开始向8岁到12岁的小女孩售卖化妆品，这就是不健康的。

"我喜欢腮红、口红，嗯，还有睫毛膏。"一位9岁的女孩在ABC新闻关于儿童使用化妆品的报告中这样说[4]。当然她会喜欢腮红、口红，还有睫毛膏。她是个孩子啊。凯蒂总是要我的化妆品。我给了她一管泡泡糖口味的润唇膏，让她自己玩。"我想要带颜色的。"凯蒂抗议说。实际上，我需要在放化妆品的抽屉上加一把儿童锁，不然安妮的小手总是去摸我的粉底和腮红。要是去小学看一看，一定要做好心理准备，小女孩都在用口红和眼妆。玩具、衣服和化妆品生产商给这个现象起了个名字：KGOY（Kids Getting Older Younger，即孩子过早成熟[5]）。厂商有着严格的性别划分：性感化的商品是给小女孩的，男子气、暴力的商品是给小男孩的。这样做把孩子推到了传统的性别偏见中，给其对彼此的看法造成恶劣的影响。12岁的女孩子一旦需要穿胸罩，商家就会同时把胸罩推销给她的小妹妹，告诉她胸部隆起才能性感迷人。阿贝克隆比 & 费奇（Abercrombie & Fitch）这个品牌就是众多向7岁到11岁的小女孩推销系带比基尼的商家之一。小女孩的家长不知所措，孩子的童年去哪儿了？

零售商很快就开始责备家长，说他们并没有强迫家长去买这种性感化的产品。虽然家长的确有责任，但并不是那么简单。商店对小孩子兜售这种有诱惑力而不符合年龄特点的产品，家长很难说不。不仅是难以拒绝购买这个东西，而且难以拒绝整个光鲜亮丽的生活方式。或许家长一开始下定决心，离开鞋店，不给10岁的女儿买高跟鞋，但接下来孩子还会求家长在杂货店里给她买一支口红，在药妆店里买一瓶香水，在服装店里买一条超短裙……无休无止。某个瞬间，家长的防线被突破了，妈妈就会给女儿买一盒眼影，让她"玩玩"罢了。但孩子就会带出家门，化妆去上学。一旦班上有人化妆，其他女生也会央求家长让自己开始化妆。

佩吉·奥伦斯坦跟我一起仔细就这个问题进行了反思[6]。她预计："接下来，学校里的酷女生9岁、10岁就会开始化妆，那些成长方式更为健康的孩子反而就会变为霸凌的对象，因为她们'不酷'。"很不幸，奥伦斯坦的预言上演了。"酷"女孩化妆，其他女孩只得跟进。有些家长受不了无休止地跟孩子对峙，败下阵来，现在就有了一批9岁上学的时候用睫毛膏的女孩子。作为家长，我们又该如何是好？"宁愿让我孩子招惹别人，也不要被别人招惹？"奥伦斯坦认为，正确的做法是要教育孩子看重内在美，教给她应对冲突的办法。"这并非易事，"她同情地说，"但做决定的时候，要试着想到长期利害关系。"

每一代小孩子都爱在家里玩装扮游戏，有的孩子喜欢用妈妈的化妆品。这没什么稀奇，而且孩子去嘉年华、游乐园等地方时化妆也是再正常不过了。这些活动属于正常的童年活动，但现在的问题是，小女孩用腮红、眼影和睫毛膏已经成了出门前既定的装扮环节。10岁的小女孩，难道不能无视社会压力，素颜去学校仍能感到自如而有魅力吗？我认识一位女性，她拒绝化妆，觉得那是"面子工程"。这对于她的孩子来说又意味着什么呢？不化妆，妈妈就没"面子"了吗？化妆只是孩子美容过程的一个方式，此外还有做按摩、眉毛除蜡、面部护理，8岁到12岁的小女孩总会收到各种推销的信息[7]。很多家长愿意为这些服务买单。"我觉得这属于个人卫生，我自己全套都做，我觉得早点开始比较好。"一位母亲在接受美国广播公司（ABC）采访时说[8]。

10岁孩子的良好个人卫生中没必要包括面部护理和电蚀除毛。小女孩在特殊场合，比如参加生日会或者重大场合之前，做个美甲，这没什么害处，而且很好玩！但孩子如果每周做一次美甲，定期做按摩，这就有可能让她们很早就开始觉得自己有权享受这些东西，从而也导致她们会歧视用妈妈的指甲刀修指甲的其他女生。我们不希望孩子歧视异于自己的其他孩子，形成一种"我们"和"他们"的心态，这会让孩子们物化彼此。这种情况一旦发生，孩子（还有成人）会觉得嘲笑欺负"别人"越来越容易。一个9岁的刚刚用蜡脱掉上唇绒毛的孩子更可能觉得唇部有绒毛的同龄孩子是"别人"。但如果其他孩子嘲笑自己的女儿有胡子，家长该怎么办？看着她被嘲笑？这是个两难的处境，是个会让人越陷越深的完美泥沼，因为如果为了保护女儿不受嘲笑，带她去脱毛，那她想让你带她做比基尼热蜡脱毛的时候，你该怎么办？

体毛竟然成了孩子们攻击彼此的一个常见原因。一位印度的母亲告诉我："我女儿四年级班上有一些金发女孩会嘲笑我女儿上臂有很多黑色的体毛。我女儿每天都想穿长袖，哪怕外面很热也要穿。"孩子如果卫生搞不好，的确容易遭受霸凌，但胳膊上的绒毛不是卫生问题。由于面临着很大的关于体毛的压力，8岁的孩子愿意去忍受电蚀脱毛、热蜡脱毛带来的痛苦。母亲要是希望自己的女儿看起来完美无缺，也会令人烦恼。黛安娜·费舍在弗吉尼亚州（Virginia）华盛顿特区郊区的麦克莱恩（Mclean）和阿什本（Ashburn）这两个地方开了"Eclips日间按摩沙龙"和"Eclips孩子"两家店。她告诉"今日秀"网站："我看到一位妈妈把女儿带来，掀起女儿的衬衫，想让我们给小女孩做背部热蜡脱毛。小女孩似乎没觉得背部的毛发有什么问题，但母亲很尴尬，想把女儿后背的毛除掉。"费舍回忆说："我跟那位妈妈说，可以等孩子想做了再来，但她拒绝了。"这个女孩当时只有6岁[9]。

要想管窥小孩子对完美外貌的追求，可以看一下美国儿童选美大赛，肤色较浅的小孩子常常会刻意让自己晒黑，缺一颗牙齿或者牙齿不齐的孩子会戴上珍珠般雪白的牙冠。学习频道（TLC）在2011年的春季发布了广告，宣布《学步者&皇冠》节目强势回归，把5岁的孩子称作"调皮的明星"（Sassy Superstars），但一些观众听成了"性感的明星"（Sexy Superstars）。广告中有一位参加选美比赛的小明星说着人尽皆知的一句话："我很出名。"这个32秒时长的广告掀起了一阵化妆、跳性感舞蹈、穿暴露衣服的旋风，简而言之，就是很多家长尽力去挡在门外的一些东西。

反对少儿选美大赛的浪潮催生了如"摘掉胸针"这样的社区组织的建立，力图终结少儿选美大赛。澳大利亚和新西兰的民众集会强烈抗议"环球皇家选美盛典"来到他们的地盘。这是一个基地在美国得克萨斯州的选美组织，该组织计划于2011年7月进军大洋洲。那里的精神病学家不买账，根据《悉尼先驱晨报》的说法，选美大赛会"促进儿童性感化，会导致发展伤害[10]"。

伊顿·伍德（Eden Wood），广受喜爱的《学步者&皇冠》里的小甜心，头五年的时间都在巡回展演上活动。她的妈妈米奇·伍德（Mickie Wood）在伊顿的服装、美容、选美花费上斥资10万美元，预计他们赚回了四五万的奖金[11]。虽然大多数孩子不会去参加选美大赛，但这并不意味着他们不面对着"美丽至上"的社会压力。

性感的触角已经伸到了儿童身边，召唤他们也加入这个阵营。年轻有为的伊顿·伍德正在进军音乐界，这个行业也充满了跟时尚挂钩的性感形象。音乐视频中，男性抱着枪，开着车，自大狂妄，脾气很坏；女性珠光宝气，身体丰腴，噘着嘴唇（衣服少得可怜）。现在，流行女明星表演的时候只穿紧身胸衣、超短裙或者比基尼底裤已经成为常态。别误会，这些超级明星可不只是唱歌这么简单。他们在兜售，售卖的可不只是古龙香水或者一排鞋子，而是在兜售一种生活方式。在这种生活中嫉妒和性感遍地都是，却没什么真实可言。林恩·迈克尔·布朗跟我分享了她对于这种复杂的性感产业的看法。"蓄意挑衅的女性主义是狭隘的，它让我们局囿于模式化的看法中。就像碧昂斯的视频《跑遍这个世界（女孩）》，她把这个作为女性力量去宣扬，但实际上都是顺从传统意义上女性须性感的观念。当然了，看看谁在指导她吧：Jay-Z。碧昂斯实际上是在借用高度性感化的力量，传播一种狭隘的女性观。这是将女性的身体商品化，随之在一个异性恋的世界中推销。"[12]

碧昂斯同很多成功的歌星一样，个性复杂，很难解构。虽然她也是音乐行业中女性性感化的典型例子，但她也在积极地利用自己的社会资本。比如，她与米歇尔·奥巴马一道，在"动起来"运动中宣传对抗儿童肥胖症。在这项运动中，碧昂斯通过她的歌曲《动动身体》宣扬了健康的生活方式，这首歌的音乐视频是在学校咖啡馆里拍摄的，快闪的学生跟着碧昂斯一起跳舞。鉴于视频面向的观众，碧昂斯穿得还算得体（没有性感内衣，没有袒胸露腹），穿着一件露肩的白T恤和紧身牛仔短裤。这套衣服对青少年来说还是有吸引力的，但也不越界。视频很有趣,很吸引人,不会像往常一样掉入性、金钱和权力的陷阱。

我跟布朗一起思索,这种主打性感的市场营销是怎样迈入社会良知的最前线的。每次转头就能看到一篇博文或是新闻,批判公司在市场营销中动用传统性别观念和性感人物形象。布朗评论道:"我觉得这些东西现在是一种挑衅,因为现实生活中,事情在发生改变。这些改变让人们焦虑,营销者重提传统性别观念,让女孩归位。这样年轻女性也参与进来了,因为她们感受到了这份焦虑。她们在想:'我到底是谁?'每次一个新的'怪物高中'娃娃或者碧昂斯的音乐视频推出来,就会引起很大的反响。"[13]成百上千名家长和孩子都在努力理解这个快速变化的世界,商家在推崇传统观念,消费者很难袖手旁观。

斯凯奇营销团队认识到这一点的历程很是艰难。他们对小女孩推销摇摇鞋的时候做了一个广告[14],广告上海蒂——一个动画形象——在音乐会上唱歌,穿着斯凯奇的摇摇鞋昂首阔步地走来走去。另一个小女孩在说旁白,边说边唱:"海蒂有了新的摇摇鞋,呐呐呐呐呐……女孩子要的就是这些……呐呐呐,来自斯凯奇!个子高,跳得远,没错,她好看又开心,因为海蒂穿了新的摇摇鞋!"这个广告最使人不快的部分,是将男孩子的动画形象打扮成垃圾食物,想要追求海蒂而追不上。这个商业广告最早于2011年春天在卡通电视网和尼克国际儿童频道上播放,公然宣传高高瘦瘦的女孩子能得到一切,穿斯凯奇的摇摇鞋能让女孩子看起来像海蒂。更有甚者,这个广告把食物(还有男孩)视作敌人。建立这种有害的关联,容易导致年轻女孩的饮食障碍。十年前,这种广告或许还能逃过人们的审视,但现在,社会上对这种陈腐的文化观念反应更加强烈。

有些公司至少做出了认真倾听的样子。据我们所知,美泰公司邀请"善良运动"来帮助改良"怪物高中"娃娃的行为(结果如何尚不知晓)。就算娃娃们友善对待彼此,它们的外形仍然会产生破坏性的影响,需要改变。动画形象瘦得离奇,这就冒了很大的风险,可能让小女孩为了保持像动画中娃娃的身体比例而不惜患上厌食症。虽然人物有着孩子一样的四肢,但眼睛大而迷人,其实是在推销撩人的眼妆。女性人物形象通常都穿着超短裙、高跟鞋或高跟靴。

看《怪物高中》的小女孩相信高中的青少年就应该是极瘦而性感的超模形象,准备在巴黎时装周走猫步。美国精神病学协会证实,女孩看这样的节目会产生真实的影响,女孩子最常见的三个精神健康问题——饮食障碍、抑郁或沮丧、低自尊——都跟女性在媒体中的性感化有关[15]。

我第一次发现"性感"这个词出现在凯蒂的字典里,是我们一起购物,去买夏天穿的 T 恤和短裙的时候。凯蒂指着一双她想要的系带的高跟凉鞋——这双鞋在儿童鞋区被摆在了很显眼的地方,"这双很性感"。她评论说。我跟她说,我们要买平跟的凉鞋,就开始找。接着我们去了衣服区,"噢,那个很性感"。凯蒂说。我正好准备跟她讨论一下,为什么她不应该穿性感的衣服。我记起了最近在狄安娜·E. 莱文(Diane

E.Levin)与让·基尔伯恩(Jean Kilbourne)合著的《太快太性感:新型性感化童年及父母怎样撑起保护伞》一书中读到的一段文字:"大人和孩子看待性感的视角是完全不同的。通常孩子们谈论性和性征时,他们对这些东西的理解跟成人大为不同"[16]。

于是我问:"凯蒂,你觉得'性感'是什么意思?"

她抱怨了一声,翻了翻眼睛:"又来了,又要讨论!妈妈!"

"我做妈妈的就是要跟你聊啊,"我告诉她,"来,告诉妈妈你觉得'性感'是什么意思?"

"嗯,精美?"她猜道。

"不对。'性感'不是这个意思。"我回答道,"如果你想表达'精美',却用了'性感'这个词,别人会误解你的。'性感'的意思是,穿衣和行事的样子会让别人更喜欢你,提高你对别人的吸引力,让人想亲你的嘴唇。不是小孩子的亲亲,而是两个大一些的青少年或成年人之间的亲吻。"

凯蒂惊讶地挑起眉毛,瞪圆了眼,但她还是恋恋不舍地回头看着那双高跟凉鞋。

我们走过女童装区,塔吉特大部分的儿童品牌衣服都是适龄的。我跟凯蒂很容易就找到了可爱舒服的穿搭,在经历了鞋区的事件之后终于松了口气。可是,当我们走到内衣区,发现在"Hello Kitty"品牌的内裤旁边,是卖给八年级女孩穿的带有衬垫的胸罩和比基尼泳裤。有些孩子胸部发育早,的确有必要给这些女孩穿胸罩,但我担心这些摆放的胸罩都是推高式的。很显然，八年级的女生出于各种原因压力重重，想要显得丰满——为了融入社交圈子，为了让男生看起来性感，或者为了凸显杨柳细腰。

这种日益增多的售卖给儿童的性感内衣引起了全世界的关注。2011年6月，英国零售集团宣布禁止高街（一个城市的重点商业街。——译者注）商店向儿童售卖性感的衣服。带有衬垫的胸罩和丁字裤不适合小孩子，同样，写着暗示性的标语的衣物也不适合[17]。性感化不仅仅困扰小孩子，还记得我们在第四章中说到的极客女孩夸张的性感有其复杂性吗？在极客圈子的聚会中，比如动漫展，商家借用穿着暴露的展台宝贝来推销产品是常见的事情。马克西姆集团的官方网站甚至在2010年的动漫展就展台宝贝的热辣程度做了一个排名。一些极客称，科幻界的集会一面向世人传递出女性极客的力量，一面却在宣传中将女性物化为展台宝贝，这是自相矛盾的。

我跟"极客女孩集会"网站的编程经理詹妮弗·斯图勒一起探讨了这件事。这种集会是专门为女性极客举办的。"我们想给女性创造一个安全的环境，在这个环境里大家不必感觉不适。"斯图勒解释说。尽管如此，她指出，很多极客觉得完全可以接受展台宝贝，有些极客甚至兼做展台宝贝。"但是，她们还是在用自己的身体去出售商品，"斯图勒承认，"经过多次讨论和争辩后，我们决定弃用展台宝贝，原因之一是极客女孩集会既面向成人，也面向孩子。"[18]极客女孩集会举办过很多次专家和小组讨论，其中有一次是讨论怎样停止女性极客之间的恶意攻击和竞争的。没错,其至在极客的世界里也有"女王蜂与跟屁虫",好看的性感的极客女孩吸引的注意力更多一些。外表的吸引力在我们的社会中无处不在。

虽然更多时候是女孩感受到了社会的压力,要在很小的年纪就追求性感,但男孩也难以幸免。《太快太性感》一书的作者之一让·基尔伯恩指出,在某些方面,小男孩也被胁迫着快速成长[19]。"虽然男孩子不是性感尤物,但很小的男孩子也面临着性早熟的压力。有一张照片上,一个5岁的小男孩周围都是丰满性感的啦啦队队员,照片的说明文字说,他被这些姑娘包围该有多幸运。这很变态,这个小男孩被描绘得就好像应当像一个成年人一样享受这一切。暗示一个5岁的小男孩被女性环绕就是在被挑逗,这是什么意思?他最近一次跟女性胸部的亲密接触还是在吃奶时吧!家长觉得给学步的孩子买一件印着'皮条小队'或者'少女杀手'字样的衬衫很有意思,但这会让人焦虑。"媒体过分强调"性"这个问题影响着年轻的男孩女孩。一个由吉娜·戴维斯协会资助的有关"媒体中的性别"问题的研究表明,动画中的男性形象比真人影视形象更可能有着宽阔的胸脯、纤细的腰和不切实际的浑身肌肉[20]。小男孩看到这些浑身肌肉的动画形象,就更感觉到了压力,想要变得跟他们一样。这也助长了瘦小的男孩就没有男子气概这一观点。

基尔伯恩认为,导致儿童性早熟现象激增的影响因素确有几个。她说:"三十多年前我就第一次注意到了小女孩性感化的问题。正因此,我在1979年拍摄了《温柔的杀害》这部电影。但这一现象愈加恶化,原因之一就是网络在推波助澜。"孩子们不可能接触不到色情信息,她指出,因为人们现在不用去那种乌七八糟的小书店就能看得到,色情内容到处都是。孩子们心智还没发育成熟,就绊倒在了这上面。基尔伯恩讲道:"以前成年人世界中神秘兮兮的东西——性——会渐渐来到孩子的世界中,但现在很小的孩子就已经通过广告和主流场所看到了很残忍很变态的图像。明星跳舞时身姿妖娆,衣着暴露,也是一个灌输性的渠道。现在的社会跟以前大不一样了。这就是儿童性早熟的原因之一。"

基尔伯恩继续解释说,我们的文化之所以强调性,背后最主要的推动因素是让人们购买更多的产品和服务。她说:"营销者发现,针对孩子的营销是极好的。背后的深层原因其实跟性本身没有关系,而是跟购物消费有关。营销者试图把性跟购物联系在一起,让消费主义色情化,绑架了孩子们的性征。这会带来终生消费者,他们消费的动力十足,因为他们把性征跟消费挂上了钩。"时装产业瞄准了消费者的不安全感,说服他们,想要年轻、苗条、性感、酷,那就买买买。基尔伯恩不相信营销者会改变策略,因为他们发现这样行得通。她建议说:"我们唯有寄希望于大众教育,不买这种性感的产品。教育民众注意到这种现象,让大众的意识聚沙成塔,希望能和二手烟问题一样,逐渐改变民众的看法。但是这种社会变化需要花一段时间才能实现。"对话正在广泛开展,基层的努力也带来了新的气象。

2011年,纪录片《代表小姐》在"太阳舞蹈电影节"首映,之后在奥普拉·温弗瑞（Oprah Winfrey）网络频道上映。这部纪录片"探索了媒体对女性错误的刻画如何导致女性难以获得较高的职位和较大的影响力[21]"。基尔伯恩是该片中的受访者之一。该片直击媒体如何把女孩和成年女性当作性感尤物,视角真实,令人不快。我跟一个朋友一起观看了,她的两个儿子都是青少年。看完后,她深受打动,联系了儿子的高中,希望学校能以此作为媒介素养课的材料给学生播放。学校做了安排——这是个简单的例子,却启发家长如何才能做出改变。

有些家长深受社会问题的触动,以至于将促使社会改变作为自己的事业。梅利莎·瓦迪（Melissa Wardy）就领导了一场反对性别偏见和儿童性感化的草根运动。她女儿阿梅莉亚（Amelia）的名字即来自阿梅莉亚·埃尔哈特（Amelia Earhart,美国著名女飞行员,是第一位飞越大西洋的女飞行员。——译者注）。女儿还小的时候,瓦迪想给她买一件印有飞机图案的T恤。"我到处看了,没有发现女孩穿的印有飞机图案的T恤。"2009年5月,瓦迪决定开设自己的店铺"辫子好友",售卖鼓舞人心的衣服。"我不是反对粉红色,反对公主,但我反对给女孩子的人生设限。"瓦迪解释说。所以,瓦迪卖给女孩子的衣服上面印有女性航天员、女医生、女飞行员、女消防员、女木工等等。

瓦迪也开了自己的博客,之后很快加入反对年轻女性性感化的阵营。"辫子好友"博客源源不断地提供着相关信息、新闻报道和博文,讲述着"夺回童年"这一斗争的近况[22]。瓦迪一直在告知读者关于年轻女孩在媒体中形象变化的动态研究和争议[23]。比如,在2011年8月,杰西·潘尼(JC Penney)推出了一款女生的衬衫,上面写着:"我太美了,不用写作业,我弟弟得帮我写。"瓦迪与读者一起,声讨这款衣服,最终杰西·潘尼只好让这件讨厌的衣服下架[24]。

令瓦迪这样的母亲感到高兴的是,奥斯卡奖获得者吉娜·戴维斯(Geena Davis)也有着同样的担忧,正与娱乐行业一道试图扭转现状。2004年,戴维斯在跟女儿一起看电视的时候,注意到节目中女性主角少得可怜。于是,她筹款资助了一项研究,因对结果感到失望,建立了"媒体中的性别——吉娜·戴维斯协会"。我与协会的执行经理玛德琳·迪诺诺聊了起来,谈到了他们这项研究的范围和目标[25]。她告诉我:"在高票房儿童电影中男女角色的比例大概为3∶1,我们想打破这种不平衡。学前儿童的电视节目做得还可以——男女比例基本平衡,但在6岁到11岁的孩子观看的节目中,男性角色占比就远远多于女性了。"迪诺诺跟我分享了协会资助的几项研究得出的重要发现:

• 11岁以下的孩子看的电视节目中,女性角色跟男性角色相比,着装性感的可能性高4倍[26]。

• 家庭电影所有说话的角色中,大众级电影(G级)中有32.4%的女性形象,普通级电影(PG级)中有30%是女性,13岁以下孩子限制观看的电影(PG-13级)中有27.2%是女性——这比整个社会中女性人口的占比要少得多。电影的女性角色中,普遍强调她们的外貌吸引力和不切实际的身体比例更甚于男性角色[27]。

协会将怎样运用自己的发现来促进改变呢?协会每两年召开一次媒体研讨会,有约300名资深行业执行官参会。2010年12月的研讨会上,迪诺诺在展示完数据之后汇报说:"我们进行了一项调查,反馈率很高。这个消息很鼓舞人心。根据调查所得结果,95.8%的内容设计者认为,性别平衡至关重要。50%的接受调查者表示,可以做到,不会太难。我们期待2015年开展下一次量化研究时能够看到改善。我们正通过这种方式给社会带来影响。"同时,协会还对娱乐行业的执行官和写手们给出了如下建议[28]:

1.大众级电影和某些电视栏目需要有更多女性主角、配角、叙事者和群演。

2.大众级电影和某些电视栏目需要有更多的有色人种,尤其是有色人种女性主角、配角、叙事者和群演。

3.大众级电影需要创作出更多除浪漫之外有更大抱负和追求的女性角色。

4.大众级电影需要创造出更多因内在性格而受到尊重的成人女性和女孩角色。

电影和电视是文化转向的"晴雨表"。即使是关于性别和种族平衡的持续渐进的转变,也会对年轻女孩的自尊产生积极的影响。通过与协会通力合作,吉娜·戴维斯以一种更积极的姿态努力促进媒体行业转变的立法。2011年7月,她加入了美国女童子军、凯·哈根(Kay Hagan)参议员和女众议员塔米·巴尔德温(Tammy Baldwin)的战队,制定"针对年轻人的健康媒体环境"法案。哈根和巴尔德温将这项法案提交国会讨论，这将推动媒体发布关于女孩和女性更为健康的信息，并提高青年群体的媒体素养。

第十六章
学校在性格教育中的作用

防止霸凌的发生，涉及生活的方方面面——家庭、流行文化、网络，很大程度上也涉及学校。教育者开始从业时，会受到正规的反霸凌培训，但为时已晚，因为很多老师对于什么是打小报告、抱怨不休有自己先入为主的观念。他们对于那些总是打小报告说自己被欺负的人感到很不耐烦，尤其是在特殊教育课堂中，嘲讽和攻击不过是正常的行为，很多负担过重的老师为了专注于学术上的成就，忽视了最严重的霸凌。美国学校资金极为缺乏，也面临着考试成绩的压力，故把考试结果作为重中之重，不去关心学生行为上存在的问题。

或许考试不应该仅限于学业水平的测试。多萝西·埃斯皮莱奇是伊利诺伊大学厄巴纳-香槟分校研究儿童发展的教授，也是教育心理学部门的负责人之一，她建议学校也要把衡量孩子的社交技能作为考核的一部分。埃斯皮莱奇告诉我："如果我们对孩子的社会技能同学业水平一样加以评估的话，整个讨论都会大变样。在国家层面上，如果想知道谁是霸凌者，我们是可以找得到的。我们可以去跟踪他们，比如我们可以追踪接受特殊教育的孩子,而且特殊教育中有'个性化教育项目'(IEP)。但问题是,没人想知道谁是霸凌者。"埃斯皮莱奇观察发现,家长更情愿承认自己的孩子有学习障碍,而不愿承认自己的孩子尖酸刻薄。毕竟,谁想承认自己养大了一个小霸王呢?"我们政府目前对于反霸凌立法非常支持,尽管如此,为了让政府资助更多预防措施,学校需要让联邦政府看到,预防霸凌可以提高学生的学业成绩。"她建议说[1]。

埃斯皮莱奇与同事们建议,反霸凌的教育应当在学前环境中就要展开。教师资格证项目需要加以修订,与霸凌相关的教育事宜也要加入核心课程中来。的确,我询问了我们学区的副主管米歇尔·罗比他是否接受过学前反霸凌培训,他说:"我接受的大学教育让我能够从教,接受的更高层次的教育让我得以成为管理者。但回想起来,却都没有从预防霸凌这一立场出发,进行讨论或者付诸行动。我上过教育特殊孩子的课程,但这些不是问题的关键。"[2] 学前教育不关注预防霸凌,因为教师不认为这是自己工作的一部分。

罗恩·阿斯托在南加利福尼亚大学社会工作学院和罗西尔教育学院工作,他分享了自己对于学校在预防霸凌中应发挥的作用的看法[3]。他说:"我们现在最大的问题是社会对于公共教育的意义有些拎不清。考上大学现在成了目标,目的是为了找到好工作,促进经济发展——我们国家现在的政治心态就是如此。国家正在逐渐转变看法,曾经认为学校是国家经济发展的主要驱动力,现在开始探讨学校是否应当更关注道德和社会问题。"阿斯托认为,我们应当重新定义学校。

"如果社会认为'学校的工作就是教好数学',这就意味着老师的思维被禁锢在了教室的四面墙中,而不会介入反对霸凌的领域。"他这样解释说。

我丈夫安德鲁在一所规模很大、学生很多元的公立高中教数学。跟阿斯托聊过后,我问安德鲁,遇到霸凌问题会不会插手。"嗯,"他想了一会儿,"有时候会。我会管理好班级,这样能更好地教数学,让孩子们学数学,因为这是我的首要考虑。"跟阿斯托说的一模一样。我把跟阿斯托的对话跟我的丈夫复述了一遍,他从来都很耐心,边听边点头。我告诉他,他教育的方法出了问题,反对霸凌才应当是他的首要任务,而不是教好数学。他全程听完,没有不耐烦,没有翻白眼。他的确听进去了,之后的几个月,安德鲁说他确实对于跟霸凌相关的行为有了更深的认识。

"今天,有个学生跟我说喜欢我的衬衫。"2011—2012 学年过了几个月之后,有一天安德鲁跟我说,"为了澄清不是在挑逗,他特意强调,'不是同性恋那种喜欢'。我告诉他,在我的课上不能这么讲话。"

"他怎么回复的呢?"我问。

"他很惊恐地看着我,问我是不是同性恋。"安德鲁说,"我说我不是,但就算我是,也没做错什么。"

预防霸凌领域的专家已经意识到,赢得老师的支持是对霸凌最好的预防措施。阿斯托认为,我们应当拓展教师的内涵。他阐释说:"霸凌在受学生尊敬的好老师的班里很少见,而更多发生在代课老师的课堂中,因为代课老师跟学生之间缺乏交流和沟通。看看运动场上、盥洗室里、走廊上、网络环境中——这些一般意义上的公共场所，成年人和孩子的比例达到1∶100——这就是霸凌发生的场所。如果我们在这些地方配备更充足的人员，就会减少霸凌的发生。在这些地方我们需要有能跟孩子深入沟通的人，不是简单的代课老师或者保安，而是了解孩子的好老师。"阿斯托问道，为什么在教室里我们要求1∶20的教师学生配比，但在课间却让孩子只能享受到1∶50的师生配比？课间时教师无法跟孩子交流，我们难道就付给他们最低工资？他建议，课间也要把学生们组织起来。如果课间时孩子们无组织无纪律，行事不考虑后果，缺乏管理，这时我们还期待他们跟课堂上有着同样的表现，是不现实的。

新泽西州（New Jersey）对学校进行了整改，以推行反霸凌课程。正如前面提到过的，新泽西实施了一项很严格的反霸凌法案，要求所有公立学校都要采取全面的反霸凌措施，增加教师培训，严格缩短上报霸凌事件的期限。这项法律授权每个学区在每所学校任命一个安全团队，由老师、教职工和家长组成，负责审议投诉，同时也要求校长在霸凌事件发生后一个工作日之内展开调查。有些学校员工抗议，说这些要求不合理，声称他们既没有经费，也没有时间来执行这么严苛的反霸凌举措。但支持者说，只有这样才能改变学校的文化[4]。目前还看不到新泽西州的立法是否有效，但学校管理层任务繁重，努力达到"不让一个孩子掉队"的要求已经使他们焦虑不安，对待反霸凌运动的抵触情绪，也没什么好惊讶的。

我扮黑脸跟阿斯托唱反调，指出老师——这群早已筋疲力尽、捉襟见肘的人——只能利用午餐和休息时间来做这项工作。我还问，学校该到哪里找经费支付老师工资。阿斯托答复说："这还是要追溯到整个社会对于学校的定义。如果学校的目的是创造一个关怀的环境，那么这些事情就成为学校工作的中心议题。"这需要学区和学校董事会、立法者和家长的参与——这是个社区范围内的任务。一个充满关怀的学校是不会放弃预防和制止霸凌的。

去宣讲关心爱护霸凌者很容易，但现实中，很难把爱聚集到某些孩子身上。现实很残酷，有行为问题的孩子往往令人讨厌。哪个班里如果有个总爱霸凌他人、打扰他人的孩子，问问班上的老师吧，老师会说，如果这个孩子不在自己的班上该有多好。就像每个学生都想上某些老师的课，也有某些学生，哪个老师都不想教。孩子刚上小学的时候就会发生这种状况。我跟老师们聊过，他们说，有时候觉得一年级的某些孩子已经无可救药了。如果一个7岁的孩子无药可救，高中老师又怎么可能改变孩子呢？各地的老师都被这个问题困扰着。年纪这么小的社会成员就要被定性为无可救药，想来真是令人心碎。

米歇尔·凯利（Michael Kelly）是《学校的社会工作：证据充足的践行框架》一书的作者之一，他跟我强调，在一个健康的校园文化中，霸凌他人的问题孩子也会被爱。在不健康的校园文化中，霸凌者就被认为是坏孩子，我们害怕坏孩子。老师遇到讨人厌、有争议的学生时，要记住这个孩子不只是个有行为问题的孩子。这一点很有帮助。我还记得杰利·波普是怎么通过他们喜欢的嘻哈音乐与他们沟通交流，通过他们喜欢的歌来建立关系的。他之后借用了这种关系，试图跟孩子们谈未来。"在健康的校园中，"凯利解释道，"问题孩子能得到帮助，而不是被贴上标签；受害者也能得到帮助，而不是被无视。学校一直都在艰难地对霸凌问题做出回应，因为管理松散的学校中有很多孤岛，让人们觉得被孤立。我们需要采取更多措施，校长需要扪心自问：'我的学校应该是个什么样子才能不让霸凌现象发生？'"[5]

这个问题没有标准答案。世界各地的学校都面临着类似的问题，但没有什么手册可以提供解决方案。我跟《我的秘密霸凌者》一书的作者特鲁迪·路德维格谈到了很多学校采取的解决霸凌问题的杂乱无章的途径，她观察发现："我们学校中很多反霸凌的努力是无效的，原因就在于没有在全校范围内系统地加以解决。我见过学校墙上华丽的标语口号，但这改变不了学生的行为。我们需要把行为具体化，因为每个人对于什么是霸凌有着不同的看法。"路德维格见过很多学校——出事就尽快灭火，但这不是减少霸凌的有效方式。米歇尔·博尔巴就育儿这一话题写了二十多本书，完全赞同路德维格的看法。米歇尔告诉我："一次性的反霸凌集会是个严重的误区，我们需要持续的干预。新习惯需要至少重复21天才能养成，不是发一次传单，搞几天集会就可以的。"[6] 花三四天的时间让一个孩子改变自己残忍的为人处世方式是远远不够的，因为孩子没有把这种新行为内化于心。老师需要在一整个学年都强化尊重和宽容的信条。

就像罗恩·阿斯托所形容的，真正能跟学生们心连心的老师看到霸凌事件时，会立即停下手头的事，来处理霸凌事件。这就让孩子们知道，霸凌不被允许，也不容忽视。我记得有个叫达内尔的人曾给凯蒂写信，他也在课堂上鼓励学生要有同情心。达内尔解释说："我是个小学男老师，我打赌你在小学没怎么见过男老师。我很努力，试图拆除班级中男孩女孩之间的那堵墙。我鼓励男孩子穿粉红色衬衫，女孩子穿'星战'的衬衫。我自己也会穿粉红色衬衫，只要有人就此发表意见，我们就展开讨论。"创造一个有同情心的班级环境是需要时间的，但很多工作要做到前头。同情心是一种技能，一旦学生熟悉了去表达、分析情感，停止嘲讽、霸凌他人，就这些事件进行讨论就是一个更快、更自然的过程了。

老师如果从第一堂课开始就努力建构一个互相尊重的环境，整个学年就不用花太多时间管理一个难以控制、注意力分散的课堂。这是扎卡里·赫尔曼（Zachary Herrmann）的哲学。赫尔曼是埃文斯顿城镇高中的一名获奖数学教师，因在班级中创造积极的社会结构而闻名[7]。在斯坦福大学拿到硕士学位的赫尔曼告诉我："我觉得最重要的是，在教室中努力推动某些特定的行为和观点的同时，要意识到你其实是在积极地对他人投射某些文化价值观。哪怕是宽容、尊重这样的概念也有文化内涵，对于来自不同文化背景的人群来说有着不一样的意义。所以问题是，学校应当推行谁的文化？"赫尔曼承认，这是个很难回答的问题，充满了争议，人们的视角大相径庭。联想到美国的社会背景，他认为民主国家中实现积极参与所需的文化价值和观点至少是值得去传授的。他补充说："比文化价值和观点更重要的是对多元背景和经历的包容、对多元视角的理解，以及和他人进行文明对话的意愿。"

赫尔曼分享了自己的观察：所有课堂中的学习都是在一个社会环境中发生的，只有学生觉得安全，才能进行学习。"哪怕是认为在公立学校中进行性格教育、推行某种文化价值不合适的老师也必须承认，传统的课堂活动在互相尊重、彼此宽容的环境中开展会更为有效。"他解释说，"而且这常常意味着老师应当发挥更积极的作用，帮助学生培养这些技能和观点。"有了这个既教数学又锻炼社会技能的目标，赫尔曼在课堂中开展了大量的合作教育项目。

善于合作的学生在工作场所中更能取得成功，因为在工作场合中，他们或许需要跟不喜欢的人一起从事某些项目。斯坦·戴维斯是《大家所属的学校》一书的作者，他把学校环境比作工作环境。他告诉我："学校就是个工作场所，不是个玩乐的地方。你得跟自己不喜欢的人共事、合作，并友善地对待他们。我们在努力让孩子做好准备，让他们能够在工作上获得成功。如果工作时待人刻薄——比如拒绝跟黑人或者同性恋者一起工作——就会丢掉饭碗。"戴维斯认为，家长和教育者应当向孩子强调，所有人在学校里的工作就是学习。如果互相支持，就会有助于自己的学业。"说'你们所有人都会成为朋友'是撒谎，"戴维斯强调，"因为他们不会全都成为朋友。他们需要的是尊重和支持。他们需要学会跟不喜欢的孩子谈论公事。"[8]

我常常觉得学会闲聊是成年人必备的社交技能，但跟戴维斯聊过后，我意识到也要教我的女儿们学会这个技能。"凯蒂，安妮，"我好奇地问她俩，"你们跟不喜欢的人或者对你们不太友好的人会聊点什么呢？"

"我不跟对我不好的人说话。"安妮回答说。

"嗯，但假如你必须跟这种人聊天呢，因为在学校里她就坐在你旁边。你会聊些什么呢？"我坚持问道。

"你觉得我们的第16届总统是不是最棒的？"安妮这样说。

"多好的天气啊！"这是凯蒂的建议。

我们谈起了其他闲聊的方式，比如询问别人的周末计划，喜欢什么音乐或者电影，有没有宠物等。我们还玩了角色扮演游戏，姐妹俩因谁要扮演不好的人争执不休。我可怜的孩子们，总是要谈论诸如偏见、营销、媒体、霸凌和社交技巧的话题！每次我读到一本研究得不错的书，或者跟一位专家聊过，我都觉得必须得践行一下所学到的建议。我能看到将来某一天，我的女儿们坐在心理治疗师的办公室里，抱怨说母亲在写一本跟霸凌相关的书时，要把她俩逼疯了。有了这么多可以尝试的手段，我努力从各方取其精髓。显然，学校也在做同样的事情，每所学校都在挑选看起来最有效的办法。

安妮·柯里尔观察发现："不同的学校文化不同，政策不同。有些学校推行社交和情绪学习（SEL），有些学校进行同情心培训，有些推广积极行为干预与支持（PBIS），有些推行奥维斯项目；我们在拼凑各种方案，因为每个学校的情况都有所不同。我们达成了一些共识，应对霸凌现象需要校园的支持。校园文化要从底层开始转变。进行这种社会规范的训练能让孩子们看到大部分同龄人是不会霸凌他人的。一旦孩子们意识到这一点，霸凌现象就会减少。"[9]

美国各地的学校推出了数百个来自基层的精彩的行动计划，但我们需要警醒，如果校长和老师没有全心全意去创造接纳、包容的学校文化，就没有哪个项目能够获得成功。

我常常听到该领域的专家重复这一点。斯坦·戴维斯对此很警惕："关键的一点是，只有当老师每天都严肃对待霸凌事件，树立正面典型，建立良好的行为规范，让学生有所期待，强化当下对于积极行动的需求，这些行动计划才能真正纳入课程中来。如果不是每天持续加以干预，仅仅一个为期一周的一次性课程不会带来任何有意义的影响。"[10]作为父母，知道自己孩子的学校有预防霸凌的项目，比如"互相尊重的步骤"或者"积极行为干预与支持"——在凯蒂的学校中这两个项目都有，我们就很容易安心了。但我之前不知道这些项目每天是如何运作的，直到后来我见到凯蒂学校的校长，问了很多问题。她业务精通，带我了解了许多场景。如果孩子的学校有预防霸凌的项目，那就花时间真正了解一下相关政策和程序。如果老师和校长不能给予充分解释，那很不幸，可能这些政策有名无实，那么可以呼吁学校做得更好。

老师倘若没有行之有效的办法来应对霸凌现象，就更可能丢盔卸甲，半途而废。罗伯托是霸凌行为的受害者，他回忆说[11]："我记得上三年级的时候，老师的确是关心这件事情的，至少开始的时候关心。但过了一阵子之后，她觉得无能为力，就不再帮我了。我是班上唯一的墨西哥裔小孩，其他同学都是黑人和波多黎各人，他们都霸凌我。最后我转学了。"罗伯托的经历让他愤懑不平，记恨着那些霸凌他的孩子。"上高中后，我又遇到了那些孩子，情况一团糟。他们总是想跟我打架。老师们也都了解情况，但束手无策。所以他们干脆就什么都不做。"罗伯托现在有个小女儿，他积极行动，保证女儿在学校里不受霸凌。"现在的情况比之前的芝加哥公立学校好很多了。"罗伯托说。

学校从哪里起步？

如果孩子的学校里没有反对霸凌的举措，你又想要求学校把这件事情提上议事日程，可以看一下附录1，里面简单介绍了一些基于研究得出的有效办法。一个可行的方案是让学校践行一下附录1中某个或者某几个方案。在某些情况下，这些方案也互相仿效，组成元素很相似。威廉·波特（William Porter）是《在你学校反霸凌》一书的作者之一，他提醒我："研究表明，反霸凌的项目在小学执行，霸凌现象减少的幅度最大。这种水平在初高中是无法复制的。"其原因是，上小学的孩子还在发展关键的社交和情感技能，这些能帮助他们应对冲突。"这些孩子或许上了初中会真正运用这些技能，但技能学习的时间应当是在低年级。"波特强调说[12]。

学校可以从简单的评估开始，以评价学校霸凌现象的严重性。研究者设计了不计其数的调查问卷和调研方案，帮助校方理解霸凌发生的频率和严重程度，从而制订最有效的预防霸凌的措施。面对小孩子时，最容易的办法是把调查做成简短的"是"或"不是"的问卷。年纪稍大一些的孩子可以回答更细节的问题，比如不仅仅询问霸凌现象的发生，同时询问发生的频率和每次的严重程度。读者们可以参照附录2和附录3，一个是针对年纪较小的孩子，另一个是针对年纪较大的孩子。

警惕"专家"

霸凌研究者和教育心理学家多萝西·埃斯皮莱奇研究了全美所有学校主要的反霸凌项目，认为一个成功的预防霸凌项目所包含的三个最重要的要素是：（1）教师培训，（2）家长参与，（3）执行中对多媒体的运用。包含上述三种要素的项目更容易减少霸凌。霸凌现象一旦引起大量媒体的关注，这时学校需要警惕，不要盲目邀请反霸凌演说家，组织反霸凌集会，以及执行反霸凌项目。当焦虑的家长给学校施加压力，学校急于采取行动时，很多人和组织就会利用这一点，使反霸凌事业变得急功近利。没经验的人参与进来有害无益，谁说能立竿见影，就应当小心对待。改变学校的文化是需要时间的。

每个学校独特的基层方案带来的益处

林恩·迈克尔·布朗呼吁，让学生积极参与，创造出一个适合自己学校的解决方案，这可以代替学校的反霸凌项目[13]。她宁愿看到学校花更多精力支持基层的倡议，而不是顶层的方案。布朗解释说："关于性别和权力的对话，在不同的社区会以不同的形式交叉，所以通用的反霸凌项目是不可能在每个地方都获得良好效果的。我们需要了解不同的社区，从孩子着手，同时成年人也需要接受良好的培训，学会倾听孩子的想法，把孩子的提议纳入其中。"布朗担心，很多预防霸凌的项目没有意识到，对孩子加以管控虽然可以产生多种结果，但没有给孩子与同伴一起解决问题的工具。"孩子需要能够通过自己的经历，描述恐同和种族主义之间的差别，因为白人学校和黑人学校在种族主义和恐同这两个话题上有着不同的文化身份。正因为这些差异，全国范围内面向所有人的霸凌预防项目是不会起到好效果的。"

布朗认为，至于反霸凌项目，在学校里起到效果的是民权运动团队、同性恋—异性恋联盟和修复性正义裁决。她提供了一个初中的例子，其中民权运动团队就起到了很好的作用。她回忆说："一群六年级的小男孩，性格刚强，最后在学校里就恐同和类似'那太像同性恋了'的评论展开了讨论。男孩们意识到，他们在带来问题，所以就采取了行动。"最开始，他们在学校展开了一项调查，后来他们选了一天，让学校里的孩子保证再也不说"那太像同性恋了"，最后还就这个项目拍摄了一段视频。"这些小男孩，原来是总被关禁闭的那种，这次全都是自发去做，全心投入，致力于给学校带来改变。"布朗如是说，并指出惩罚这些男孩子无益于改变他们的行为。"男孩子们自己行动起来，想要带来改变，这才产生了新的气象。"

第十七章
社交和情绪学习

家长总听到教育者们探讨"社交和情绪学习"(SEL)的重要性。我跟凯蒂学校的校长谈起预防霸凌的事情时,反复听到 SEL 这个术语。到底什么是 SEL?我很困惑。同时我也不知道,有多少家长在听到孩子的老师用这个术语的时候,一边点头微笑,其实却是迷惑不解。如果 SEL 对预防霸凌至关重要,那我们这些没有社会工作背景、不理解什么是 SEL 的家长,该怎么帮助孩子习得 SEL 技能呢?让我们分解来看吧。

学术、社会和情绪学习协作组织(CASEL)是世界领先的关注社交和情绪学习的组织。1997 年,该组织通过确立社交和情绪能力的五个广泛领域,发展了社交和情绪学习的基本定义[1]。

• 自我意识——能准确评估自己的情绪、价值、强项和能力。

• 自我管理——能管理自己的情绪和行为,坚持不懈、战胜困难,建立并监控自己在实现个人和学术目标道路上取得的成就。

- 社会意识——展示出同情心和对他人的理解，能意识到并欣赏个体和群体的相同点和不同点。
- 关系技能——在合作的基础上建立并维持积极的关系，预防并有建设性地解决人际冲突。
- 负责任地做出决定——做出有建设性的个人和社会行为选择。

预防霸凌仅仅是好的社交情绪学习的一个组成要素。就算你的孩子不会卷入霸凌的关系中，也注定会经历社交冲突。这个时候，社交情绪学习就会产生作用，可以帮助孩子在学校和生活中顺利渡过难关，因为社交冲突在学前环境中就已经发生了。

在跟反霸凌的作者罗莎琳德·怀斯曼第一次对话的过程中，我问她有没有关于低龄孩子社交冲突的好书推荐。她告诉我："我之所以要重读一遍《女王蜂与跟屁虫》，原因之一就在于此。人们看到年幼的孩子间也有着深刻的友谊会感到很震惊，但实际上这很正常。我建议家长们在看到6—8岁的孩子经历痛苦的吵架，甚至闹掰时不要太惊慌。这就是孩子在经历社交冲突。"她继续解释说，我们基本上只是希望7岁左右的孩子能够在冲突结束后表达自己的情绪。"从发展的角度讲，一年级的孩子可能只会说一句'我很难过'，但这也是个不错的开始。"

怀斯曼告诉我，她10岁的儿子跟一个好朋友打了一架。"我问他：'你感觉怎么样？'我儿子说：'我觉得既愤怒又高兴。愤怒是因为他嘲笑我,高兴是因为我推了他一把,报仇了。但我并不知道我为什么会这么做。'"怀斯曼很高兴,因为几年前,儿子打架过后还不会表达这么多。"但现在,"怀斯曼高兴地说,"他在跟别人发生冲突的时候,学会了问自己问题。"怀斯曼建议家长们,"不要告诉孩子你会怎么做,而是要问问他们的感受。你的作用是为孩子奠定解决冲突的基石"[2]。

怀斯曼解释说,她想帮自己的小儿子成为一个情商比较高的人,很多开始认识到社交和情绪技能的重要性的家长都想这么做。截至目前,我从很多人口中听到过"高情商"这个词,我想更好地理解什么是高情商。这是与生俱来的吗?可以靠家长后天培养吗?我给《培养高情商的孩子》一书作者约翰·戈特曼打了电话,向他求教。他跟我聊到了一个叫作"情绪辅导"的技巧,家长可以用来帮助孩子学会鉴别并理解自己的情绪[3]。戈特曼把这种技巧描述为一种策略,可以"让孩子做出高情商的选择。教导孩子不要觉得孤立无援,有什么不顺心的事情,可以去找给自己进行情绪辅导的人说"。情绪辅导让孩子能与家庭价值观产生共鸣。戈特曼提醒大家,如果家长都是霸凌者,那就有些麻烦了。"但总体来说,"他有些懊恼,"忙于应酬的家长一般不会参与到情绪辅导中来。他们不屑一顾。"

戈特曼认为,预防霸凌的关键是在生孩子之前教会家长情绪辅导,以免抚养出霸凌他人的孩子。孩子一旦接受了好的情绪辅导,他们就会更有同情心,社交技能更好,但未必一定更受欢迎。他们能建立起更亲密的友谊，而未必一定有更多朋友。如果经过情绪辅导的孩子被朋友霸凌，戈特曼解释说，孩子更可能找到另一群有着相同价值观的新朋友，而不是继续在旧圈子里难过伤心。情绪辅导未必能帮助孩子不受霸凌，但能让他们不将所受的伤害内化。

戈特曼的研究显示出，孩子们在不同的发展阶段表达情绪的方式有着巨大的差别，这在预防霸凌中至关重要。在某个人生阶段中好用的技巧，在另一个阶段可能会不尽如人意。戈特曼进一步阐释："如果你还没上小学，你可以说：'我不喜欢你做的事情，我不高兴。我要告诉老师。'但如果你已经八九年级，处于中学阶段，还是这么说，就会让你被霸凌得很惨。你要装作自己不在乎，就像做了情感切除术一样。"初中的惯例是孩子不能太过招摇。青春期时又变了，戈特曼说，需要学会怎么整合和表达情感，跟真朋友吐露心扉，显现出真实的自己，因为个性的探索是青春期最关键的。这时的你应当善于谈论情绪。社会行为随着孩子发展的不同阶段会发生变化。接受情绪辅导的孩子情商更高。他们能学会在不同的阶段用相应的行为去帮助他们免遭霸凌的困扰。

怎么做情绪教练

情绪辅导包括五步，简单总结如下[4]：

1. 注意并感知到孩子的情绪。
- 家长应当感知到自身的情绪，以帮助孩子感知他们的情绪。担心自己情绪失控的家长会觉得这项任务更具挑战性，需要自己做些功课。

• 能够感知到情绪的人，在自己产生某种情绪的时候能够意识得到，辨认得出，对他人的情绪较为敏感。

2. 把情绪视作教育孩子或与孩子亲密接触的机会。

• 注意到自己和孩子身上轻微的情绪。未必要等到情绪加剧时才能注意到。

• 情绪刚产生的时候更容易承认，更容易帮助孩子自我平息。

3. 认可孩子的情绪。

• 做个有同情心的倾听者。

• 悲伤、气愤和恐惧都是正常成长过程中健康的一环。

4. 帮助孩子说出自己的情绪。

• 教孩子定义自己的情绪很容易。

• 定义情绪能够让不舒服、激烈的情绪变得可以被掌控，变得正常。

5. 帮孩子解决问题时要设限。

• 教育孩子，所有的情绪都可以容忍，但不是所有的行为都可以容忍。

• 不能仅仅因为生气，就可以随心所欲。

• 跟孩子一起解决问题：设限；辨别目标；头脑风暴寻找可能的方法；基于家庭的价值观来评估可能的解决途径；帮孩子选择一个问题的解决办法。

一个成功的情绪辅导案例

戈特曼帮我联系上了他的同事克里斯蒂娜·崔圣爱（Christina Sung Aie Choi），她是韩国首尔HD家庭治疗中心的建立者和主任，曾用情绪辅导的办法在韩国青少年群体中取得了卓越的成效[5]。崔圣爱描述了最初形势有多么严峻。"有22个孤儿，都是女孩，上八年级，行为很不规矩，而且蔑视权威。她们上学的唯一动力就是去打其他的孩子。我志愿去帮助，做的第一件事是真诚地尊重她们。"崔圣爱每天在教室前面正式地欢迎每个女孩。她使用的是韩式的表示尊重的礼仪。孩子们最初很尴尬，问："你为什么要这样？"崔圣爱也要求其他老师尊重这些姑娘，也培训其他的教职工学会情绪辅导。"四个月共处期间，"她说，"女孩们学会了尊重他人。与老师之间的关系有了巨大的转变，从原来的粗暴无礼转变为尊重关怀。她们彼此之间也从最开始的敌对、使用暴力，到一学期结束后变得互相尊重。"

崔圣爱带的八年级学生在这个过程中也取得了巨大的学业成就，平均成绩提高了二三十分，甚至是一百多分。"我通过多种方式对女孩们的行为进行了干预，其中情绪辅导是最基础的。"崔圣爱回忆说。女孩子尝试辨别、定义自己的情绪，她们学着以一种同情他人的方式来解决问题。"我们还做了心跳监测，孩子们在压力之下，心跳是不规律的，是'战斗或逃跑'的反应。但当深呼吸时，不到一分钟，心跳就更加规律。我们接下来会更平静地介入，以平和有效的方式解决问题。"崔圣爱每天早上花三分钟的时间让女孩们练习积极呼吸，为营造良好的学习环境做准备。如果哪天女孩们很吵闹，她就迅速改变学习模式，让孩子们玩游戏以集中注意力。

崔圣爱表示，起初90%的时间都用在治疗性活动上，只有10%的时间用在学业上，但她逐渐改变了这一时间分配。"整个学校的霸凌和暴力事件都在减少，这是一个班级的女生状态有所提升带来的效果。"女孩们现在上十年级了，仍然做得很好。崔圣爱自豪地告诉我："只用了一个学期进行干预，我们就改变了整个学校。"此外，还有22000个韩国、菲律宾、墨西哥、巴西和危地马拉的孩子在情绪辅导中获益。崔圣爱和丈夫——世界各地"男孩镇孤儿学校"的校长——在上述五个国家培训情绪辅导教练，帮助老师们学会情绪辅导[6]。受到尊重的孩子们也会报之以尊重。

教室中的同情心建构训练

专家们都同意，在学生们相互尊重、彼此抱有同情心的环境中，最不可能发生霸凌。霸凌者把受害者视为"它"，这让霸凌者心安理得地施暴。通过让孩子们建构同情心，孩子们就会把他人视作有价值的同类。为了教授同情心，我们需要让孩子们学会感受到"与众不同"的感觉。

我还记得自己是怎么在凯蒂确诊了弱视之后，学着培养同情心，做到与她感同身受的。每天，她戴眼罩之前都会哭泣抱怨，虽然我试着同情她，但她喋喋不休的抱怨和争辩总是让我败下阵来。不到两个月,我就开始因为她不听话训斥她了。后来,有一天早上,出于好奇,我决定让自己一只眼睛戴上眼罩,试试是什么感觉。

真是糟透了!我看不清楚,周边视野很差,没有平衡感,不舒服。大约五分钟之后,我就受不了了,把眼罩摘了下来。从此以后,我再也不会苛责凯蒂了。可怜的孩子,一戴就是几个小时,我才戴五分钟就受不了了。仅仅是戴上眼罩这种身体上的不适感就让我饱受折磨,而我甚至还没有经历凯蒂情感上的痛苦,她还需要忍受陌生人的注视。

一旦亲身体验凯蒂的处境,我的想法就变了。我为自己曾厉声斥责她"你就快点戴上吧"而感到愧疚。社工和老师会在课堂中进行同情心建构训练,让学生们设身处地体验到他人的感受,就像我戴上凯蒂的眼罩一样。角色扮演和模仿训练是个利器,能让孩子们培养同情心。同情心低下的孩子,如果没有相似的经历,我们怎么能指望他们感受到别人的痛苦呢?

下面是几个训练同情心用以解决霸凌问题的案例。

情境1

梅利莎上五年级,患有感觉障碍,脚尤其不舒服。梅利莎只能接受一双不太好看的棕色系带鞋。和她一起的女同学已经喜欢上了时髦的鞋,就会嘲笑梅利莎每天穿的鞋很丑,像小孩子的鞋。梅利莎和她家人很乐意能在班上做同情心训练,梅利莎也不介意表明自己的脚很敏感。

同情心建构训练

请一位社工,跟老师一起,告诉全班同学为什么梅利莎需要穿特殊的鞋子。接着,让每个学生都脱下自己的鞋子,给他们每人四颗弹珠,塞到自己的鞋子里去,然后左右脚的鞋子换过来穿。让孩子们在教室里走一走,问问他们脚舒不舒服。再让孩子们把弹珠拿出来,把两只鞋子穿到正确的脚上。最后让大家讨论,梅利莎如果没穿对鞋子,会有怎样的感受。

情境 2

小张上三年级,最近刚刚与家人一起从中国移民到美国。他很难在班上大声读英语课文,其他孩子都嘲笑他读不懂阅读理解的问题。老师和社工跟小张一家聊了同情心训练,小张也乐意这么做。

同情心建构训练

给学生发一小段故事文本,通篇先用中文写两个字,接着用英文写一个单词。让他们大声朗读这段故事作为测试,问问他们有什么感受。鼓励他们跟小张一起,弄明白这个故事的意思,然后全班一起,团结协作,根据这个故事画一幅画。

同情心建构训练是为了让我们感受到他人的沮丧和不适。同情心训练的风险之一——尤其是梅利莎这个例子,是当事者会被同伴视作"异类",而她这种身体状况则不幸变成了她的身份。为了避免这种事情发生,引导学生进行同情心训练的时候，要跟学生强调，大家的共同之处是大于彼此之间的差异的。训练的目标是让学生体会并同情彼此的难处，但同时也要找到共通之处。当指出梅利莎的脚很敏感之后，老师可以帮着梅利莎和班上同学一起，发现彼此之间共同的兴趣点和相似之处。在学校做同情心训练之前，老师和社工需要跟当事人及其家人聊一下，以便评估他们的兴趣，并征得同意。

同情心训练可以在课堂之外继续进行。最好的习得同情心的地点之一是餐厅，因为研究表明，在学校餐厅中更容易辨别出社会组织。"教授宽容"是南部贫困地区法律中心开展的一个项目，其中发展起了一个包容性的计划，叫作"全国午餐日齐聚首"。计划主要是为了应对午餐时发生的霸凌事件。参与这个计划的学校会进行很多准备活动，活动的高潮是孩子们坐在多元的群组中一起吃午饭[7]。

第十八章

霸凌者也痛苦

孩子们总是在不同的环境中成长。家庭是其中之一,还有学校、社区和同伴组成的小圈子。最好是在家庭、学校、媒体和社交场合,即所有环境中都反对攻击他人,从而使霸凌行为影响最小化。如果这不能实现,劳拉·哈妮诗建议说,我们就需要创造尽可能多的支持孩子成长的环境,教会他们解决冲突的途径。越早做越好。哈妮诗说:"一个16岁的孩子,一直以来都饱受欺凌,要想去改变他是很难的。但三四岁的孩子干预起来更容易,这会改变孩子的人生发展道路。"[1] 首要的是尽早辨别出霸凌行为,以便进行干预协作。

棘手的是弄明白该运用何种干预手段。停学、开除——仅仅是将牵涉霸凌行为的孩子从一个群组中踢出去无济于事。这不但让孩子日后无法适应社会环境,而且这些惩罚性的措施避开了霸凌真正的心理学因素。2001年,一份由基尔斯蒂·库帕莱南(Kirsti Kumpulainen)等人所做的研究发现,13%的霸凌者和18%的霸凌受害者都确诊了抑郁症[2]。这说明有攻击性的孩子也常常深陷痛苦之中。

抑郁症和霸凌之间的联系不可小觑。一份关于过去30年间校园枪击案的研究显示：79%的袭击者尝试过自杀，或者有过自杀的念头；61%的袭击者曾严重抑郁[3]；约67%的袭击者在进行枪击之前，都是霸凌的受害者。这对于霸凌干预工作的启示就是，任何应对霸凌的项目都要包括对霸凌者的精神关怀。

没有足够的、有效的心理关怀，霸凌他人的孩子可能会在长大成人之后持续经受着精神伤痛。亚瑟就是这样，这个高个子男人语调轻柔，跟我讲述了自己攻击他人的故事[4]。"我小时候是个小霸王，"他承认说，"我会用言语攻击他人，也会发生肢体冲突。我会把别的孩子推来推去，对弱小的孩子拳打脚踢。我小时候是个大块头，霸凌他人让我感觉良好。"亚瑟停顿了一会儿，回忆说："而且，酷酷的孩子也不会找我的麻烦。从某种意义上来说，他们是赞同的。说实话，霸凌他人能给我带来快感。"从霸凌中获取快感的孩子其实可以将自己对刺激的需求转移到其他更健康的活动中去。如果孩子霸凌他人是为了刺激，那家长可以跟孩子一起，寻找其他的宣泄口。让孩子知道，锻炼过后会产生内啡肽，用吉他弹奏一首很好听的歌曲之后也会得到一种强烈的满足感。或许孩子也可以开始每天坚持听音乐，消耗掉一些能量。选择多得很——烹饪课、瑜伽、武术、滑雪、打篮球、绘画、编织，这些都可以在高危孩子身上取得积极的成效。

亚瑟那时候没有找到其他发泄情绪的方式，只好继续霸凌他人。9岁时，学校告知他的家人，亚瑟需要进行治疗。亚瑟在一年的时间里每天都去看治疗师,学校认为这样就可以了。他坦白说,自己没觉得这个治疗很有效,因为他在高中还是继续霸凌其他孩子。这其实是心理治疗的问题之一:不是所有的治疗师都技术娴熟,不是所有的病人都能找到合适的治疗师。有些人在接受心理治疗的时候能解决自己的问题,但有些人并无进展。如果孩子接受了治疗,但你看不到进展,那就跟治疗师谈一谈,参与进来。除了个体咨询之外,家庭治疗也是必要的。

在亚瑟的例子中,他的家长知道他一直都在攻击他人。"五年级的时候,我有一次带了一把弹簧刀去学校。"亚瑟回忆说,"我没有真的要用的意思,只是打算吓唬一下别人。校长看到了,我被停学了几天。每次我被抓到霸凌他人,干预措施都是惩罚性的,但没有用。从来没有人在我身上试着进行一些积极的干预。我上高中之后,其他同学也开始霸凌我,我不喜欢这种感受。我这才开始看到事情的真相,但我那时候还是没有真正改变。我霸凌他人的次数稍微减少了,找到了另外一种方式来寻求快感——我吸了很多大麻。"亚瑟通过吸大麻来自我治疗,对此我并不惊讶。他深陷解不开的苦痛之中,不从霸凌中寻求慰藉,就只好从吸毒中寻求慰藉。有些孩子会喝酒、抽烟,或者过量饮食,道理是一样的。

亚瑟希望过一种更好的生活,于是他去大学读了心理学的专业并获得了学士学位,接着又获得了硕士学位,研究学习障碍。虽然学业上取得了成就,但他还是极为不开心。"开始攻读教育心理学博士学位的时候,我意识到,自己原来如此悲惨，于是决定接受成年人的心理治疗。这一次收效显著。"亚瑟说，"我终于理解为什么自己曾经是个差劲儿的霸凌者，自己心里也终于好受些了。现在我拿到了博士学位，我的工作就是帮助问题孩子，让他们在学校发挥最大的潜力。"亚瑟寻求并接受了足够的心理治疗，生活得很有意义。但如果20年前也能有人帮他，让他和被他霸凌的孩子们都免遭数年的痛苦，那就更好了。亚瑟的学校做得还不错的是，他们注意到亚瑟的攻击行为之后就采取了措施，要求他去接受心理治疗，但这还不够。童年时接受的心理治疗既没有伤害亚瑟，也没有给他带来有益的帮助。有个问题是心理治疗后缺乏机制来加以跟踪，这让亚瑟重新回到了原来的轨道，继续自己的攻击性行为。

我们知道，有一些干预措施会带来痛苦，学校要避免用这些措施，这很关键。"霸凌者和受害者之间的同伴调解是个大忌。"《北美学校的霸凌》一书的编辑多萝西·埃斯皮莱奇解释说，"因为在真正的霸凌者—受害者的动态关系中，没有什么是可以调停的。霸凌者运用自己的蛮力来伤害受害者，任何试图调解的努力都会让受害者的情况更糟。"[5]还有一种需要避免的干预方法是把霸凌者聚集到一起，形成一个互助小组。这种办法会增加他们的攻击性行为，因为他们希望自己比其他霸凌者更强势，来树立自己的权威[6]。

其他对于霸凌者做出的反应，比如"零容忍"政策，即触犯者会被学校开除，也是失败的政策。对霸凌者进行严厉惩罚——比如开除，会导致受害者甚至学校的教职工不愿上报霸凌事件。"奥维斯霸凌预防项目"的总负责人苏珊·P. 琳波（Susan P. Limber）告诉我："零容忍在最开始对于政策制定者来说似乎不错——对霸凌零容忍，但这对于不同的人来说意义不同。随着时间的流逝，每个人都能学到自己的人生一课。开除学校里的霸凌者无济于事。"[7]事实上，恰恰相反，研究表明，停学的学生将来更容易行为不端，并继续停学[8]。

通常情况下——当然不全是，有霸凌行为的孩子的家庭成员也会相互霸凌。这种从家庭中习得的攻击性行为又被媒体强化了。芝加哥洛约拉大学心理学副教授戴维·施里伯格（David Shriberg）跟我谈起了几种实际上是在教孩子霸凌的教养风格[9]。"极端的教养风格，比如专制、军事化管理模式，会把孩子拒之门外。如果这样来管教孩子，用暴力和情感上的攻击性方法来保证孩子言听计从，其实是在标榜霸凌行为。孩子会学到，为了得到想要的东西，就要控制别人。"不要培养霸凌者最好的办法就是自己不要做霸凌者，但很多家长自己曾经历过严重的关系失衡，这种状况在动态中不太可能发生改变。

我们要把霸凌他人的孩子留在学校的亲社会环境中，而不要因为霸凌行为让其停学，很关键的原因就是有些孩子在家庭中找不到榜样。跟灾难性的家庭环境做斗争，孩子或许有时会感到绝望，但如果学校这个环境真的尽心负责，那么在学校度过的时光是可以给孩子带来很大改变的。我们需要手把手地教会这些孩子怎样对待他人，就像教他们学习知识一样。有时候，仅仅是指出好朋友和坏朋友的差别就能帮助一个孩子识别自己的哪些行为需要改变。特鲁迪·路德维格在童书《一个霸凌者的忏悔》中提供了这样一个简易的表格,可以帮孩子评估自己的行为[10]:

好朋友	坏朋友
欣赏你本来的样子	羞辱你以吹捧自己
让你选择自己的朋友	告诉你可以跟谁做朋友,不可以跟谁做朋友
欢迎你加入他们的小组或者活动	不让你加入他们的小组或者活动
对他们的朋友说你的好话	散布谣言,发送关于你的恶意的电子邮件和短信
幽默但无害	经常会说"只是开玩笑"或者"没有冒犯你的意思,但……",背后隐藏着伤人的意思
让你感受到接纳和安全	让你觉得被排斥、不安全
你有问题的时候跟你一起解决	拒绝承认自己做错事了,而且一直这么做
让你觉得一直都值得信赖	时而友好时而刻薄
真正想跟你一起出去玩	跟你玩是因为没有更好的玩伴可选

Text copyright©2010 by Trudy Ludwig. Used by permission of Tricycle Press,an imprint of Random House Childrens' Books,a division of Random House,Inc.

通过练习,孩子们能够大幅改善对待他人的方式。玛丽亚在孩童时期也霸凌他人,但经不断努力,最终能够友善待人。她跟我解释道:"我霸凌他人的时候,是因为管不住脾气,不是总是想伤害对方。事后我总是觉得内疚,我不希望自己的行为受脾气支配,所以就努力学着控制情绪。随着慢慢长大,我做得越来越好。我觉得是自己不愿意内疚下去的想法,让我停止了肢体上和精神上对他人的霸凌。我不是个坏孩子,我只是需要学习。"

玛丽亚觉得自己的霸凌行为是因为坏脾气,但芭芭拉·克罗卢梭提出了其他原因。克罗卢梭告诉我:"霸凌不是因为怒气,而是出于蔑视。蔑视他人的孩子有三个特征,让他们没有同情心,霸凌他人而不感到羞愧:(1)有强烈的权力感,(2)不能容忍他人的不同,(3)觉得可以排斥低等的他人。"[11] 玛丽亚霸凌他人或许是因为脾气很大,但也可能是掺杂着对他人的蔑视。霸凌有不同的程度,玛丽亚跟其他情节严重的霸凌者不一样,她在做出攻击性的行为之后会感觉羞耻和歉疚。玛丽亚接受了良心的不安,并以此作为一个强有力的动机,来培养新的习惯。

我收到了一封来自一位叫罗斯的澳大利亚人的电子邮件,当时我就想到了克罗卢梭关于霸凌是因为蔑视他人的说法。罗斯也曾经霸凌他人,他想让我知道,凯蒂的故事激励他写下了这段忏悔的文字[12]:

> 初中第二年,不知道什么原因,我就是不喜欢低我一级的一个学生。当然他在某些方面也跟别人不太一样。我总挑事。记得有一天,我把他惹急了,他爆发了,也

开始攻击我，打了我一下。我气恼不已，追在他后面给了他一拳。老师过来，把我俩拉开了。当时的我还是自负得很，生气地指责他打了我。但其他学生很快就说出了真相：我才是那个煽风点火的人。由于我口碑也不咋样（是不是很讽刺？），所以我就惹上了麻烦，在老师那里原本就不太好的名声一降再降。受害者继续过自己的生活，我在那之后也没有再惹他了。

之后那几年，我也没怎么想到他，直到有一天，我妹妹告诉我，这个年轻的学生试图自杀，部分原因是大家都"痛恨"他。

这个发现让我哑口无言。我也欺负过他，致使他走向了自杀的边缘，哪怕是后来我有几年的时间没再招惹他。那时候我已经上高中了，有一年多没见过这个孩子了。但天啊，我真是太愧疚了。

得到这个消息的第二年，他跟我上了同一所高中。我特别留意，每天跟他说"你好"。他脸上既如释重负又心怀感激的表情让我更难受了。出于歉疚，我每次在学校看到他都跟他打招呼。最后，我做这件事终于不是因为愧疚，而是已经习惯成自然了。我们变成朋友了吗？也没有。但我觉得他也很感激，知道至少周围有一个人在做出努力。我每次跟他打招呼，他都报之以一个露出牙齿的大大的笑容。

这是 30 年前的事情了。我不知道现在这个年轻人在哪里，在做什么。我希望他一切都好。当然可能他生活得比我好。但我希望自己没有忘记他不经意间给我上的这一课，我希望我自此以后再也不挑事了。

罗斯由于对他人的蔑视和自卑，挑了一个跟别人不一样的男孩子来欺负。跟玛丽亚不一样，罗斯不是在霸凌他人之后立即感到愧疚的。罗斯可能比玛丽亚有更强的权力感，这让他在很长一段时间内没有良心不安。距离和年龄增长让他内心柔软，后来听到男孩尝试自杀的消息，让他真正感到了懊悔。这是罗斯区别于其他霸凌者的地方——他意识到了自己行为带来的后果，真诚的悔恨激励他去自觉改变对待他人的方式。亚瑟、玛丽亚和罗斯都是人们做出改变的好例子。但不幸的是，不是所有的霸凌者都能感受到真正的悔恨。路德维格说："有些孩子来到这个世上，成长过程中就没有在内心形成一个道德的罗盘。我告诉这些孩子：'就算是你不觉得伤害别人有什么错，也应该为了自保，尊重他人——万一哪天被你霸凌的孩子拿着枪来找你呢？'"[13]

在某些例子中，霸凌他人的孩子在生活的各个方面都需要帮助。华盛顿小学采取了"积极行为干预与支持"（PBIS）、"尊重的步骤"、"第二步"等举措预防霸凌，学校中有几个"三级"（个性化干预层级）的学生，极有可能产生攻击性的行为。对于这些学生，华盛顿小学实施了"全聚拢项目"。学校的校长凯特·艾莉森解释说："'全聚拢项目'意味着家庭、学校和社区全部聚拢在孩子周围，提供支持。如果能增进家校之间的联系，我就会去家访，老师和社工也会去。在学生的家庭环境中增进与家人的联系有着特殊的价值。"

"全聚拢项目"是由孩子的家庭来驱动的，家人可自主选择他们想要得到帮助的人。比如，某个男孩的家人会选择孩子、家人、基督教青年会（YMCA）、学校、教会、一位社工、一位老师、一位行为专家和校长作为项目的参与方。"我们跟孩子见了面，聊起了他的优势和需求，以及怎样才能满足他的需求。"艾莉森说，"在我们的要求下，埃文斯顿社区真的行动起来参与其中了。"在华盛顿，"全聚拢项目"的参与方每六周碰一次面，评估一下数据，看看目标实现得怎么样。学校在2010—2011学年针对霸凌高危学生开展了四个"全聚拢项目"，都收到了良好的效果。艾莉森告诉我："只要有需求，这种项目就会进行下去，在华盛顿可能会持续孩子整个学业生涯。"[14]

第十九章
正确回应受害者

你的小孩子可能会抽泣着来找你,说其他孩子都欺负自己。或者上初中的孩子,每天都抱怨头疼,求你让他待在家里,但你知道,这是因为他在学校里遭受了霸凌。或许孩子上高中了,开始焦虑地查看自己的短信,花很长时间看电脑,哭红了眼,这时你怀疑她遭遇了网络霸凌。如果孩子行为举止很奇怪,你知道可能在别的孩子眼里他"很烦人"。那么该怎么办?我们该怎么做?

有一位妈妈写给我这样一段话:"我儿子有高功能自闭症和多动症。他从幼儿园开始就被霸凌。有个幼儿园的孩子让他脱掉裤子,在操场上撒尿,然后让另一个孩子当着所有孩子的面打他的屁股。要让那些霸凌者住手很难。我儿子杰现在12岁了(成熟程度相当于8岁到9岁),希望能通过幽默来避免霸凌。被公众忽视的一方面是,有时候,受害者的行为基本上总是会导致霸凌。我不是在责备受害者,我只是觉得有防霸凌需要的孩子应接受社交训练。比如,杰基本上总是滔滔不绝,说的东西听起来很奇怪(尤其如果不是特别了解他的话）。"

杰的妈妈提出了一个很复杂的概念——孩子会因为跟他人不同而"招来"霸凌吗？霸凌领域的专家斯坦·戴维斯正跟这种想法做斗争。他充满激情地跟我讲，我们不应当把责任归到受害者身上，坚持说："我们作为社会的一员，应当停止这种成年人的想法，那就是如果有人对你做了什么事，那是因为你自己做错了什么。成年人觉得被他人招惹的人，要么太忍声吞气，要么太惹人烦。如果我们本着这样的思路去对待孩子的倾诉，那我们就有麻烦了。"戴维斯评论说，警方曾经就用这种心态对待强奸案件。警方会询问被强奸者的穿着。"我们到处游说，改变了这种思维方式。"他说，"当然了，这是一项考验，但最终成功了。现在警方不会再问强奸受害者，'你当时穿的是什么衣服？'。同样，对于霸凌我们也需要这样转变思路。"戴维斯强调，行为尖刻是为者之过。"我告诉一些孩子的父母，孩子受到嘲笑，是因为有人觉得嘲笑与自己不同的人没什么不可以，而不是因为孩子的社交方式令人尴尬。这就需要一个观念上的深刻转变：嘲笑这种行为让我们看到了嘲笑者的面貌，而不是被嘲笑的人是什么样子。"[1]

通过移除对受害者的责备，我们把关注点转向了霸凌者，开始教授他们同情和怜悯。这个转变不简单，对于受害人群的自信心有着长久的影响。如果家长和老师都认为，霸凌是因为受害者行为怪异所招致的，那我们怎么才能让受害者相信自己没做错什么呢？这并不意味着我们应当放弃教举止怪异的孩子学会参与正常的社交活动。成长的过程需要孩子和成人一起处理社会动态关系。有自闭症、注意障碍、多动症和其他障碍的孩子需要高强度的协助，来培养社交技能。有些孩子没有任何确诊的疾病，但仍然很难去契合社交场景。在理想的课堂中，应当鼓励有社交障碍的孩子去发展社交技能，且应当鼓励能够熟练社交的孩子包容他人，而不是横加评判。

"我的社交雷达关闭了。"乔西向我坦承，她在交友方面遇到了很大的困难[2]。从二年级开始，乔西就在社交场合挣扎，其他学生总是嘲笑她不会社交。到了五年级，她总是受到恶毒的嘲笑。乔西回忆说："吃午饭的时候，带头挑事的人就会说，'好，乔西，你转过身去。觉得乔西很胖的请举手'。这种情况真是糟透了。"乔西的同班同学还玩了一种游戏，叫她"美杜莎"，一看到她就一动不动，装作被石化的样子。"你不属于这个集体"的声音大而清晰。乔西的妈妈试着跟老师讲，而老师却说自己的工作就是上好课，不是当保姆。"我不知道怎么才能加入一个群体。"乔西告诉我。

我问米歇尔·汤普森怎么才能对举止怪异、不合群的孩子进行社交技能的训练，但同时又不让其觉得我们是在责备他们。他回答说："学校里受孩子们欢迎的咨询师应当邀请缺乏社交技能的孩子加入友谊小组。如果孩子能加入有受欢迎的咨询师在的友谊小组，就表明不是在责备这个孩子。培养社交技能是直接的学习，可以在这样一群人——咨询师、其他缺乏社交技能的孩子和来自其他班级的热心肠的小孩子王——中进行学习。"[3]

但不是所有被霸凌的孩子都缺乏社交技能。有时候，孩子被同伴欺负，仅仅是因为他们长得不一样，或者来自不同的家庭及社会背景，这种时候他们需要的就不是社交技能训练了。家长看到孩子受欺负，都会感到无助、焦虑，不知如何是好。芭芭拉·克罗卢梭因其预防霸凌的专著举世闻名，她在《霸凌者、受害者和旁观者》一书中给家长提出了清晰的建议[4]：

不要这么做：
- 不要最小化、理性化霸凌者的行为并为其辩解。
- 不要急匆匆地为孩子解决问题。
- 不要让孩子躲避霸凌。
- 不要让孩子回击。
- 不要单独质询霸凌者和霸凌者的家人。

告诉孩子：
- "我听到了；我跟你站在一起；我相信你；你不是孤身一人。"
- "这不是你的错。"
- "有一些事情是你可以做的。"

接下来：
- 将霸凌行为上报给学校教职工。
- 手写下事实依据，会面时带去。

我想到自己曾在校园里质问杰克为什么叫凯蒂小猪，意识到我违反了"不要做"事项中的第五条。多希望自己那时候能知道这一路走来所学到的这些！关于上报学校，很多学生都害怕告诉家长自己被霸凌了，因为他们害怕别人叫自己"爱打小报告的人"。有时候，孩子跟父母坦白，前提条件是父母要保证不告诉老师。害怕别人叫自己"爱打小报告的人"是有效预防霸凌现象中一个强大的抑制因素。斯坦·戴维斯与查理斯·尼克松（Charisse Nixon）共同做的研究显示，遭受了中等程度、严重，以及非常严重的霸凌的学生中，只有42%的学生上报给了学校教职工。这些报告了事态的孩子中，只有34%的学生说处境有所改善。实际上，有29%的学生说上报之后事态恶化了，这个数字令人震惊[5]。

戴维斯指出："我们到处都在教孩子不要告诉大人自己受到了不公正的对待。特殊教育中有的老师也告诉孩子，他们不会听打小报告的学生的话。我想到一个类比：你看到有人在高速公路上挥手，便打了911报警。警察说：'你是不是就想给那个人惹麻烦？'"戴维斯呼吁，学校应当改变思路，告诉学生上报真相是好事情。而且，老师要让攻击者明白，他没有理由因为受害者告诉老师而生气，因为是他选择待人刻薄的。

戴维斯强调，害怕被冠以"爱打小报告的人"这一称呼的恐惧根深蒂固，他告诉我："在一份全国范围的调查中，50%的孩子说，如果他们认为明天学校会发生枪击案，会告诉家长。注意，只有50%。其余的孩子都害怕背上'爱打小报告'的罪名。为了与这一现象做斗争，我们在学生报告其受到伤害的时候可以做以下事情：（1）要欢迎孩子报告，高效处理，一定要尽可能不让事情再次发生；（2）收到报告，应当明白受害者需要我们的扶持，我们要检查一下，看孩子是不是觉得事态有所改善；（3）我们的工作就是让孩子觉得在学校中能够跟他人沟通交流，保证其他孩子在学校中跟受害者一起玩耍。"[6]戴维斯与他人一道，为建立更加关怀、更有同情心的校园而努力着。

"青年声音"项目是戴维斯和同事查理斯·尼克松一起建立的，这是首个就美国校园减少同龄人虐待策略有效性征求孩子意见的大规模研究项目。戴维斯和尼克松相信，他们的发现应当能够帮助教育者、家长和年轻人运用有效的预防和干预措施以减少霸凌。至目前为止，从五年级到十二年级共13000名学生接受了调研。结果显示，有些成年人给出的很常见的建议，孩子们觉得"没用"，有时候甚至"有害"[7]。为什么这么多专家都在给出没用的建议？想到我们都在寻求专家的意见，真是很恐怖。我问戴维斯对此事有何看法。

"我们做这项研究有两个原因。"戴维斯解释说，"首先，我们担心大家给孩子提的建议只是成年人认为的有效方法。"他指出，孩子跟我们的生活环境不一样，成年人给出的建议是基于自己的记忆，这是不准确的。"第二个原因，"他继续说，"是我们希望摆脱成年人都是专家这个看法，希望问问孩子什么才能帮到他们。"很多反霸凌项目都建议孩子让霸凌者"住手"，但这项调研显示，孩子们说让霸凌者"住手"只有在20%的情况下才奏效。戴维斯强调说,说"住手"在80%的情况下没用,说明我们该尝试一些新方法了。因为数千名孩子分享了自己认为有效的方法,戴维斯和尼克松希望能把这些信息传播出去。最重要的一件事是,要记住,接受调研的孩子都是五到十二年级,所以研究的结果最好是应用在10岁以上的孩子身上。

在"青年声音"项目中,受调查的学生几乎都认为,下面这些方法最有可能产生帮助[8]:

- 跟家里的成年人说。
- 跟学校的成年人说。(认为此法有效的百分比在不同学校之间拉开了差距)
- 拿这事开个玩笑。
- 告诉朋友。

而以下这些办法最有可能帮倒忙[9]:

- 跟霸凌者打一架。
- 制订计划,报复回去。
- 让霸凌者住手。
- 什么也不做。
- 告诉霸凌者自己的感受。
- 走开。
- 假装这件事不足挂齿。

基本上致力于从他人获取帮助和支持的办法都能取得积极的效果,而试图改变霸凌者行为的手段都帮了倒忙。认为"告诉学校里的成年人"有用的学生只比认为没用的学生多一点点，而且这很大程度上取决于学校里的成年人怎么处理学生上报的情况。成年人应当怎么应对孩子的报告呢？据受到伤害的学生说，以下这些成人的做法最可能改善其处境[10]：

- 倾听我的诉说。
- 之后跟踪检查，看看霸凌行为是否还在继续。
- 给我提建议。
- 成年人持续一段时间的监管。

而以下这些学校中成年人的行为最有可能让事态恶化[11]：

- 让我别再打小报告了。
- 让我自己解决。
- 告诉我，如果我能改改自己的做法，就不会遭到霸凌了。
- 无视正在发生的事情。

倾听似乎是最好的慰藉，我们可以教会育人者，不要评判，学会倾听。有时候，要做到简单的倾听很困难。我发现，在女儿不高兴的时候，我很难做到只倾听而不提建议。作为家长，我们很难压制自己想去"修正"错误的强烈欲望，我记得自己曾冲母亲抱怨一个问题，母亲问我："你想让我做什么？"而我通常都会回答："我不想让你做什么事，让我自己嚷嚷一下就可以。"现在身为人母，孩子受到伤害，我却觉得非得做点什么不可。仅是倾听感觉好像不够，虽然这已经足够了。

除了倾听，表示理解，我们还能怎么帮到霸凌的受害者？我们在受害者和专家口中都常常听到一个说法：找一项课外活动参加。乔迪·布兰科（Jodee Blanco）也曾遭受学校中的霸凌，现在是畅销回忆录《别再嘲笑我》的作者。他告诉我："我给家长提的一项最主要的建议就是让孩子参加一项课外活动。这能让孩子找到另外一条保险绳。千万不要跟孩子说'他们欺负你是因为他们嫉妒你'，这是老一套。不要这样说，这样会伤到孩子。做些有用的，做些必要的，让孩子参加一项能帮到自己的课外活动。"[12]

找到合适的发泄口可以改变孩子整个求学的经历。在这一点上，维斯·肖克里就很幸运。他从童年早期直到高中一直遭遇霸凌[13]，他跟我解释说："高一时，我在等公交车的时候，总有一个学生找我麻烦，其实从初三就开始了。我也不知道自己是哪一点吸引了他的注意力。他总是推我，威胁我。"有一天，一位旁观者出手相助，把肖克里拉到一旁，给他加油鼓劲儿。肖克里回忆说："他跟我聊了一会儿，让我自信一点，维护自己。他学习了柔道，这让我很感兴趣。那个夏天，我开始在我家附近学习跆拳道。后来上了高二，那个霸凌我的人又开始了。我跟教练说了起来，他说他会教我'只防御'，不激怒别人，不挑事。"

肖克里的教练教了他一些防御性的动作，他也跟肖克里的父亲说了这个情况。此前，肖克里觉得太难堪，没有跟家长吐露真相。这也让他和家长第一次公开谈论起自己经历的困难。肖克里接着说："上学第二天，那个霸凌者又开始惹事，我决定表明立场。他刚一推我，我就摆出了防御的架势。这让他吃了一惊。犹豫了一会儿，他觉得我不值得他浪费时间。这反倒让我很惊讶。后来我意识到我成功了！我一拳都没有打他，竟然就实现了自我防御！"肖克里愈加自信了，"我腰板更直了，也开始广交朋友，敞开心扉，交到了很好的朋友。"如今，肖克里是个技术娴熟的武术教练，教霸凌的受害者们学习防御术。

如果孩子总被他人进行肢体上的攻击，生活在被袭击的恐惧之中，你该怎么办？家长怎能忍受看着孩子一直处于焦虑之中？有一些方法可以让处于危险中的孩子学会自我防御，而不受身体伤害。这不是说我们要教孩子"人若犯我，我必犯人"，而是孩子们应当采取所有可能的措施，让自己脱离险境。事实上，如果被逼到校园的一角，就要挨打了，最好是知道怎么才能保护自己不受严重的身体伤害。想到自卫，我问肖克里，家长怎么才能帮助脆弱的子女。"给父母最好的建议，"他说，"是找一家不错的武术学校。学习防御需要花时间，最难的是找一所好学校。其他不用我多说。"他提醒大家："武术项目不受联邦政府管控。在这个培训市场中，家长要谨慎。"肖克里建议："关键是观察一下教练。教练是在乎自己的形象多一些，还是更愿意帮助他人？是不是按照日程表上课？看起来是不是像个霸凌者？"他建议父母和孩子多看几家，先利用学校里的体验课感受一下，再报班学习。他强调："不要忽视社区中心的项目。有些我认识的最好的教练都在基督教青年会的某个社区中心工作。他们热爱自己的工作。"

遇到肢体攻击时可用的防御技巧[14]

身体在遭到袭击的那一瞬间，会发生很多变化。神经系统高速运转，肾上腺素飙升，带来心跳加速、呼吸加快、血压升高。这叫作"战斗或逃跑"状态——这时人们的肌体自动应对危险。我们的肌体都有这样的反应系统，除非身体经常接受训练，否则我们很难克服这些恐慌情绪。

对于没有受过训练的孩子，肖克里建议受到攻击时用以下的姿势和技巧来进行防御。他强调，家长一定要提醒孩子，这些**只能用来防御**：

- 大声呼喊，用来吸引别人的注意力，利用霸凌者和攻击者不想让别人看见的心理，尖叫道："不要再打我了！救命！别打我了！"
- 下巴放低，保护喉咙。
- 不要闭眼！要努力看清事态的变化。
- 两手握拳，放在胸前，掌心相对。握拳可以保护手指不被卡住和过度抻拉。
- 不要把掌心朝向自己的身体，这会弱化机体的防御机制，被他人袭击时胳膊会垮塌下去。
- 上下调动前臂，左右移动手腕，尽最大可能不让脸和身体被挥过来的拳头打到。也可以垂下手肘，保护肋骨。
- 努力保护上腹部和腹股沟不受袭击，把一只或两只拳头放下去，就像用锤子的姿势一样。（各位家长，你们可以跟孩子练习这个姿势，让他们摆好姿势，你来轻拍孩子的头部、肋骨、腹部等。最开始时速度慢一点，之后加快速度。）

• 如果一定要反击的话，迫不得已，那就张开手，用手掌。拳头没经过训练的话有可能会伤到，手腕可能会支撑不住甚至折断。其他用来反击的安全一些的工具是手肘。如果袭击者固定住你的胳膊，膝盖也是个选择。如果被熊抱住，也可以用手掐攻击者。最重要的是，所有这些技巧只是为了让攻击者住手。他们停下来之后就不要再袭击了。一定要避免造成永久性的人身伤害。

• 各位家长，如果孩子用了上面任何一个技巧，哪怕是为了自我防御，也要做好孩子可能会被停学或者开除的准备。大多数学校对于打架有着零容忍的政策，不论谁先挑头开始打架都一样。

发出声音，反对霸凌

霸凌的受害者通常会积极呼吁，与有着同样痛苦经历的人联起手来。就像维斯·肖克里喜欢培训他人学会自我保护，维多利亚·斯蒂尔维尔也是这样。她是电视节目《我或我的狗》中的明星。斯蒂尔维尔在上高中的时候也遭到了一个典型的"恶毒女孩"的攻击，甚至丢掉了她的救生索——她最好的朋友，很长一段时间里都受制于这个恶毒的女孩。最终，一度没有伸出援手的这个好朋友极为后悔，向其男友求助，不再让那个女孩攻击斯蒂尔维尔了。在人性的直觉指引下，斯蒂尔维尔开始做动物训练师，保护小狗不受主人霸凌，以至于小有名气。斯蒂尔维尔坦诚地告诉我:"正因为经历过霸凌事件,我摆脱了陈旧的观念,不会让狗狗乖乖听话,受主人支配和控制——这是在霸凌自己的狗。我问大家:'你希望你的狗听话是因为它想听,还是因为它害怕不听的后果?'他们瞪大眼睛望着我,不知如何回答。"虽然有数千人报名参加这种积极的宠物狗训练,但仍有很多人抵制斯蒂尔维尔的这种训练方法,他们更希望诉诸武力和惩罚性的措施。不论是用于家教还是驯养宠物,专制主义都有问题,因为这是基于恐惧和控制的。

斯蒂尔维尔观察发现:"人们如果自己感到不安和失控,就会觉得需要主导动物的行为,来实现控制的目的。我相信人道主义的方式正在强化,我觉得人们也应当这样对待孩子。"[15]正如肖克里在教被打倒的孩子学武术的过程中找到了治愈的力量,斯蒂尔维尔发现教宠物主人重塑他们跟狗狗之间的健康关系很有疗效。肖克里和斯蒂尔维尔的例子阐述了霸凌行为的受害者能够给予他人如此强大的力量。如果孩子遭遇了霸凌,请鼓励孩子向处于同样境地的人伸出援手。他们能带来的力量和慰藉难以估量。

第二十章
尝试修复性正义

霸凌他人的孩子如果不改变思维方式，就不太可能改变行为。但改变人们的思维方式不是一件容易的事情，除非能深入了解他们内心关于自我和他人的观念。惩罚性的措施不会促使孩子反思自己的核心价值观，制裁也不会让孩子把受害者视作完人。可以理解，家长知道自己的孩子遭受霸凌之后，会有种本能的反应——那就是强烈希望霸凌者受到惩罚。还有一种更好的方法可以修复霸凌双方的关系，那就是修复性正义（restorative justice）。为了更好地理解修复性正义背后的逻辑，我跟修复性正义中心的主任之一布兰达·莫里森（Brenda Morrison）进行了对话[1]。莫里森跟我分享了一些背景知识。"最开始，反霸凌的项目太关注独立的个体，都是让受害者坚定自信，让霸凌者管理情绪。现在我们了解到，这是一种动态关系。霸凌者普通需要了解明确、系统的期待，以便知道该怎么去管理自己的行为，受害者则需要更多的同辈支持。"

从修复性正义的视角，莫里森解释说，最好是把行为和个人区分开来，因为我们不希望孩子被贴上标签。在美国，很多应对霸凌的措施都是外在的制裁，比如学校的行为准则等。霸凌行为会导致官方对霸凌者做出公开处理、停学、开除等处罚，而惩罚是最大的行为抑制动机。"相比较而言，"莫里森说，"修复性正义与惩罚和规则无关，而是关乎价值观和关系。"修复性正义改变了第三方做决定、强加规则和予以制裁的做法，换成了涉事方做决定，注意修复关系，挽回尊严。

莫里森就像斯坦·戴维斯一样，积极推动孩子们在校的交流。"在校与同伴交流，能够保护孩子不受暴力和情绪低落的困扰，避免早期性行为和酗酒吸毒。"她说，"而且我们最好要保持课堂中的良好沟通。但有时候还是会出错。有时候发生了一个事件——'oops'，接着我们会介入修复性正义，谈谈感受——'ouch'*。我们把问题梳理开来，让伤害就此平息。"有了好的技能，孩子们通常可以在冲突恶化之前就停手。但莫里森注意到，当冲突更剧烈的时候，孩子们需要旁人的介入。"我们在课堂中集体行动，而不是把几个孩子送到校长办公室，我们注重打造关系生态。社会情绪项目跟修复性正义配合得很好。"

修复性正义正在学校中推广，但与此同时，修复性正义

---

* oops："哎哟"，表示出了事故、做了令人尴尬的事时的语气词；ouch："哎呀"，表示疼痛的语气词，此处用来表示内心难过的感受。两词首字母相同，押头韵，在英文中起到修辞效果。——译者注

的程序更多运用于刑事案例，用以修复刑事罪犯对受害者造成的伤害。莫里森指出，修复性正义除了情感上行得通，也节省了经济成本。"一旦进入刑事司法程序，花销就会很大。在英国，每花1英镑将修复性正义运用于刑事案件中，全国就会节省8英镑的刑事诉讼费用。修复性正义能够减少问题行为的发生，降低屡犯率。"她说。莫里森相信，采用修复性正义的形式在学校进行早期干预，会避免霸凌者演变为犯罪分子。

"这不是触犯规则，而是触犯人性。"莫里森评论说，"各大机构只关注侵犯者，而不关注被侵犯人；修复性正义则让人们得以发出声音，尤其是受害者。受害者重获安全感，会经历较少的创伤后应激障碍（PTSD）引发的症状。其他的干预方式都不能解决PTSD引发的症状。"受害者得知霸凌者将面对修复性正义措施，而不是惩罚性制裁后，就更可能站出来指认霸凌者。惩罚措施会让受害者在报告时感到害怕，他们害怕霸凌者会报复，出于恐惧而保持沉默会让PTSD表现得更加严重。犯罪行为产生的消极影响会波及除了受害者之外的其他人，比如其父母和邻居等，而修复性正义对那些受影响最大的圈子中的人都有治愈效果。

2011年3月，莫里森作为专家之一，受邀参加白宫预防霸凌会议。会后，"安全与无毒品校园"办公室请莫里森就修复性正义主持了一个网上研讨会。研讨会收到了积极的反响。她回到华盛顿特区之后，在2011年8月又做了一次演讲，题目是"修复性正义与霸凌：预防而非惩罚"。目前受到政府最多支持的两个基于实例的项目是积极行为干预与支持和社交情绪学习，但修复性正义已经出现在多次政策讨论中。

那些不熟悉修复性正义的人提出的顾虑之一是，他们觉得这属于同辈调停的一种，而同辈调停无益于解决霸凌问题。莫里森承认："很多人在刑事犯罪体系中了解到了修复性正义，他们以为我们会让霸凌者直面受害者。但他们不知道，在学校中，修复性正义发挥作用的过程更多是围绕每个人搭建一个互相支持的团体。我们只有在安全的情况下，才会进行面对面的对话。"我找到了奥维斯霸凌预防项目的苏珊·林伯，请她来澄清一下他们对于修复性正义的认识。她回答说："我们一直要求大家不要进行同辈调停，但是修复性正义不是同辈调停。只要假以时日，接受了合适的修复性正义培训，且各方都愿意，我觉得修复性正义就是一件好事情，一件有意义的事情。"奥维斯项目指引着很多在预防霸凌领域工作的人。我们需要明白，如果修复性正义运用得合适，奥维斯项目对此也是赞成的。

为了解修复性正义是怎么落地的，我跟埃文斯顿修复性正义委员会的主席苏珊·加西亚·特里斯曼（Susan Garcia Trieschmann），以及埃文斯顿警察局参与埃文斯顿青年服务项目的修复性正义协调官阿里卡·巴顿（Arika Barton）见了面[2]。埃文斯顿的少年犯既可以进少年犯法庭，也可以选择修复性正义——只要条件合适。巴顿跟我描述了典型的调解圈是怎么运作的："大家围坐成一圈，在中间举行仪式。没有人主导，但有两个调解人来确保正常运作。我们选取一个话题，比如压力球或者泰迪熊，可以就此谈论或长或短的时间。其他人必须用心听，而不是准备反驳。尊重是指导原则。"巴顿强调，保证所有人安全最重要的举措是保密，所有圈子里的谈话不得外传。为了做到这一点，参与方都需要签署一份保密协议。

我问巴顿，有没有什么有教育意义的例子能说明修复性正义是如何修复小学生中的霸凌关系的。她告诉了我一个她记忆最深刻的案例。"我们经历了这么一个情况。有两个三年级的小男孩，A不太会社交，以前一直被B的哥哥和表兄嘲笑。A为了报仇，便霸凌B。但B是无辜的——他是个很好的孩子——却因此受苦。A块头很大，很壮；而B个子矮小，瘦瘦的。"B的家长一直向学校抱怨此事，但学校无动于衷。A尤其会在校车上狠狠地欺负B，但没人监管。几周过去了，B的家长愈加心烦意乱。最后，一次严重的霸凌过后，B的家长报警了，A被正式逮捕了。巴顿正是在此时介入的，她建议两家尝试修复性正义，大家都接受了，这是过程中至关重要的一步。只有施害人和受害者都愿意参与进来，修复性正义才能开展。

巴顿继续讲述着这个故事："我把A、A的母亲、B和B的父亲，以及两位调解人组合成了一个调解圈。首先，我做了一个5分钟的解说，接着大家签署了保密协议。我提出了一个开放性的问题，让这两个男孩子做一下自我介绍，不涉及霸凌，不涉及受害。"巴顿回忆道，在圈子里的人都觉得自在的情况下，两个孩子都讲了15分钟到20分钟。他们聊到了自己最喜欢的运动、最喜欢的老师和最喜欢的冰淇淋口味。"我们从两个孩子身上了解到了很多东西,但都与霸凌无关。最开始的时候可以说一些与霸凌无关的东西,目的是相互沟通。这让大家处在同一个水平面上。经过一到两轮的对话之后,我们开始讨论这个事件,让受害者先说。我们问:'发生了什么?谁伤害你了?你有什么感受?'接着每个人都有机会做出回应。"攻击者接着讲述了自己对于这个事件的看法。巴顿解释说,其他人也问了他同样的问题,也给他机会发言。

虽然这个过程不要求当事人进行道歉,但看到A对B道歉时,巴顿很感动。男孩子们谈话之后,A的妈妈讲了一些关于A的事情,讲述了为什么他富于攻击性。巴顿注意到,B的爸爸一边用心地听,一边点头,有了新的理解。大家都说完之后,他们订立了一个计划,防止有害的行为再次发生。

"谁来订立计划?这部分是怎么进行的?"我问。

巴顿回答说:"调解圈是组成部分之一,但不需要修复性正义。实际上,修复性正义通常都是在家庭成员会面的时候订立计划。这一会面属于更正式、更结构化的会谈,有明确的受害者和施害者,要求双方同意一个修正错误的方式。这不是惩罚,而是对一个人的重塑。举个例子,偷盗案件中,我们不只是让偷窃人归还所偷窃的东西,而是找到一个办法来弥补伤害。如果孩子踢倒了篱笆,我们就帮他找一个导师和一个木匠,教他修补篱笆。如果孩子在墙上涂鸦,我们就让孩子清理干净,同时给孩子报上艺术班,因为他们是很棒的小艺术家。"

有意思的是，每当巴顿询问实施侵害一方将采取什么修补性的措施时，实施侵害一方所提的建议通常比受害者一方所提的建议要严厉得多。在这个例子中，调解圈成果"惊人"，巴顿这样说："虽然我们不需要制定合约，但我们得知 B 的爸爸是一位舞蹈老师，而 A 又喜欢跳舞。孩子们决定，他们要一起上舞蹈课，作为修补性的措施。这两个孩子之后就再没产生过什么冲突。"我看到两个孩子共同学习新东西，一起进步，共同谱写了一曲友谊之舞蹈，深受感动。虽然 A 学会了把 B 视作人而非物，但 A 仍然很难维持跟外界的关系。巴顿告诉我："A 又冒犯了另外一个人，他还在努力改善。他上了情绪管理课，在学校中也在接受社工的帮助。"有没有什么振奋人心的消息呢？有，A 再也没霸凌过 B。

事实上，像 A 这样接受过修复性正义后再次犯错是极少的。埃文斯顿警察局在事件过后第六个月及满一年时都会跟踪青少年修复性正义案例，看是否有累犯现象。巴顿说："我们的成功率是98%。这就意味着，98%的接受过修复性正义的案例都没有累犯。在美国，传统的青少年罪犯平均改造成功率是48%，也就是说，在少年法庭中，只有48%的案例没有累犯。"屡犯率降低，这对于孩子的未来有着深远的影响，因为累犯者罪行通常会加重。"先是霸凌，"巴顿解释说，"接着会发展为更激烈的殴打，之后会被逮到持枪。"经过修复性正义程序的孩子与被法庭制裁的孩子相比，未来更加光明。

尽管如此，修复性正义不是人人都适用，巴顿提醒说。

特里斯曼表示认同,对我说:"我们在进行修复性正义程序之前要仔细观察一下受害者。受害者是否准备好了面对施害人?如果受害者甚至都无法做到谈论这件事,我们就无法开展工作。有时候,准备组建一个调解圈需要花六个月的时间。在这个过程中我们也需要重塑施害人,因为如果我们做了修复性正义,但之后霸凌者又再次伤害了同一个受害者,那么我们就帮了倒忙。如果施害人不认罪,我们就无法开展修复性正义。所以我们提前与施害人、施害人的家人、受害者以及受害者的家人会面,看一下修复性正义是否可以应用。"

特里斯曼和巴顿目前都在与华盛顿小学的校长凯特·艾莉森一起合作,将修复性正义运用于小学学生。特里斯曼解释说:"在像华盛顿小学这样的学校里,修复性正义意味着引入用心沟通这个思路。孩子们参加调解圈,是为了去倾听,而不是去发言。我们把学会倾听的概念介绍给学前班和一年级的学生,等孩子们上二年级和三年级的时候,他们就可以用这个圈子来修复错误了。孩子们的冲突到达某个点,会要求'圈起来'。举个例子,在埃文斯顿城镇高中,我们就把这种修复性的理想情况用在同辈陪审团中。这不再仅仅是一个学校的项目,而是一种哲学。"

我觉得学校里孩子们围在一起解决冲突这个想法很有意思。不仅仅是两个孩子,而是全班一起参与调解,这比几个孩子被送到校长办公室要积极得多。莫里森已经在课堂中实施了修复性正义,她告诉我在学校中修复性正义的过程分三步[3]:

1. 建立理解。
2. 谈论一下你是怎么在社交、情感和身体方面受到影响的。
3. 谈一下怎么变得更好。

莫里森跟我分享了一个班上的修复性正义的故事。"在一个五年级的课堂上,我们运用了调解圈来谈论冲突。"她说,"教室里有个箱子,谁有问题就可以在箱子里放一张字条,要求开始进行调解圈活动。班里参与调解圈的同学围坐起来时,那个觉得最受事件影响的同学可以坐在圈内,向大家倾诉。班上其他同学在他周围围成一个大圈,倾听他发言。"在这个教室中,有个男孩总是惹事。他常常行为激进,莫里森解释说,因为他在哪儿都觉得不安全。全年三分之二的时间里,他都坐在内圈的外围,因为他觉得坐在内圈不安全。莫里森继续说:"有一天,这个小男孩在箱子里放了一张字条,说觉得自己准备好了,想要宣泄怒气。他第一次选择坐在内圈,让全班同学了解一下自己,讲述了为何自己很愤怒。这是他迈出的一大步,改变了这一年整个班级接下来的氛围。"

有一个让人着迷的例子,莫里森用修复性正义成功地修复了破碎的家长关系。很多学校的老师和校长都可以作证,如果家长因为孩子在学校里发生的冲突而在精神上受到影响,会带来巨大的损失。2011年6月,莫里森被邀请去一所学校参与一项工作,这所学校当时正在经历一场家长危机。"最开始,一个六年级的小女孩一整年都在被霸凌,"她说,"哪怕学校尽其可能来改善情况。有一天,因为女儿情绪极其压抑,这位受害者的妈妈忍无可忍,完全失控,带着自己的另两个孩子冲进了学校，恐吓班上霸凌自己女儿的学生。那几个学生蹲到书桌底下大哭，老师完全掌控不了教室的局面。"

第二天，很多孩子都没来上学，流言蜚语疯传，那架势似乎就要毁掉学校的整个家长社群。莫里森说："有了校长的支持，我为家长们组建了一个修复性正义的调解圈，因为只有他们才可能止住流言蜚语。家长们来到学校，自愿加入了这个圈子。他们纷纷透露了事件之后自己如何受到了影响。很不可思议，这种治愈与和解的力量惊人。调节圈解散后，住在同一条街道之前从未说过话的家长开始去其他人家串门，坦诚交心。我说这个故事，是想说，我们总觉得和解是在受害者和侵犯者之间发生的，但有时候家长们也需要彼此吐露心扉。"

家长们如果没有机会当面聊一下这些有争议的事情，就常常会把冲突带到网上，在学校的电子邮件讨论组（Listserv）或者谷歌群中讨论问题。如果你身为家长，仅凭看网上的对话了解到霸凌的相关情况，那么请停下来！去找到消息源，给学校打电话，确保在没得到准确的信息之前不要煽风点火。没有面对面的互动，就更可能产生误解。流言蜚语会更加肆虐，家长们更生气，在网络环境中就更觉得自己有理。组织家长的调解圈，尤其能够管控有争议的局面，比如前面说的这个六年级小女孩的事情就通过调解圈获得了积极的成效。还有一点就是，学校的教职工这次做得不错，开拓思路，直面了这种升级的危机。

第二十一章
应对嘲讽的有效策略

不是所有霸凌他人的孩子都愿意跟受害者一同参加修复性正义。更多时候，同辈伤害是在成年人够不到、无法给予保护的地方发生的。在这种情况下，遭受霸凌的孩子该怎么办？我们怎么才能帮孩子在霸凌发生的那一刻去应对，尤其是言语上的嘲讽？其实，孩子们可以运用一些策略来帮自己应对。你可能会发现，仅仅是脑海中想着应对的办法，孩子就能满怀信心地去上学。

孩子们运用这些策略的地方不仅仅是在学校。家长们常常忽视的一个领域是兄弟姐妹之间的霸凌。虽然兄弟姐妹间互相讥笑没什么大不了，但如果一个孩子总是不断地恐吓另外一个，那就不正常了。孩子们打架、吵嘴、意见相左，这都是正常的社会行为。要说这会惹人烦，没错，但的确是正常的。我看到凯蒂和安妮吵架，争谁先玩哪个玩具的时候，也总是这样提醒自己。但是，如果某个孩子总是居高临下，打击、斥责、侮辱、蔑视、恐吓或者伤害另一个孩子，这就不能不引起重视了。我们需要解决这种现象，因为这跟同辈霸凌一样，都会造成严重的伤害。如果能教孩子一些技巧来应对嘲讽，让那个咄咄逼人的孩子得不到想要的回应，这场冲突可能就平息了。除此之外，芭芭拉·克罗卢梭还建议，可以反思一下自己对待孩子的方式，家长在这个情景中扮演着什么角色。有没有偏心？是不是忽视了某个孩子的错误行为？如果问题的根源是嫉妒，那就想办法让嫉妒的孩子感受到他（她）在你心中的价值，让受欺负的孩子感受到力量[1]。

朱迪·弗里德曼（Judy Freedman）是《缓解嘲讽的伤痛：帮孩子应对辱骂、戏谑和言语霸凌》一书的作者，花了30多年在学校做社工，帮助受到嘲讽的孩子。她根据自己与数千名学生开展的调研和对话，为家长和孩子写了一本指南。孩子应对嘲讽的态度很大程度上影响到了嘲讽的频率和持续时间。弗里德曼收集了一系列学生觉得有用的技巧。我还记得凯蒂用"星战"水壶遭到嘲讽之后，我手捧着她哭泣的脸，不知道该教她如何应对。15个月后，我知道了一些有用的技巧来让凯蒂为以后做好准备，这种感觉很好。家长总是急于保护孩子，但或许我们保护孩子最好的办法是教他们在家长不在的情况下如何自我保护。下面是一些简单介绍，讲讲怎样运用、何时运用一些最流行的策略[2]。

自我对话或对事件进行认知重组

自我对话教会孩子：（1）不要因为被嘲笑而沮丧；（2）他人对自己的嘲笑或许完全不是事实，不值得担忧。对于很小的孩子，比如四五岁的孩子，被嘲笑的时候或许可以先简单地告诉自己"不要发脾气，不哭"。这样的自我对话有助于控制冲动的情绪，尤其适用于那些一遭到嘲笑就变得歇斯底里的孩子。如果孩子情绪反应很大，就好似给攻击者以嘉奖，之后还会受到伤害[3]。如果一个6岁的男孩子每次听到别的孩子说他"蠢"就大哭，那么可以教他对自己说："我知道我不蠢，他们怎么说不重要。我要深呼吸，记住他们说的不是真的，不要大喊大叫。"

弗里德曼建议，大一些的孩子可用的最重要的自我对话是："我不喜欢别的孩子说难听的话。我不喜欢他们嘲笑我，但我能掌控局面，这不是世界末日。"内化这个应对的信息很重要，这样不会让被霸凌的孩子感到无助。被人嘲笑的确不开心，但如果能同时安慰自己，事情会变好，这样孩子自杀的可能性更小。一个真实的例子是卡拉的经历，她曾经遭受网络霸凌，在16岁时结束了高中生涯。记住，卡拉是这样进行自我对话的："我告诉我自己，别的孩子很幼稚，不想面对自己的问题，便选我做出气筒。"[4]

这个技巧也被斯坦·戴维斯和查理斯·尼克松称为"对事件进行认知性重组"，是孩子改善情绪最有效的办法之一[5]。谢里·鲍曼博士分享了一个小女孩成功运用认知性重组（自我对话）来自我安慰的例子[6]。"受害者是个小女孩，很胖，受到了霸凌。学校里的其他孩子做了一个恶毒的网页，把她的脸拼到了一只鲸鱼的头部，合成了一张照片。孩子们当着所有人的面问她：'觉得照片怎么样？'她说：'照片合成技术太差了。'她告诉自己：'我不想根据他们的观点来建构自我形象。我能上网，但我不需要看到每一个发送给我的东西。我对这些恶毒的内容不会做出任何反应。'孩子们也就不再烦她了。"鲍曼满意地说。

就算其他孩子总是在网上传一些残忍的东西，但这个小女孩决定不去看网页，这就不会让自己一直不开心。伴随着网络霸凌盛行，重要的是教给孩子，他们可以对霸凌进行认知重组，下定决心，明白去看每条恶毒的评论是不值得的。如果孩子控制不了网上发生的事情，可以通过自我对话，重新获得控制感。

忽　视

这个办法伴随着不少的争议，很多大人都说，被霸凌的时候永远不能忽视，但真问一下遭到霸凌的孩子，他们会说有时候这一招管用。当然，就像斯坦·戴维斯跟我说的——"每个办法都有奏效的时候"[7]。我自己跟一些曾经遭遇过霸凌的受害者对话，大约有一半都明确推荐这个方法，即无视这件事。一个叫埃里克的受害者对它做了限定，告诉我："别人骂你，你不放在心上，这跟别人打你你不放在心上有很大的不同。"弗里德曼写道："在我的经验中，'忽视'适用于单个的案例。"[8] 单个的案例从本质上来说跟霸凌不一样，所以或许这个策略更应该用来应对随机出现的嘲笑或讽刺。

为了做到"忽视"，受害者应当不看或者不对嘲笑自己的人做出任何反应，以及表露出任何情绪。最重要的是，在可能的时候去找别的孩子玩。这一招或许在校车上不管用，因为受害者被困住，不听也得听。如果某些孩子一定要惹急你，这一招可能也阻止不了他们，反而会怂恿他们变本加厉。孩子可能在几周的时间里都在顽强地无视这场折磨，最后另一个孩子才停止了嘲笑。

我觉得，重要的是区分在嘲笑发生时忽视还是过后忽视。如果孩子选择当时忽视，那一定要让他知道，事后抵达安全场所时一定要跟成年人汇报。忽视绝不意味着保持沉默，不意味着在需要帮助的时候不寻求帮助。想到一个无法求助的孩子，我就心如刀绞。

"我"的信息

传递出"我"的信息是为了告诉某人你对于他们的行为有何感受，而又不让他们产生戒备心理。不要说"你骂我让我不高兴"，而可以说"你骂我的时候，我觉得很难过"。这让霸凌者更容易与孩子产生同感。"我"的战术还有一个好处，那就是教孩子分辨出自己的情绪。这在有组织的环境下会收到更好的效果，比如在教室，或者有大人监管的活动中，尤其适用于上幼儿园和小学的孩子。

但如果攻击方是个很凶残的小孩，故意想要看到受害人的情绪反应，那么这个方法就适得其反了。因为听到"我很难过"，攻击者会觉得自己的所作所为达到了预期。我们要教孩子了解别人折磨他（她）背后的动因，来判断这个方法是否合适。或许在初中这个技巧最没用，因为初中的孩子为了合群，需要尽可能少地流露情绪。戴维斯告诉我，对于上五到十二年级的孩子来说，"告诉霸凌者你的感受最可能产生消极影响。情况会愈来愈糟"[9]。

虽然这个办法可能没法帮助大一些的孩子应对同辈伤害，但可以有效地帮助大一些的孩子跟咄咄逼人的成年人沟通交流。举例而言，一个棒球队的年轻学员可以跟严厉的教练说："你说我不能击中球的时候我觉得很灰心。"或者孩子可以跟苛刻的父母说："你挑剔我在学校的表现，我很沮丧，我已经尽最大努力了。"霸凌不仅仅出现在同辈和兄弟姐妹之间，让孩子学会应对难缠的大人也很有必要。

实现反转：接受嘲笑，化为积极的力量

孩子如果能把遭到的嘲笑重新转化，当作表扬，或者当作一种积极的事情，这样嘲笑者就会觉得无趣，问题也就迎刃而解了。如果你想让别人不高兴，他反倒谢谢你，那还有什么可说的？去年，凯蒂度假的时候把头发编成一排排的辫子，很希望能保持新发型去上学，但害怕被叫她小猪的男孩杰克取笑。我们帮她做好准备，想办法来应对可能会招致的嘲笑。去上学之前，我们开始进行角色扮演。"你的辫子看上去真蠢。"我说，假装是那个嘲笑她的人。"谢谢你注意到了我的新辫子。"凯蒂回答说。我接凯蒂放学的时候，她脸

上挂着大大的笑容,说杰克注意到了她的新发型,但只是说"辫子真酷"。或许凯蒂对自己发型的自信也把嘲笑者震慑住了。

还有其他办法能让孩子把嘲讽转化成表扬吗?比如,姐姐跟妹妹说:"你头发乱糟糟的,就像个鸟窝。"妹妹可以说:"我喜欢小鸟!鸟窝太赞了。"再如,哥哥说弟弟:"你那幅画看起来就像涂鸦拼字游戏一样乱。"弟弟可以说:"涂鸦拼字游戏很有意思!"如果男孩对邻居说:"你骑自行车的技术真差,我看到你摔下来了。"邻居的孩子可以这样回应:"我摔得越来越好了。看看我身上擦伤的地方贴的这些邦迪创可贴,可好看了!"

赞同嘲笑者

如果被嘲笑的孩子有足够的自信心,实事求是接受嘲笑,不觉得自己输了,那么这个办法会奏效。从不同的发展阶段来看,最好是让年龄大一些的,知道该怎么做的孩子去这样做。比如,如果一个初中生太胖,她能意识得到这一点,且自我形象依然很健康,或许可以用"是的,我很胖"来应对"你太胖了"。如果被嘲笑的对象是一个男孩,在前一天的棒球比赛中投球投得很差,嘲笑他的孩子说:"你瞎了吗,都看不到好球带在哪里。"被嘲笑的孩子可以回答说:"我真的投得很差,你说得没错。"

给《星球大战:克隆人战争》中的欧比旺·克诺比配音

的詹姆斯·阿诺德·泰勒就在青春期用了这个技巧。泰勒当时只有 1.62 米高，孩子们曾经嘲笑他个子矮，他只是淡淡地说："你说得对，我就是个子矮。"[10] 如果嘲笑他的人希望泰勒反抗，或者跟他打一架，那他是得不到这种想要的回应的。戴眼镜的孩子如果被人嘲笑"你有四只眼"，家长可以教他说："没错，我需要四只眼睛才能看得见。"如果孩子们嘲笑男孩子留长头发，他可以回答说："是呀，我头发当然很长了。我觉得我是班上头发最长的。"

那又怎样

回答"那又怎样"跟赞同嘲笑者很相似，这个更好做。甚至连最小的孩子都可以这样做。这会让霸凌者觉得没劲，因为被嘲笑的孩子显得并不是很痛苦。孩子需要不带任何态度或者怒气去说"那又怎样"，且应该用简单的陈述语气表达出来。如果有人嘲笑女孩子理了个平头，说"你像个男孩子一样"，这时女孩子可以回应："我头发就是短，又怎样？"如果一个总爱争抢的姐姐告诉妹妹："你毁了我们的钢琴排练。"妹妹可以说："那又怎样？我就是弹错了几个音嘛，有什么大不了的。"看到被嘲笑的对象不为所动，嘲笑者可能就不再挑衅，没什么其他可说的了。总之，如果被嘲笑的对象只是耸耸肩说一句"那又怎样"，嘲笑者就不太可能穷追不舍了。

赞扬嘲笑者

如果被嘲笑的孩子反过来赞扬嘲笑自己的人，嘲笑者可能会觉得敌意全无。这个技巧对于很小的孩子来说很难掌握，但上一二年级的小学生会觉得很有用。如果有学生嘲笑一个有语言障碍的男孩子，男孩子可以说："我真希望我说话能跟你一样流畅。你说话真的很清晰。"如果在体育课上，一个女孩因为胖而受到嘲笑，她可以这样对嘲笑她的人说："你体形真好。你看我能做什么运动来保持健康呢？"如果哥哥跟弟弟说："你投球的时候就像个小女孩似的。"弟弟可以说："你胳膊真健壮，能不能告诉我怎么才能像你一样投球啊？"有时候，比如兄弟们一起玩传球游戏，这一招可以让本来很有攻击性的同伴站到自己的战壕中来。

还有一个例子也可以让奚落者变成盟友，那就是如果一个恶毒的女孩跟同学说："你课上连那个问题都回答不上来，真笨。"被奚落的女孩可以回答："你总是知道正确答案，有什么窍门能记住读过的东西呢？"通过记下嘲笑自己的孩子提出的建议，被嘲笑的孩子就转移了整个对话的方向。当然，有可能攻击方不接受这种努力，比如，这个恶毒的女孩可能会说："我给你提什么建议也没法帮你记住答案，因为你太笨了。"如果是这样，至少被嘲笑的孩子已经尝试过这个技巧，验证了这个技巧有没有用。或许这个恶毒的女孩觉得有必要扳回一局，挽回些许颜面，但之后，她可能就不会再来欺负这个孩子了。

幽　默

幽默对于会用的孩子来说很管用。嘲笑别人的孩子总希望对方哭泣或者生气，但肯定不希望对方笑。能真心自嘲，或者逗别人开心的孩子不会一直都被嘲笑。比如，如果哥哥跟弟弟说："你是不是从来都不洗澡啊？跟狗一样臭。"弟弟可以趴到地上，假装自己是一只小狗，叫上几声，手脚并用爬来爬去。如果女孩子因为最后一个跑完接力赛而被嘲笑，可以说："我姐姐在我身上施了个魔法，把我变成了一只树懒，还真奏效了！"如果男孩子因为长了红头发被嘲笑，可以说："我还是个宝宝的时候，头发是绿的。红色的头发看起来还不赖！"弗里德曼在书中描写了一个男孩，因为鼻子很大而被嘲笑。他就用鼻子嗅来嗅去，左右摇动，嘲笑他的人只好住口[11]。被嘲笑的大多数孩子不过就是希望不再被嘲笑，如果能用上幽默这一招来化解，那就再好不过了。

第二十二章
让旁观者变为目击者和盟友

霸凌很少在真空的状态下发生。霸凌通常由三方面组成：霸凌者，被霸凌的人，以及旁观者。为了成功预防霸凌问题，需要从一开始就同时解决这三方面的问题。芭芭拉·克罗卢梭相信，霸凌现象中还存在第四方：潜在的受害者的捍卫者。她告诉我："我们需要辨别出那个第四方，培养这些捍卫者。"应当教他们辨认出残忍的行为，培养一种犀利的眼光，甄别正常社交冲突和霸凌之间的差别。孩子们发现其他孩子正在经受霸凌折磨时，应当行动起来。罗恩·阿斯托建议说："同辈的小圈子要帮助处在痛苦中的人，说出'这太过分了，不要这样'这句话，这应当是一个正常的期待。"埃文斯顿城镇高中针对"埃文斯顿恶鼠"网页就是这样做出回应的。学生们反转了整个事件的局面。有时候，哪怕仅有一两个学生出面，对霸凌者说些什么，就会让其他私底下反对这种行径的学生觉得能更加自在地对受害者表示支持。孩子们常常会惊讶于原来为别人做些好事感觉这么好。

哪怕是最小的孩子也能学会做一个好的旁观者。我记得凯蒂只有 3 岁的时候——可能这是一个奇怪的预兆,她最喜欢的一首歌叫《霸凌者比利》,是由受孩子们欢迎的艺术家贾斯汀·罗伯茨(Justin Roberts)演唱的。她特别喜欢这首歌,我们就给贾斯汀·罗伯茨写了信,他还在当地的一个演唱会上给凯蒂唱了这首歌。这首歌讲的是霸凌者比利和作恶者玛格丽特,他们就爱欺负其他孩子,"一个一个又一个",每天对他们拳打脚踢,出言不逊。接着,"最低年级一位年龄最小的姑娘,不为人知的萨莉·麦凯布",午餐时候站出来说:"够了,要适可而止。""她在空中舞动双手,说去年你们就在霸凌别人。"虽然霸凌者嘲笑了她,但这首歌结束之际,告诉我们"一个一个又一个",其他孩子开始跟萨莉一起反对霸凌。"被欺负的孩子们一个又一个,他们站出来,一个一个又一个。"

我联系上了贾斯汀·罗伯茨,问了他更多关于《霸凌者比利》的信息。这对于上小学的孩子来说是一首不错的歌,可以推动大家一同讨论怎么做一个好的旁观者。"写跟霸凌有关的东西很简单,不论是身体还是言语上的霸凌,因为我们都有着童年时期的回忆。"罗伯茨解释说,"但我当时不确定怎么才能改善这种局面。"罗伯茨脑海中浮现了一个人物形象——他(她)站起来反对霸凌,但罗伯茨担心"如果在真实场景中,这个孩子可能会被打,所以我决定加上其他孩子,一个又一个地加入进来"。罗伯茨从孩子的视角写了这首歌,他不希望去做一个权威来讲道理。"所以我写了一首让孩子们做主角来解决问题的歌。"他说[1]。罗伯茨提到了一个解决霸凌问题的关键概念——孩子们自发的力量效果最好，而不是自上而下地施加权威。还记得吗，斯坦·戴维斯和查理斯·尼克松组织的"青年声音"项目，就是为了摒弃成年人是专家这个观点。

旁观者的角色有多重要呢？绝对关键。布兰达·莫里森告诉我："如果旁观者消极地站在一旁看，那么那些霸凌他人的孩子就觉得自己的行为是可以接受的，甚至还可以娱乐大众。同辈的注意力实际上强化了霸凌者的行为。研究显示，同辈观众的规模跟霸凌持续的时间息息相关——看热闹的同辈越多，霸凌持续的时间越长。"莫里森继续解释，如果旁观者进行干预的话，半数的情况下他们都是去攻击霸凌他人的那个孩子，这种做法并不太合适（也就是肢体攻击，或者用粗暴的言语攻击），半数的情况下旁观者的做法是合适的（也就是去找老师，或者指出霸凌行为是有害的）。"最有意思的是，"她说，"在大部分情况下，只要有同辈干预，霸凌者在十秒之内就会停止霸凌，不管旁观者是怎么干预的。"不管用什么办法，只要有人来干预，就会让霸凌平息[2]。

"打小报告"对阵"汇报"

有时候，旁观者最安全的干预方式是只要没有危险，就把这个事情告诉成年人。做一个好的旁观者不意味着让你的孩子走上前去，让那个大块头的霸凌者住手，因为这样你的孩子可能也会挨打。我们希望孩子们知道的是"团结起来应对霸凌",而不是"自己单枪匹马去抵抗霸凌者",因为单个孩子去反抗霸凌者可能会有危险。

向大人汇报产生的问题我们已经听说了,孩子们总习惯把"告诉大人"想成"打小报告"。从很小的时候,孩子们就被告诫"别打小报告"。我很愧疚,在女儿因为姐妹间犯的小错叫喊着跑过来告诉我时,我自己也这么跟她们说过。"妹妹(姐姐)有危险吗?你有危险吗?没有的话就别什么都跟我说!"我总是又气又恼。霸凌领域的专家贾斯汀·帕钦建议,当年轻人跟我们说一些无关紧要的顾虑时,我们只需要表示感谢,之后再做自己的事情就好[3]。因为孩子们觉得打小报告不好,大一些的孩子不想被贴上"告密者""哭泣包"的标签。我前面讲述过同辈霸凌受害者告诉老师带来的耻辱感,但其实旁观者也有这样的困扰。实际上,"青年声音"项目调查显示,有80%之多的学生看到同辈受到伤害,会选择不告诉学校的大人[4]。为了帮助旁观者理解,汇报有害的行为是没问题的,家长和老师可以讲解打小报告与汇报之间的如下区别[5]:

• 如果告诉大人,就是为了给另外一个孩子惹麻烦,那是打小报告。

• 如果告诉大人,是为了让另外一个孩子摆脱麻烦,哪怕可能让伤害这个孩子的人陷入麻烦,那这就是汇报。

下面有几个例子,可以解释给孩子听。

对于小一些的孩子

打小报告:希拉看到贾斯珀在零食时间从盒子里拿了第

二块曲奇饼干。如果希拉告诉老师，这就是打小报告，因为贾斯珀没有伤害到其他人，多吃一块曲奇饼干也不会伤害他自己的身体。

汇报：约翰抢走卡洛斯的午餐包，要去吃卡洛斯的食物。如果卡洛斯告诉老师，这就是汇报，因为卡洛斯不吃午饭对身体不好。他会很饿，没法集中注意力。除此之外，应该有人看看为什么约翰要抢卡洛斯的午餐。是不是约翰饿着肚子来上学的？

对于大一些的孩子

打小报告：莱娜偷听到几个男孩子计划第二天装病，这样就可以逃学去看红袜队在家门口的开球仪式。如果莱娜告诉了老师，这就是打小报告，因为男孩子们没有伤害别人。

汇报：杰罗姆偷听到几个男孩子计划在学校主场比赛结束后，围住一个对方球队的同性恋球迷，想要把这个男孩子打一顿。如果杰罗姆告诉大人，这就是汇报，因为那个同性恋球迷有危险。

受害者对于同辈干预有效性的看法

在第十九章中，我们看到了"青年声音"项目调研的一些成果。尤其是，我们了解到受害者用的哪些方法有用，哪些方法是在帮倒忙；还有就是成年人的哪些做法是在帮倒忙，而哪些做法能够让事态有所改善。现在我们看一下受害者跟同辈吐露心声之后会发生什么,哪些有帮助,哪些会雪上加霜。斯坦·戴维斯与查理斯·尼克松发现,同辈们所做的如下行为会让受害者觉得心里好受些[6]:

- 陪着我;
- 跟我说话;
- 帮我逃开;
- 给我打电话;
- 给我提建议;
- 帮我告诉成年人;
- 分散霸凌者的注意力;
- 倾听我讲话;
- 告诉成年人。

而下面这些同辈的反应可能会让受害者更难过[7]:

- 责备我;
- 取笑我;
- 对霸凌行为坐视不管;
- 直面霸凌者;
- 让霸凌者住手。

我跟戴维斯谈起他的研究发现,他指出:"被认为最有帮助的反应,比如耐心倾听,同时也是同辈们最安全的选择。给同学打个电话,看看他是否没事,是个低风险的干预办法,也能让受害者得到安慰。"[8] "一个一个又一个",就像贾斯汀·罗伯茨在歌中所唱,孩子们可以学会彼此支持。

旁观者面对霸凌坐视不管,也是有责任的,哪怕他们不是挑起事端的那个人。同样的道理，散布谣言或者发送恶意短信的孩子，跟最开始制造谣言、编写霸凌短信的人一样应该受到责备。芭芭拉·克罗卢梭评论说："没有无辜的旁观者"，并建议旁观者也要跟霸凌者一样，经历相同的重塑过程。她跟我解释说："要有三个步骤：补偿、解决与和解。比如，如果一个女孩通过转发信息，散布了一条谣言，她首先应该进行补偿——补偿自己所做的事情。她应该联系信息接收方，告诉他们信息不实，不要再转发了。下一步是解决，也就是想办法保证这种事情不再发生。这个女孩要扪心自问，为什么自己会散布谣言，要进行反思。最后，她需要进行和解，也就是跟被自己伤害的那个人和解。或许可以请那个同学来吃午饭，或者一起玩耍，等等。"[9]

教孩子们怎么从目击者变为盟友，这需要多加练习。看到他人被霸凌，很多孩子可能觉得坐立不安，但并不想做出头鸟，给自己找麻烦。有些孩子可能想干预，但觉得自己会有危险。我们怎么才能运用孩子的一片好心呢？我们可以让孩子在肾上腺素飙升的真实场景出现前进行演练。戴维斯把这比作消防演习——通过练习在火场中应该怎么做，人们更有可能在真遇到火灾的时候正确应对[10]。我们让孩子从一系列积极的行为中——可以自由选择的观点库——做出选择。其中可以包括很简单的决定，如不再散播恶意的短信；或者是相对麻烦些的行为，如快速组织一群人，帮挨打的孩子脱离险境。孩子们练习从一系列思维选项中做选择，评估这些想法，选择一个最适合当下场景的办法，之后就会敢于做出正确的事情。安妮·柯里尔提醒我:"一个孩子越是看到其他孩子做正确的事情,就越想自己也做正确的事。"[11]

大多数孩子希望能跟学校多沟通交流,希望学校能提供一个积极的环境。我们看到埃文斯顿城镇高中就是这样,孩子们决定把残忍的"埃文斯顿恶鼠"网页变为可爱的"埃文斯顿鼠精灵"网页。我想把这个事情看作一个钟摆,从霸凌蔓延摆向了善意生长。"恶意让人感觉很不好,"女儿安妮告诉我,"但有时候我还是会这么做。有时候我用 S 开头的单词骂人〔这里,S 代表英文单词 stupid(傻),这是她认为的最差的形容词〕。但后来,"她继续说,"我浑身上下都觉得很歉疚,没错。"她决定:"我还是喜欢好好对人,这样更好。"

哪怕在凯蒂自己的同辈小圈子中,我们也看到了旁观者行为中一个细小却令人着迷的变化。2011 年 12 月,凯蒂的学校举办了第二次年度"骄傲做自己"日,这是由凯蒂"星战"事件引发的一次纪念活动。凯蒂穿了一件"星战"的衬衫,一个男孩开始起哄,说"星战"是男孩子的专利。但这一年,另一个男孩子站在一旁,听到了这个评论,他为凯蒂辩护。"要是她想穿'星战'衬衫,那她就可以穿。"他跟嘲笑凯蒂的那个男孩说。凯蒂回到家,告诉了我这件事,我后来见到那个为凯蒂发声的男孩子时,特意对他积极的旁观行为表示了感谢。他羞红了脸,低下头,笑着说:"不客气,凯蒂妈妈。"一面说着,他脸上出现了笑容。

有几个很重要的网络运动,鼓励大一些的孩子和成年人不论在线上还是线下,都要做好的旁观者。有一场运动是由卡通电视网[12]发起的,叫作"停止霸凌:大胆说出来",这场运动致力于教孩子看到残忍的行为之后就要说出来。脸书上这场运动的网页有近100万名的追随者,鼓励想要停止霸凌行为的人采取下列措施:(1)说出来,(2)做保证,(3)行动,(4)呼吁。既然孩子们花这么多时间上网,通过脸书这种网站来对他们进行呼吁是很对路的。每次孩子看到自己的朋友给反霸凌页面"点赞",都是在鼓励正派的旁观行为。从很多方面来讲,人们在脸书上追随着他人的步伐,这种行为的确令人不安,就像盯着你的"老大哥"。但如果这种行为能激励同辈小圈子里的人共同反抗霸凌,那就展现了积极的一面。

哪些不是霸凌?

有时候旁观者可能觉得自己看到的社交互动像是霸凌,但其实并不是。凯莎·伯奇-西姆斯告诉我:"我遇到过很多非裔美国客户,他们文化中有'对骂''骂人游戏',以及其他测试机敏程度的说笑游戏。"对于不熟悉"骂人游戏"的学生来说,可能会感觉这种互相羞辱的游戏很有攻击性。"但这个游戏跟霸凌不一样,"伯奇-西姆斯解释说,"因为这个游戏没有进行权力的区分,只是一个孩子骂另外一个孩子几句,那个孩子再骂回来。而霸凌则是一个人持续性地贬低另外一个人。"[13]

还有一些时候,社交互动可能会被误认为是霸凌,尤其是排斥,比较复杂。单独来看,排斥不总是霸凌,不论它可能会带来多少痛苦。米歇尔·汤普森给我举了个例子："一位女性跟我说，自己上六年级的女儿很想加入一群酷女孩的行列，但她们不欢迎她。每天她都会问能不能跟她们一起吃午饭，却总是被拒绝。这位妈妈坚信，这群拉风的女孩是在霸凌自己的女儿。"

汤普森问这位妈妈："她们有没有在走廊里欺负她？有没有吃午饭的时候对她指指点点，背后说她的悄悄话？有没有追着她跑？"这位妈妈说："没有，但她们不让我女儿加入她们，我女儿很沮丧。"汤普森告诉我："这说明排斥会让人很痛苦，但这不是霸凌。"

虽然这个六年级的女孩很想跟这群受欢迎的女孩子在一起，但这并不意味着她们就想跟她在一起。就像汤普森说的："同样的道理，我总不能给朱莉娅·罗伯茨打电话，让她跟我一起吃午饭吧。我们没法总是跟明星们在一起。长大后你要是这么做，那就是跟踪狂了。"汤普森认为，这个六年级的孩子应当学到的重要一课就是跟喜欢你的朋友在一起。这一课很残忍，但现实情况就是这样。我仍然能闭上眼，回想起我上八年级的时候，拼命想跟那群"酷女孩"做朋友。这种对她们给予许可的期盼，已经变成了一种身体上的渴求。我渴望感受到她们的胳膊环绕在我肩头，以接纳的姿态拉我过去，一起步入青春年华。但有时候，我会被推开，而一旦被推开，那种被排斥的痛苦是如此尖锐。

汤普森告诉我："学校是个学习社会技能的实验室。有些实验能让你体会到爱与包容，而有些能让你体会到恶和痛苦。

孩子们在学习怎么运用自己的社会能力。"[14] 如果旁观者看到一群人气很高的孩子排斥某个女孩,但并没有其他的攻击性行为,那么旁观者最好的反应就是把这个受排挤的女孩拉过来,陪陪她。

当旁观者聚集起来变成攻击者

有时,孩子们学着做正派的旁观者,却误会了自己的使命和职责。例如,两个女孩艾丽和克里斯蒂娜在因为艾丽的男朋友约拿而争吵。艾丽觉得克里斯蒂娜在跟约拿调情,克里斯蒂娜坚决否认。克里斯蒂娜开始冲艾丽吼:"只要有人跟约拿说话,你就生气,好像约拿是你的一样,其他人都不能跟他讲话了!"艾丽的朋友们打着旁观者要出手相助的旗号跑过来,但她们却一起攻击克里斯蒂娜,说她是"荡妇,主动往约拿身上贴"。艾丽的朋友们开始散布克里斯蒂娜的谣言,在她脸书页面上发一些恶毒的评论。这种情况下,艾丽和克里斯蒂娜在经历一场社交冲突,其他女孩却借此机会霸凌了克里斯蒂娜。她们可以说自己在为艾丽辩护,但她们的行为是具有攻击性的。做一个好的旁观者,并不意味着集结在一起,为自己的朋友出头,打击他人。我们要告诉孩子们"好的旁观者"背后的正确含义,而不是让他们操纵残忍的行为。

第二十三章
网络声援替代网络霸凌：真实生活中的美满结局

在前面的章节中，我们从多位专家的口中听到了如何降低霸凌所受伤害的方法。但如果孩子无法寻求慰藉呢？设想一下最惨的场景：一个同性恋孩子，我们叫他约瑟夫（Joseph），生活在一个偏远的镇子里，在学校中总是遭受霸凌。没有朋友支持他，学校也没有任何反霸凌的政策和程序，老师们也不待见他。他害怕跟父母坦白，因为有着强烈的宗教信仰的父母认为儿子绝不应该是同性恋。约瑟夫在孤独无助的海洋中挣扎，觉得唯有自杀才能解脱。

还有一个选择，还有一个办法能寻求帮助，找寻到志同道合的精神支撑。虽然我们对于网络霸凌有着各种担心，但网络还是展现出了更鼓舞人心的一面——我把它叫作网络声援。如果说网络霸凌是使用电子媒介来贬低、羞辱、折磨和骚扰他人，那么网络声援恰恰相反，是运用电子媒介来激励、支持和鼓舞他人，为他人提供信心。一个感到自己与别人不同的人，只需要登录网络，就能找到和自己有着共同兴趣爱好的人。

就像网络霸凌通常与其他形式的当面霸凌一起发生，让打击更令人痛苦一样，网络声援的力量也会传播到线下，进行当面互动，让帮助更有力。富有同情心的人或许读完一篇博文之后，就开始在网上发声，聚集他人的支持。最终，在线的活动可以转化为演讲、书面的出版物和积极的活动。无论是从线上到线下，还是反过来，都无所谓。为一项事业在现实生活中发声的人，或许决定用网页或者博客来支持自己的工作，那么网上的部分也就变成了一个完整的网络声援运动。

最为人熟知的一项转化为积极行动的网络声援运动是"一切会更好"项目。由丹·萨维奇和特里·米勒一起创办。当时是2010年的秋天，上演了很多同性恋孩子的自杀悲剧。这个项目包含了很多放到YouTube网站上的视频，是由同性恋和异性恋的人录制的，主要是鼓励同性恋青少年，让他们安心。

萨维奇最初的目标是让100个用户上传视频到YouTube网站上，声援岌岌可危的同性恋孩子。项目就像野火一样蔓延开来，到2011年8月，网站上已经有了25000个用户制作的此类视频，点击量超过4000万次。来自各行各业的人——政客、企业首席执行官、名人、普通市民——都向遭遇霸凌的性少数群体孩子表示支持。

旧金山巨人队是最先加入"一切会更好"项目的主要联赛球队，之后芝加哥小熊队、波士顿红袜队和巴尔的摩金莺队也都纷纷加入。当各大联赛球队都开始公开反对传统性别观念，反对反同霸凌现象，这个信息就更可能传到需要聆听的人的耳中。曾在公众场合公开诽谤中伤他人的运动员也面临着与日俱增的压力［比如，科比·布莱恩特在2011年的电视直播中，头脑一时发热，称裁判本尼·亚当斯（Bennie Adams）为"该死的基佬"，被罚10万美元］。

如今的流行文化已经不靠单一的媒介进行传播，我们看到一些前卫的电视节目正运用自己的影响力，在更大范围内传递着反霸凌的信息。看过2011年《欢乐合唱团》最后一集之后，我看到了一则商业广告，其中患有唐氏综合征的女演员劳伦·波特请求观众不要再用"R开头的单词"（指英文retarded：弱智），不要把它作为现代语言的一部分。《欢乐合唱团》的演员们都参加了几个网络声援运动。他们推动了"三思而后言"网站的发展，这个网站敦促人们不要在日常对话交流中说"那太同性恋了"和"那太弱智了"这样的话。他们也在"一切会更好"项目中上传了自己录制的视频。

马克斯·阿德勒曾在《欢乐合唱团》中扮演恐同霸凌者戴夫·卡洛夫斯基，他跟我讲述了自己为何决意要为"一切会更好"项目制作并上传视频[1]。有一集中，卡洛夫斯基表示，自己也是一个饱受折磨而没有出柜的同性恋者。这一集播出后，"一切会更好"项目询问他是否可以上传一个视频。阿德勒抓住了这个机会，在网络上对同性恋人群表示了声援。他评论说："我觉得这跟你是演员、运动员或者音乐家有关。如果你生活在聚光灯下，为什么不把人们的注意力转向真正需要改变的领域呢？我看到乔治·克鲁尼和安吉丽娜·朱莉在谈论社会变革，从而决定以他们为榜样。如果我能出现在别人的电脑屏幕上，可能这个人没有遇到过同性恋人群，但我告诉他同性恋是可以接受的，或许他们就会听我的，这就是个好的开始。"

我们谈到过某个电视节目引发全美上下热议反霸凌的现象。这是个不断演化的过程，最初发端于网络。阿德勒充满激情："博客、文章、社区——人们沿着这条故事线相互关联，凝聚成了比电视节目更大的力量。"阿德勒看到，他塑造的卡洛夫斯基形象影响到了同性恋人群，觉得尤为感动。他收到了世界各地的来信。他给我读了其中一封真正触动他内心的信，读时声音颤抖：

马克斯：

我很骄傲地说，我是同性恋。我已经接受了这个事实，这就是我。从上高中开始，我就因为自己的身份感到痛苦。从小学起，我就因为自己是同性恋而被欺负，我没有朋友，因为其他孩子会丑化我，没人愿意跟我讲话。我最终接受了这个现实。在内心纠结的过程中，我曾经自我伤害，从大学辍学，不再追寻人生梦想，也不再跟朋友讲话了。

但现在，我终于意识到，我有自己的美丽之处。下个学期我就要重新去学校报到了，我要争取获得音乐教育的学位，之后还希望读博士。我真的很高兴，终于看到了万事万物积极的一面。我的知识储备告诉我，我这一辈子很独特，成长过程中我被灌输着种族主义的思想，在很多时候都被继父虐待。小时候，继父告诉我，如果我跟他说我是同性恋，他会杀了我，一点也不夸张。

但后来我读了很多书，看了一些电视节目，比如《欢乐合唱团》，看到了您扮演的角色。我现在明白了什么才是正确的，我知道我成长的路途中被灌输的思想是不对的。

"这种信，"阿德勒说，"对我来说真的很重要。"第三集《欢乐合唱团》剧情有一个反转，阿德勒扮演的戴夫·卡洛夫斯基也遭到了反同霸凌。新学校里，一个所谓的朋友发现卡洛夫斯基是同性恋，就发起了一场针对他的仇视运动。几天之内，卡洛夫斯基深陷绝望之中，试图上吊自杀。看过这一剧情的同性恋青年们觉得这个演员真的理解他们的痛苦。要想了解在线支持是怎么转化为线下行动的，可以想一下阿德勒，他如今在公众场合公开支持同性恋平权运动。

另外一个公众熟知的人物是英国的橄榄球明星本·科恩（Ben Cohen），他身为异性恋，却因在线支持同性恋的权利而出名。这个英国橄榄球世界冠军发博客，阐述解决恐同问题的重要性。他经常发文，与反同霸凌做斗争，尤其是在职业运动圈子里。科恩有超过18万的粉丝，他借用自己的影响力，汇聚人们对这一事业的在线支持。他把功劳归于自己的父亲彼得·科恩（Peter Cohen），说他给自己带来了巨大的影响，让自己决定站出来反对霸凌。彼得·科恩曾看到一群人在北安普顿的一个夜总会外袭击一个"全家"的员工，他站出来支援这个员工，而参与霸凌的一群人把他也打了。彼得·科恩受伤严重，一个月后去世了[2]。

本·科恩非常仰慕父亲打抱不平的精神，一直想办法来纪念他。他开始为反抗霸凌发声，专注保护同性恋权利。他告诉我："我的一些同性恋朋友一直相当支持我，哪怕我在球场上表现不佳。我想做点什么来报答他们，这是最显而易见，也是最值得的方式了。"2011年，他创立了"本·科恩站起来"基金会，来为反抗霸凌发声，同时也开始了他的"接纳之旅"。科恩的倡议显示，有效的网络声援运动可以推动积极的线下行动。对于这趟旅程，科恩说："这给了我们遇见他人的机会，也让我们把宽容的精神传递到世界各地。我们从英国的曼彻斯特和伦敦开始，举办了'与本一起畅饮'之夜，接着去了亚特兰大、纽约、华盛顿和西雅图，与当地的亲同性恋橄榄球俱乐部一起合作。旅程很精彩，因为每个俱乐部都安排了不同类型的活动，丰富多彩。"科恩说，这个基金会已经启动了，大西洋两岸的活动层出不穷，伙伴关系不断建立。"我们计划去访问各大学校，与学生们一起制作反霸凌视频，在几个城市召开反霸凌峰会，提升人们的反霸凌意识。"

科恩意识到，网络是实施教化、改变人们态度的有力工具，他称其为"向前迈进的一大步"，承认他此前甚至都没有意识到同性恋人士经历的痛苦，直到一些粉丝开始给他写信，述说自己的生活。"有数以百万计的人没有意识到一些人每天都在经历的问题——自我怀疑，遭受霸凌，甚至走向自残。到最后，问题不是区别同性恋、黑人、白人、胖子和瘦子，而是作为人，应当有权利坚持做自己。我认为众生平等，都有权开心，都有权过一种有意义的生活。这就是我想要的，也想给家人和所有人带去的。"[3]

想着科恩的话，让我们回到章节开始时我们假设的那个场景中。年轻的约瑟夫在学校中遭受霸凌，无法面对明天。一天晚上，约瑟夫在大家都睡着之后，登录电脑，找寻有关同性恋的信息。他想要自杀，他需要帮助。他看到了一个链接，那是"一切会更好"项目的网站，于是点了进去。他震惊地发现，数千个视频中的人们都让他坚持下去，告诉他值得活着，他很好。看着这些视频，他也知道了有个预防自杀的组织叫"特雷弗项目"。

手指颤抖着，约瑟夫点开了网站：www.thetrevorproject.org。他了解到可以拨打"特雷弗热线"，这是一个全美范围内的24小时服务热线，目的是防止性少数群体青少年遇到危机而选择自杀。会有人在电话那头跟倾诉者讲话，也会为他保密。几个月来，约瑟夫第一次有了一种新感觉，这种感觉他自己甚至害怕去承认。严冬的乌云环绕在约瑟夫身边，如此阴暗，让他看不到春天的到来。然而在干裂的大地上，一点绿芽破土而出。希望就像刚刚降生的生命，柔嫩而美丽，在约瑟夫沉重的内心搅动起了一丝波澜。他在电脑前坐着，泪水顺着脸颊流淌下来，他明白自己并不孤单。约瑟夫拿起电话，开始拨打，抽泣着，有些许释然，但仍痛苦着。电话接通了,他几乎说不出话来。"请帮帮我。"他最终声音哽咽。虽然学校、家庭和他所在的社区都让他失望,但约瑟夫得到了网络的声援。从一个网站开始,拯救了一个生命。

大多数参加网络声援运动的人都是年纪较大一些的青少年和成年人,但现在也渐渐发生了变化。孩子们很喜欢网络带来的一些积极的社会体验,他们知道自己也能改变世界,尤其是能改变同龄人。安妮·柯里尔告诉我:"现在有一种新的童年社会学,把孩子们视作来自不同背景的具有完整人格的人。他们有着自己的社区,在生命中的不同阶段有着属于自己的兴趣爱好。"[4]

我们每天都能看到孩子们相互帮助。我看到自己的小女儿就得到了这样的帮助。在这个家长因担心网络暴力摧毁孩子而心急如焚的时代,我的体验却恰恰相反:我的孩子因为网络声援而备受鼓舞。凯蒂收到了很多小孩子用爸妈的账号写给她的电子邮件,他们用这种方式沟通交流。当人们参与网络声援运动时,他们自我感觉会更好,而获益者也不仅仅是最初的接受者,很多人都被这如潮水般涌来的爱和正义所温暖。我最喜欢的一封邮件是一位母亲写的,她讲了自己的孩子是如何因人们给予凯蒂的支持而受到鼓舞的:

> 我想跟你讲讲我女儿玛雅(Maya)的故事。玛雅8岁,很喜欢跟朋友们玩,喜欢上学。她也喜欢弟弟,喜欢马、80年代的重金属音乐、骷髅杰克、变形金刚,还喜欢看书,也开始喜欢"星战"了。

因为她比较敏感,又喜欢很多"男孩子"的玩具,她总是被嘲笑,尤其是班里的男孩子总嘲笑她。虽然她没有因为帮别人出头而受到霸凌,但她通常也不会反驳那些霸凌者。她很是沮丧。我们谈过很多次,但她总是不够自信,不敢做些什么或者说些什么。的确,我们是在很多男孩子产品采购区中给她买了她喜欢的东西,我也知道这样做可能会让她觉得那些男孩子是对的。

但今天不一样了。今天,我儿子兰斯(4岁)、女儿玛雅与我共同以你的名义,穿上了"星战"服装。猜猜玛雅做了什么?没错,那些二年级的男孩子嘲笑她,说《星球大战》是男孩子看的。玛雅回敬道:"我不在乎。"他们也就停了下来。她说她真的不在乎他们说什么。

你可能会问,为什么会发生这样的变化?发生了什么?很简单,是因为你的故事。我一读到詹在 Epbot 网络上的博文,就跑去读了有关凯蒂的所有信息。玛雅回到家,我跟她一同分享。最开始她还因为那些男孩子而沮丧,但后来,我给她读了一些你收到的回复,她激动地跳了起来。"不可思议,"她说,"我太激动了,妈妈。"从那时起,她就在等待今天的到来,她要穿上"星战"T恤和兜帽上衣,向凯蒂表示支持。

你的故事让玛雅为自己站了起来,为做自己而骄傲!

我喜欢设想着小玛雅穿着一身"星战"的行头,冲到学校——不再因为害怕被嘲笑惊悸不安,而是对自己的信仰充满了自信。玛雅和凯蒂从没见过面,但她们一直通过网络保持着联系。身后,有数百万人支持着她们,呼喊着善良必将战胜邪恶,个性必将战胜千篇一律。孩子们是这场力量中最重要的组成部分,他们联合起来,尽其所能,互相帮助。

看看四周,我们看到孩子们已经立场鲜明地反对霸凌。他们通过网络社区寻找到了彼此,如脸书上的"消除仇同",在那里,来自各大洲遭受霸凌的青少年和成年人分享着自己的故事,悲伤,抑或充满希望。孩子们庆祝反霸凌组织的成立,比如 Lady Gaga 的"生来如此"基金会。他们既尊重个性,又团结一心。孩子们看到青少年霸凌受害者约拿·莫里在 YouTube 上传了令人心碎的视频,详细讲述着自己受到的折磨,他们报之以温暖和支持。孩子们为"SPARK"这样的组织写博客,用自己的努力反对乐高和迪士尼宣扬的传统性别观念。孩子们知道,改变一个人的一生,就改变了整个世界。是孩子们让奇迹变为现实。

结　语

这本书探索了我们怎样做才能预防嘲笑和霸凌的发生，如何才能减少这些有害的行为。要从早期开始，创立一个接纳他人的环境，教孩子学会尊重和同情。如果孩子以同情心看待他人，他们的差异就不会再变成嘲笑和霸凌的导火索。霸凌者一旦学会同情，他人在其眼中就变成了"人"而不再是"物"。这在网络世界里尤其困难，因为霸凌者不会直面受害者，这加重了霸凌行为的凶残程度。同情心在网络世界里消失不见，不仅儿童缺乏，成人也是如此。不管是在体育、政治、娱乐还是家教领域，我们之中有谁没见过文章下面"评论区"的人身攻击？成年人彼此不认识，却在网上互相霸凌，他们竟然还不理解为什么下一代人觉得在脸书上撕破脸是可以接受的。

我们可以教孩子对各类媒体和电子游戏进行理性消费，在孩子从中汲取文化信息时，我们也不忘与他们沟通交流。在这个过程中可以培养孩子的同情心。如果你儿子在看一个充斥着暴力的电视节目，可以借这个机会跟他聊聊，这样他就不会觉得这种暴力行为是正常的、可以接受的。如果你女儿在看一档秀，孩子们都在嘲笑一个极客女孩，可以借这个机会教育一下她。最近，我跟女儿们一起看了安妮·海瑟薇主演的《公主日记》。看到一半，出现了一幕不可避免的化妆戏份，安妮·海瑟薇从丑小鸭变成了美丽的公主。

看着海瑟薇的头发原本打着小卷，后来变得光亮顺滑，酒瓶底眼镜也换成了隐形眼镜，我坐立不安。这会让我的女儿们有何感想？她们一个戴着眼镜，一个鬈发。她们会觉得只有让头发服服帖帖，丢掉眼镜，才算是好看吗？我考虑关上电视，但和丈夫商量后，我们用这个机会对女儿们进行了教育。聊了几分钟之后，接着继续放电影。

家庭中的关心爱护绝不仅仅是掌握孩子看什么电视节目，或者陪着孩子一起看，好借机教育他们。我们还要告诉孩子，如果电视节目和音乐视频中的人相互诋毁，此时应当怎样形成自己的理解。名人、媒体和公司对孩子们形成了巨大的影响。与其仅仅把他们当作"坏榜样"不予理睬，不如借这个机会，在合适的时候与他们联手，推动形成接纳他人的文化。借助文化偶像的帮助，结束女孩子过度性感化和年轻男孩子过度阳刚化的趋势。这个世界上极少有非黑即白的东西，我们作为成年人的职责就是展现灵活性，帮孩子学会宽容谅解。

在教会霸凌者同情的同时，我们需要告诉受害者，不是因为他们的行为和特征才招致了霸凌。这需要成年人看待霸凌的方式发生根本性的变革。孩子被霸凌，不是因为他是同性恋、有自闭症或者太胖，而是因为霸凌者认为这个目标与他人不同且不能接受，不值得尊重。我们必须教受害者怎样从认知层面对霸凌事件进行重建，这样他们就不会认为受到虐待是自己的错，是自己活该。

斯坦·戴维斯和查理斯·尼克松开拓性的新研究显示，当受害者学着从新的方式看待霸凌——"我被霸凌，不是因为我太胖了，而是因为霸凌者选择用这种刻薄恶毒的方式对待我。这是他的错，不是我的错"——此时被虐待的影响会大大减小。戴维斯和尼克松的研究也显示，很多被霸凌的孩子把事情告诉成人或者同伴时，他们会找到慰藉，但很多孩子不愿意倾诉。我们作为教育者、家长和朋友，就是要告诉受害者怎么从成人和同伴身上获得帮助。告诉他人，打个电话，写封信，发个短信，就会得到帮助。总会有人帮你，无须自己承担这一切。

我们需要壮大旁观者和目击者的力量，让他们站出来，或是去寻找帮助。我们需要告诉他们，保持沉默、在一旁哄笑或者加入霸凌者一伙，都是要负责任的。就算只有一个目击者前去帮助，形势也能扭转。这时其他人也会加入进来，力量对比平衡就会被打破，局面会平息下来，霸凌会停止。

我们怎样传授这些技能呢？要在儿童所处的所有场景中创建充满关怀的环境：家中、学校、邻里之间、网上、操场上，以及除此之外孩子们在的所有地方。在高危的霸凌场所增强成人监管，也是要求的一部分。但学校经费紧张，会首先承认不可能在每个角落都安排好善于沟通、受人尊敬的老师；家长工作紧张，也会抱怨说自己不可能时时刻刻都在。正因此，孩子们需要提高社交技能。我们不希望通过直升机式的家长来解决霸凌问题，是的，成年人的监控和干预至关重要，但孩子独立解决冲突的能力也很关键。如果我们每次在孩子被欺负的时候都俯冲下来伸出援手，我们就在无意间告诉孩子，他们无法照顾好自己。

社交是一支不断变化的舞蹈，需要平衡、技巧和练习，让我们教会孩子如何为自己发声，如何充满自信。让我们教会孩子打破沉默，面对残暴为彼此大声呼喊。让我们教会他们应对嘲讽、身体虐待和网络霸凌的办法。哪怕霸凌已经发生，也有和解的办法，机会合适就可以运用。比如修复性正义就可以用来弥补霸凌者对受害者产生的伤害，这比单纯让霸凌者停学要有用得多。

霸凌是个复杂的问题，需要多维的解决方式。仅靠监控孩子们的媒体使用、教霸凌者要有同情心、支持受害者、让孩子学会社交和解决冲突的办法是不够的。我们需要退后一步，分析一下自己在营造这种培养权力感、居高临下、排斥异己的态度的文化中扮演的角色。探索自己的言行不一和模式化观念如何让人不适。一位妈妈告诉我，她最开始看到上幼儿园的儿子穿着裙子，心生反感，但最终还是决定，如果他感到开心，就可以那样穿。很多人不同意这位妈妈的想法。这种不符合传统设定的性别观念引发的争论尤其激烈。基于性别的霸凌猖獗，各处都可见。就算是这种霸凌，也不是所有的受害者都能得到平等的辩护。世界各地的人很快就来为凯蒂喜爱"星战"的权利辩护，但喜欢公主的男孩子就不太可能得到这样普遍的支持了。有些人说，"星战"人人都可以喜欢，但公主只能女孩喜欢。但如果走进玩具商店，"星战"玩具明显摆在"男孩区"，而公主玩具则被归到了"女孩区"。基于性别的玩具市场也推动了这种传统性别观念的滋长，带来了霸凌滋生的沃土。

人人都有责任，人人都有力量。如果我们牢记这两个真理，就能优雅成熟地对战霸凌。所有人的声音都值得被听到，哪怕处在边缘，哪怕无法发声。我们只要倾听，改变就必将发生。

致　谢

如果没有很多人的帮助、支持和鼓励，这本书难以付梓。感谢我的代理人莫丽·格利克，从我刚有想法，到落到笔头，你一直在为我护航。感谢编辑罗杰·弗利特，在我做调查研究和写作的时候，给予了我精彩的指导、反馈和支持。

感谢多萝西·埃斯皮莱奇为此书撰写推荐序，在我研究的过程中提供慷慨帮助，也感谢你为帮助霸凌受害者所做的伟大工作。

感谢众多专家、支持者、作者、教授，感谢你们不吝赐教。不完全统计如下：林恩·迈克尔·布朗、罗莎琳德·怀斯曼、瑞秋·西蒙斯、安妮·柯里尔、佩吉·奥伦斯坦、乔·保莱蒂、芭芭拉·克罗卢梭、麦克·凯莉、朱迪·弗里德曼、劳拉·哈妮诗、罗恩·阿斯托、特鲁迪·路德维格、约翰·哥特曼、克里斯蒂娜·崔圣爱、安妮·福克斯、斯坦·戴维斯、谢里·鲍曼、米歇尔·汤普森、贾斯汀·帕钦、让·基尔伯恩、布兰达·莫里森、玛德琳·迪诺诺、威廉·波特、苏珊·林伯、米歇尔·罗比、卡特·埃里森、阿里卡·巴顿、苏珊·特里斯曼、科莎·伯奇-西姆斯、米歇尔·博巴、乔西·戈兰、劳伦·帕瑟可亚、莫里斯·特劳德、玛丽亚·怀恩、埃里克·威瑟斯庞、麦莉·萨瓦迪、大卫·施里伯格、维斯·肖克里、乔迪·布兰科、谢丽尔·基洛戴维斯、莎拉·布藤威泽、扎卡里·赫尔曼、威尔·克劳福德、基思·罗宾逊、杰利·波普、莎拉·霍夫曼、乔斯林·格雷、贝德福德·霍普、艾尔·耶伦和吉姆·马格拉斯。

衷心感谢各位演员、运动员和音乐家，感谢你们愿意接受我的采访，包括菲利西亚·戴、本·科恩、彼得·梅休、维多利亚·斯蒂尔维尔、马克思·阿德勒、凯瑟琳·泰伯、詹姆斯·阿诺德·泰勒、阿什利·艾克斯坦、汤姆·凯恩、蔡斯·马斯特森，以及贾斯汀·罗伯茨。

感谢各位《星球大战》粉丝、科幻小说粉丝、极客社区，如果不是你们分享凯蒂的故事，书中的一切都不可能发生。尤其要特别感谢詹·叶慈和 Epbot 的读者们，感谢伯尼·波顿和"卢卡斯电影"，感谢"极客女孩集会"，詹妮弗·思图勒，以及 ChicagoNow 的博主们，你们是我优秀的同事。

感谢吉米·格林菲尔德在凯蒂的故事广为传播之时，帮我在混乱的媒体播报中导航；感谢"当下芝加哥"的博主们，你们是我出色的战友。

感谢我博客的读者们，尤其是"收养孩子的画像"优秀的读者群，感谢你们为我搭建了一个论坛，让我能够发展这个项目，并在过程中不断鼓励我（和我的家人）。

感谢勇敢的孩子们和成年人，你们跟我讲述了令人心痛的霸凌故事。你们的真实姓名都镌刻在我心中，我对你们的尊重和感恩可能超乎你们的想象。

感谢我了不起的父母，芭芭拉·戈德曼和阿兰·戈德曼，也感谢安德鲁了不起的父母，拉尔夫·西格尔和南希·西格尔，感谢你们无尽的爱、帮助和支持。感谢我的家人和朋友，尤其是我的祖母鲁斯·古林森，感谢你的关心和热情。

感谢我的姐妹们、丽莎、詹妮和林赛，以及我的嫂子，金和朱丽叶，你们与我最好的朋友和家人一起，是我最坚强的后盾。另外感谢古德曼一家，感谢詹·戈尔茨坦和梅根·诺瓦拉，陪我度过每个周三的下午，谢谢詹愿意在我从事写作的时候开车带安妮·罗斯在小镇玩耍，感谢希尔维亚·盖茨每周五照看宝宝克里奥。感谢詹·普雷舍尔做我的研究助手。

感谢你们，凯蒂、安妮·罗斯、克里奥，你们是我欢声笑语的源泉。

最要感谢你，我的先生，我的伙伴，我最好的搭档，安德鲁。我全心全意地爱着你，每分每秒。

相关资源及拓展读物

在线资源

• 吉娜·戴维斯性别与媒体研究所 Geena Davis Institute on Gender and Media，www.thegeenadavisinstitute.org

• 哈迪女孩健康女性 Hardy Girls Healthy Women，www.hghw.org

• 闪耀 SPARK，www.sparksummit.com

• 女孩领导力研究所 Girls Leadership Institute，www.girlsleadershipinstitute.org

• 常识媒体 Common Sense Media，www.commonsensemedia.org

• 网络霸凌研究中心 Cyberbullying Research Center，www.cyberbullying.us

• 网络家庭新闻 Net Family News，www.netfamilynews.org

• 学校参与全国中心 The National Center for School Engagement，www.schoolengagement.org

• 积极行为干预与支持 Positive Behavioral Interventions and Supports，www.pbis.org

• 安全场所期待尊重 Safe Place's Expect Respect，www.safeplace.org/expectrespect

• 反污蔑联盟学校课程 Anti-Defamation League School Lessons，www.adl.org/education/curriculum_connections

• 同性恋异性恋&教育网络 Gay, Straight, Lesbian & Education Network，www.glsen.org/cgi-bin/iowa/all/home/index.html

• 美国公民自由联盟 LGBT 项目 American Civil Liberties Union LGBT Project，www.aclu.org/lgbt

- 同性恋联盟反污蔑 Gay and Lesbian Alliance Against Defamation, www.glaad.org
- "一切都会好"项目 It Gets Better, www.itgetsbetter.org
- 特雷弗项目 The Trevor Project, www.thetrevorproject.org
- 全国性暴力资源中心 National Sexual Violence Resource Center, www.nsvrc.org
- 善良运动 The Kind Campaign, www.kindcampaign.com/index.php
- 男孩女孩的生活 The Lives of Girls and Boys: Initiatives on Gender Development and Relationships, lives.clas.asu.edu/index.html
- 全国学校心理学家网络霸凌资源协会 National Association of School Psychologists' Cyberbullying Resources, www.nasponline.org/resources/cyberbullying/index.aspx
- 干预中心，行为干预 Intervention Central, Behavioral Interventions, www.interventioncentral.org/index.php/behavorial-resources
- 尊重的步骤和第二步 Steps to Respect and Second Step, www.cfchildren.org
- 女孩童子军健康媒体 Girl Scouts Healthy Media, blog.girlscouts.org/2010/10/watch-what-you-watch.html
- 女孩童子军给家长的建议——与女孩们谈论真人秀 Girl Scouts Tips for Parents About Talking with Girls About Reality TV, www.girlscouts.org/research/pdf/real_to_me_tip_sheet_for_parents.pdf
- 无商业广告的童年运动 Campaign for a Commercial-Free Childhood, www.commercialfreechildhood.org
- 教授宽容 Teaching Tolerance, www.tolerance.org
- 媒体素养中心 Center for Media Literacy, www.medialit.org
- 媒体教育基金会 Media Education Foundation, www.mediaed.org
- 我与安全 I-SAFE, www.isafe.org
- 安全沟通 Connect Safely, www.connectsafely.org
- 学校的修复性正义 Restorative Justice in Schools, www.safersanerschools.org/articles.html?articleId=387
- 全国反霸凌法案报告 Reporting on State Anti-Bullying Laws, bullypolice.org
- 孩子自我防御及赋权培训 Self-Defense and Empowerment Training for

Kids，www.kid power.org

• 面对历史和我们自己 Facing History and Ourselves，www.facinghistory.org

• 合作学习 Cooperative Learning： The Jigsaw Classroom，www.jigsaw.org
• 美国自闭症社区 The Autism Society of America，www.autism-society.org
• 自闭症者有话说 Autism Speaks，www.autismspeaks.org
• 平权倡议 Equal Rights Advocates，www.equalrights.org
• 美国教育部民权办公室 Office of Civil Rights，U.S. Department of Education，www.ed.gov/ offices OCR/index.html
• 加拿大预防霸凌 Bullying Prevention in Canada，prevnet.ca

给孩子们的拓展读物

4 至 8 岁可阅读的画书：

《我家人是怎么来的：爹地，爸爸与我》*How My Family Came to Be：Daddy，Papa and Me*，by Andrew Aldrich. New Family Press，2003.

《霸凌阻断者俱乐部》*The Bully Blockers Club*，by Teresa Bateman. Albert Whitman and Company，2004.

《A. 林肯与我》*A. Lincoln and Me*，by Louise Borden and Ted Lewin. Scholastic，2001.

《飞行员瓦奥莱特》*Violet the Pilot*，by Steve Breen. Dial，2008.

《女芭蕾舞演员奈特》*Ballerino Nate*，by Kimberly Brubaker Bradley. Dial，2006.

《西门的钩子：一个有关嘲笑和羞辱的故事》*Simon's Hook：A Story About Teases and Put-downs*，by Karen Gedig Burnett. GR Publishing，2000.

《怎样失掉所有的朋友》*How to Lose All Your Friends*，by Nancy Carlson. Puffin，1997.

《最恶毒的话》*The Meanest Thing to Say*，by Bill Cosby. New York：Scholastic，1997.

《优雅的大象艾拉》*Ella the Elegant Elephant*，by Carmela D'amico and Steve D'amico. Arthur A. Levine Books，2004.

《国王与国王》*King and King*, by Linda De Haan and Stern Nijland. Tricycle Press, 2003.

《奥利弗巴顿是个女孩子气的男孩》*Oliver Button Is a Sissy*, by Tomie dePaola. Harcourt Brace Jovanovich, 1979.

《女孩子气的小鸭子》*The Sissy Duckling*, by Harvey Fierstein. Simon and Schuster Books for Young Readers, 2002.

《刚强的波利斯》*Tough Boris*, by Mem Fox. Harcourt Children's Books, 1994.

《公主骑士》*The Princess Knight*, by Cornelia Funke. The Chicken House, 2004.

《艾琳娜的小夜曲》*Elena's Serenade*, by Campbell Geeslin. Atheneum Books for Young Readers, 2004.

《史尼奇及其他故事》*The Sneetches and Other Stories*, by Theodor Geissel (Dr. Seuss). Random House, 1961.

《菊花》*Chrysanthemum*, by Kevin Henkes. Greenwillow Books, 1991.

《霍拉丝,莫里斯,最主要是多洛雷斯》*Horace and Morris but Mostly Dolores*, by James Howe. Atheneum Books for Young Readers, 2003.

《有点吓人的人们》*The Little Bit Scary People*, by Emily Jenkins. Hyperion Books for Children, 2008.

《就像乔西吉普森一样》*Just Like Josh Gibson*, by Angela Johnson. Simon and Schuster Books for Young Readers, 2007.

《我的公主男孩》*My Princess Boy*, by Cheryl Kilodavis. Aladdin, 2010.

《我移动的眼镜》*My Travelin' Eye*, by Jenny Sue Kostecki-Shaw. Henry Holt and Co., 2008.

《怎么做朋友:交友及维持友谊指南》*How to Be a Friend: A Guide to Making Friends and Keeping Them*, by Laurie Krasney and Marc Brown. Little Brown and Co., 2001.

《内森吹灭了光明节蜡烛》*Nathan Blows Out the Hanukkah Candles*, by Tami Lehman-Wilzig and Nicole Katzman. KAR-BEN Publishing, 2011.

《企鹅塔基》*Tacky the Penguin*, by Helen Lester. Walter Lorraine Books, 1990.

《站高,莫里卢麦伦》*Stand Tall, Molly Lou Melon*, by Patty Lovell. Scholastic, 2002.

《没人知道怎么做：一个霸凌的故事》*Nobody Knew What to Do : A Story About Bullying*, by Becky McCain. Mag- netix Corporation, 2002.

《今天有没有填满幸福的水桶？》*Have You Filled a Bucket Today?* by Carol McCloud. Ferne Press, 2006.

《敌人派》*Enemy Pie*, by Derek Munson. Chronicle Books, 2000.

《操场之王》*King of the Playground*, by Phyllis Reynolds Naylor. Atheneum, 1991.

《哭得很漂亮的男孩》*The Boy Who Cried Fabulous*, by Lesléa Newman. Tricycle Press, 2007.

《不同没关系》*It's Okay to Be Different*, by Todd Parr. Little, Brown Books for Young Readers, 2009.

《谢谢你，法尔克先生》*Thank You, Mr. Falker*, by Patricia Polacco. Philomel, 1998.

《不要嘲笑我》*Don't Laugh at Me*, by Steve Seskin and Allen Shamblin. Tricycle Press, 2002.

《果汁盒霸凌》*The Juice Box Bully*, by Bob Sornson and Maria Dismondy. Ferne Press, 2010.

《加布里埃尔弄明白学校的意义》*This Is Gabriel Making Sense of School*, by Hartley Steiner. Trafford Publishing, 2010.

《不要再惹我》*Stop Picking on Me*, by Pat Thomas and Lesley Harker. Barron's Educational Series, 2000.

《我真的不一样吗？》*Am I Really Different?* by Evelien Van Dort, Floris Books, 1998.

《伊西为什么遮住耳朵？应对感觉超负荷》*Why Does Izzy Cover Her Ears? Dealing with Sensory Overload*, by Jennifer Veenendall. Autism Asperger Publishing, 2009.

《语言不是为了伤人》*Words Are Not for Hurting*, by Elizabeth Verdick. Free Spirit Publishing, 2004.

《威廉的玩具》*William's Doll*, by Charlotte Zolotow. Harper Collins, 1972.

8 到 13 岁孩子可读的文字丰富的画书和章节书籍：

家长和监护人应当预先阅读这些书籍，以保证内容适合小读者。

《折纸尤达的奇怪箱子》*The Strange Case of Origami Yoda*, by Tom Angleberger. Amulet Books, 2010.

《嚎啕大哭》*Blubber*, by Judy Blume. Yearling, 1974.

《巴黎万岁》*Vive La Paris*, by Esmé Raji Codell. Hyperion Paperbacks for Children, 2007.

《蓝色奶酪呼吸和臭脚丫》*Blue Cheese Breath and Stinky Feet*, by Catherine DePino. Magination Press, 2004.

《百条裙子》*The Hundred Dresses*, by Eleanor Estes. Scholastic, 1973.

《真朋友对其他人》*Real Friends versus the Other Kind*, by Annie Fox. Free Spirit Publishing, 2009.

《我是杰克》*I Am Jack*, by Susanne Gervay. Tricycle Press, 2009.

《加不拉埃尔国王的解放》*The Liberation of Gabriel King*, by K. L. Going. Puffin, 2007.

《热点问题,冷静抉择:面对霸凌、同辈压力、流行和羞辱》*Hot Issues, Cool Choices: Facing Bullies, Peer Pressure, Popularity, and Put-downs*, by Sandra McLeod Humphrey. Prometheus Books, 2007.

《流行报纸》*The Popularity Papers*, by Amy Ignatow. Amulet Books, 2011.

《保护自己!个人权力和积极自尊的指南》*Stick Up for Yourself! Every Kid's Guide to Personal Power and Positive Self-Esteem*, by Gershen Kaufman, Lev Raphael, and Pamela Espelano. Free Spirit Publishing, 1999.

《德瑞塔,我的闺蜜》*Drita, My Homegirl*, by Jenny Lombard. Puffin Books, 2006.

《一个霸凌者的忏悔》*Confessions of a Former Bully*, by Trudy Ludwig. Tricycle Press, 2010.

《开个玩笑》*Just Kidding*, by Trudy Ludwig. Tricycle Press, 2006.

《我的秘密霸凌》*My Secret Bully*, by Trudy Ludwig. Tricycle Press, 2005.

《问题会说话》*Trouble Talk*, by Trudy Ludwig. Tricycle Press, 2008.

《豌豆男孩的苹果》*Mr. Peabody's Apples*, by Madonna. Callaway, 2003.

《三条腿的狗没什么不好》*Nothing Wrong with a Three-Legged Dog*, by Graham McNamee. Yearling, 2001.

《和平战士的秘密:与爱和勇气有关的故事》*Secret of the Peaceful Warrior: A Story About Courage and Love*, by Dan Millman. H. J. Kramer, 1991.

《飞翔的埃斯佩莱奇》*Esperanza Rising*, by Pam Munoz Ryan. Scholastic Paperbacks, 2002.

《驶向自由》*Riding Freedom*, by Pam Munoz Ryan. Scholastic Paperbacks, 1999.

《友谊：怎样交朋友并维持友谊》*Friendship: How to Make, Keep, and Grow Your Friendships*, by New Moon Books Girls Editorial Board. Crown Publishers, 1999.

《叫我希望》*Call Me Hope*, by Gretchen Olson. Little, Brown and Co., 2007.

《林肯先生的方式》*Mr. Lincoln's Way*, by Patricia Polacco. Philomel, 2001.

《霸凌者让人头痛》*Bullies Are a Pain in the Brain*, by Trevor Romain. Free Spirit Publishing, 1997.

《失败者》*Loser*, by Jerry Spinelli. Joanna Cotler Books, 2002.

《狂人麦吉》*Maniac Magee*, by Jerry Spinelli. Little, Brown and Co., 1990.

《羽毛》*Feathers*, by Jacqueline Woodson. Putnam Juvenile, 2007.

《假小子的问题》*Tomboy Trouble*, by Sharon Dennis Wyeth, Random House Books for Young Readers, 1998.

《超级工具卢拉：反抗霸凌的超级英雄》*Super Tool Lula: The Bully-Fighting Super Hero!*, by Michele Yulo. BookLogix Publishing Services, 2011.

13—17岁孩子可读的章节书籍

家长和监护人应当预先阅读这些书籍，以保证内容适合小读者。

《折纸尤达的奇怪箱子》*The Strange Case of Origami Yoda*, by Tom Angleberger. Amulet Books, 2010.

《扭曲》*Twisted*, by Laurie Halse Anderson. Speak, 2008.

《十三个原因》*Thirteen Reasons Why*, by Jay Asher. Penguin Group, 2007.

《仇恨名单》*Hate List*, by Jennifer Brown. Little, Brown and Co., 2010.

《为了莎拉·伯恩斯》*Staying Fat for Sarah Byrnes*, by Chris Crutcher. Greenwillow Books, 1993.

《包裹我的皮肤》*The Skin I'm In*, by Sharon Flake. Jump at the Sun/Hyperion Books for Children, 1998.

《彼得帕丁顿的秘密水果》*The Secret Fruit of Peter Paddington*, by Brian

Francis. Harper Perennial, 2005.

《查理的故事》*Charlie's Story*, by Maeve Friel. Peachtree Publishers, 1997.

《不合群的人》*The Misfits*, by James Howe. Atheneum Books for Young Readers, 2003.

《全是乔》*Totally Joe*, by James Howe. Atheneum Books for Young Readers, 2007.

《青少年网络霸凌调查：权力终结，后果显现》*Teen Cyberbullying Investigated: Where Do Your Rights End and Consequences Begin?*, by Thomas A. Jacobs. Free Spirit Publishing, 2010.

《狂热粉丝和哥特女孩奇异历险记》*The Astonishing Adventures of Fanboy and Goth Girl*, by Barry Lyga. Graphia, 2007.

《溺水的安娜》*Drowning Anna*, by Sue Mayfield. Hyperion, 2002.

《卢娜》*Luna*, by Julie Anne Peters. Little, Brown Books for Young Readers, 2006.

《星女孩》*Stargirl*, by Jerry Spinelli. Alfred A. Knopf, 2000.

《揭露者》*The Revealers*, by Doug Wilhelm. RR Donnelley and Sons Co., 2011.

《鹦鹉鱼》*Parrotfish*, by Ellen Wittlinger. Simon and Schuster Books for Young Readers, 2011.

《一个女孩的故事》*Story of a Girl*, by Sara Zarr. Little, Brown Books for Young Readers, 2008.

视听资源

男孩子们的情感生活

《该隐的封印：揭秘男孩世界的残忍文化》*Raising Cain: Exploring the Inner Lives of America's Boys*, by Michael Thompson and Powderhouse Productions. PBS Video, 2005.

《与男人气概的角力：男孩、霸凌与击打》*Wrestling with Manhood: Boys, Bullying, and Battering*. Sut Jhally (Director), featuring Sut Jhally and Jackson Katz. Media Education Foundation, 2002 (www.mediaed.org).

霸　凌

《霸凌》*Bully*. Lee Hirsch（Director）, 2012.

《谨慎点击》*Clicking with Caution*. Four-part DVD. www.nyc.gov/html/nycmg/nyctvod/ html/home/cwc.html.

《美国的色情短信：当隐私被公之于众》*Sexting in America：When Privates Go Public*. www.mtv.com/videos/news/483801/ sexting-in-america-when-privates-go-public-part-1.jhtml.

《网络霸凌》*Cyberbully*. Charles Biname（Director）. Lifetime Television, 2011.

女孩子们的侵略

《寻找善良》*Finding Kind*. Lauren Parsekian（Director）. Indieflix, 2010.

《恶毒女孩》*Mean Girls*（special feature with Rosalind Wiseman, "The Politics of Girl World"）. Mark Waters（Director）. Paramount Pictures, 2004.

《奇怪女孩出去》*Odd Girl Out*. Tom McLoughlin（Director）. Lifetime Television, 2005.

媒体与文化

《代表女士》*Miss Representation*. Jennifer Siebel Newsome（Writer and Director）, 2011. www.missrepresentation.org/the-film/.

《性别准则》*Codes of Gender*. Sut Jhally（Writer and Director）. Media Education Foundation, 2009. www.mediaed.org.

《消费孩子：童年的商业化》*Consuming Kids：The Commercialization of Childhood*. Adriana Barbaro and Jeremy Ear（Directors）. Media Education Foundation, 2008. www.mediaed.org.

《梦世界3：音乐视频中的欲望、性和权力（未删节）》*Dreamworlds 3：Desire, Sex and Power in Music Video*（*unabridged*）. Sut Jhally（Writer and Director）. Media Education Foundation, 2007. www.mediaed.org.

《M代：媒体与文化中的女性厌恶》*Generation M：Misogyny in Media and Culture*. Thomas Keith（Director）. Media Education Foundation, 2008. www.mediaed.org.

《嘻哈：节拍和韵律之外》*Hip-Hop: Beyond Beats and Rhymes*（abridged）. Byron Hurt（Director）. Media Education Foundation, 2006. www.mediaed.org.

《温柔的杀害：广告中的女性形象》*Killing Us Softly: Advertising's Image of Women*, by Jean Kilbourne. Sut Jhally（Director）. Media Education Foundation, 2006. www.mediaed.org.

《青少年狗仔队》*Teenage Paparazzo*. Adrien Grenier（Director）. Reckless Productions, 2010.

性骚扰

《调情还是伤害？学校中的性骚扰》*Flirting or Hurting? Sexual Harassment in Schools*, by Nan Stein and Lisa Sjostrom of Wellesley College. www.ket.org/itvvideos/offering/practical/flirtingorhurting.htm.

附录 1

几个前景广阔的项目简介——基于研究的预防霸凌和性格塑造项目

"霸凌小子"

"霸凌小子"项目于 2000 年开设,面向六到八年级的学生。2003 年,其中的一个子项目也发展起来,面向从学前班到五年级的学生。"霸凌小子"关注有效改变学校的社会系统,从而减少霸凌的发生。这个项目的基础是尊重。该项目针对霸凌者、受害者和旁观者,致力于培训学校所有的员工增强意识,进行干预,防止霸凌和侵害行为。

该项目与其他项目相比,更侧重教师培训,带来了极大的积极成果。项目涵盖了几个面向教师的学习模型,包括不同模块,如提升意识、识别霸凌者和受害者、进行干预、教室内预防、应对技巧等[1]。

"在你学校防霸凌"

"在你学校防霸凌"项目是一个全校的课程项目,最初于

2000年发展起来，面向从学前班到六年级的学生。"童年早期防止霸凌"项目于2005年创建，针对三到五岁的霸凌者和受害者。通过教授学生们必要的社交技能，防止霸凌行为在儿童早期的课堂中出现。教职员工发展执行指南涵盖很多章节，包括鉴别和干预霸凌行为、使用并改进课程安排以适应不同学校的需要、员工培训、亲社会性纪律干预、校车/交通干预，以及有效的家校合作技巧等。

教师的手册针对从学前班到一年级的学生，有六课时的计划和材料；从二年级到六年级的学生也有六课时的计划和对应的材料。前者主要关注社会关系和建立友谊，后者主要关注鉴别霸凌、教室规则、受害者和提供帮助者的策略等。这个手册最后一章主要讲建立一个充满关怀的教室，以及如何与家长展开合作。这个项目也有一个个性化的支持手册，用来解决特殊的霸凌和受害的案例[2]。

"防霸凌"

"防霸凌"项目由韦尔斯利学院的南·斯坦于1996年创立，针对四到五年级的学生。指南为老师和学生理解霸凌、鉴别霸凌与嘲笑之间的差别、理解性骚扰的定义及培养合适的应对策略提供了帮助。

指南包含11个四到五年级学生使用的按序核心课程，包括写作活动、阅读任务、课堂讨论、角色扮演、案例研究，以及家庭作业，目的是鼓励孩子思考霸凌与嘲笑之间的差别。

这些活动帮孩子划清合适与不合适、开玩笑和伤人的行为之间的界限[3]。

"期待尊重"

"安全场所期待尊重"项目首先于1988年在得克萨斯州奥斯汀的学校发展起来。孩子与成年人一道，通过该项目构建健康的青少年关系，预防约会暴力和性暴力。该项目为从学前班到十二年级的学生提供咨询和建立支持小组；为从六年级到十二年级的学生就约会暴力、性袭击、性骚扰，以及构建健康的两性关系进行课堂展示；提供暑期青少年领导力计划；为学校员工提供培训[4]。

该项目从南·斯坦的研究中汲取灵感。南·斯坦认为，因为性骚扰已成常态，"学校中已形成的文化实际上对该行为予以默许，潜在地把学校变成了一个约会／家庭暴力和其他形式的人际性别暴力的演练场和培训地"[5]。

"拼图教室"

艾略特·阿伦森发起了"拼图教室"项目，最先于1971年在得克萨斯州奥斯汀实施，帮助刚刚取消种族隔离的学校管理种族多样化的课堂。其结果是，参加"拼图教室"的学生经历的种族冲突减少，积极的教育产出增多。

为了教全班使用"拼图"方法，要把学生分为五到六人的"拼图"小组。每个小组中学生的性别、族裔和能力水平要有区分。每天的主题要分成五到六个部分，比如，如果班里的学生在学习亚伯拉罕·林肯一些最有名的演讲，那么这些部分可以包括：（1）1858年《裂开的房子》演讲；（2）1860年库伯联盟学院演讲；（3）1861年斯普林菲尔德告别演讲；（4）1861年首次就职演讲；（5）1863年葛底斯堡演说。给每个学生分配一个不同的部分，让其掌握，且每个学生只能接触到自己那部分的相关信息。

分到某一个部分的学生，比如葛底斯堡演说的学生，可以从自己的小组中出来，组成一个这个话题的专家团队。他们被要求去了解关于葛底斯堡演说的所有相关知识（演讲地点、在什么场合下发表的演讲、接受程度如何等等），之后排练一下怎么做展示。一旦他们掌握了葛底斯堡演说之后，小专家们就回到自己原来的小组，把这个主题的相关知识教给组内的其他成员。每个人都有机会在一个话题上做一次专家。课程结束时，老师会发一份涵盖各个部分的测试题，学生如果不尊重"拼图小组"中的任何一位成员，都不可能学到这位成员的专业知识来完成测验——拼图上的每一块都必不可少[6]。

"奥维斯预防霸凌项目"

丹·奥维斯是"奥维斯预防霸凌项目"（OBPP）的创始人。很多反霸凌的项目都是从奥维斯率先进行的突破性研究中汲取灵感的。OBPP最初于20世纪80年代在挪威发展起来，非常成功，降低了50%的霸凌现象。在美国学校中，该项目降低了20%的霸凌，目前奥维斯团队正在进行调整，以适应美国学生的不同文化和人口背景。奥维斯项目的一大改变是该项目原来主要关注成人干预，现在更多地把权利赋予学生。OBPP目标人群是5到15岁的小学和初中生，最近几年，项目已经扩展到了高中，目前仍在不断发展、更新项目内容。

该项目的核心部分在学校层面、教室层面、个人层面，以及社区层面都在实施。学校层面的组成元素包括"预防霸凌协调委员会"的形成，分发匿名学生问卷以评估霸凌现象的性质和流行程度，培训委员会成员及员工，发展与学生行为相宜的积极和被动应对措施，家长参与等。委员会对于奥维斯项目在美国取得成功至关重要。

教室层面的组成元素包括强化学校反霸凌的规章制度，定期组织学生会议，提升知识储备，培养同情心；与家长组织通气会。个人层面的组成部分包括分别对霸凌者和受害者进行干预，与相关学生家长会谈等[7]。

"积极行为干预与支持"（PBIS）

学校范围内的积极行为支持（SWPBS）与PBIS这两个术语可以互换。在这两种情况下，这两个术语指的是一个系统的办法，建立学校中所有儿童所需的社会文化和行为支持，以实现孩子们的社会和学业成就。学校需要确定3到5个积极的行为，以此为基础形成期待。例如，安全、负责、尊重。SWPBS并不是一组课程，而是一个给核心元素下定义的方法，这些核心元素可以通过一系列的策略来实现。此项目面向从学前班到十二年级的所有学生[8]。

这个预防霸凌模型中有三个层级。第一层，初级预防，包括学校层面和教室层面针对所有学生、教职员工和背景环境的系统。第二层，次级预防，包括针对有危险行为的学生和特殊组群的系统。第三层，三级预防，包括对高危学生进行个性化的干预、评估和支持[9]。PBIS自身为行为预期提供了一个准则，但与特殊的霸凌课程相结合时才能起到最好的效果。

"第二步"

"第二步"项目针对从学前班到八年级的孩子。对于从学前班到一年级的孩子，课程侧重于与学习遵守规则相关的技巧。对于从二年级到五年级的孩子，专注于同情心、解决问题和管控强烈的情绪。每天5分钟的练习活动和家庭互动可以帮助强化这些技能。对于六到八年级的学生，使用互动的DVD帮助学生学习自我保护的技巧，帮助他们学会做出健康的选择，学会哪怕在遇到实质性虐待、霸凌、网络霸凌和同辈压力的时候，也要与学校保持沟通。

近来有一个新的"第二步早期学习"项目出现，针对3到5岁的孩子，通过28周的主题教育来开展，每周进行

5到7分钟的活动。每次活动相互联系,发展孩子的自我管理技能和社会情感能力。

"尊重的步骤"

"尊重的步骤"项目最初于2001年发展起来(2005年更新),是一个全面的小学防霸凌项目,课程分别针对三到五年级和四到六年级的学生。该项目提倡全校范围内的反霸凌,解决学校、员工、同辈小组、单个孩子以及家庭层面的问题。这个项目的设计者认为,在多层次进行干预是减少校园霸凌最有效的方式。项目设计初衷是让学生感到安全,感到身边成年人的支持,使其彼此之间建立更加强大的纽带。美国《发展心理学》杂志于2005年6月发布的一个评估报告指出,践行"尊重的步骤"的学校跟对照组学校相比,操场上的霸凌行为减少了25%[10]。

第一阶段中,学校确立全校范围内的反霸凌政策和步骤框架,确定霸凌行为的应对措施。第二阶段中,所有学校员工都接受培训,学会识别霸凌行为,并学会处理学生的汇报。同时,选择某些员工,接受培训,与参与到霸凌事件中的学生直接接触。家长也会收到与霸凌相关的材料。第三阶段中,学生学习并践行防霸凌技巧,包括三个R:辨认(recognize)、拒绝(refuse)和上报(report)霸凌事件。项目支持专家随时要答疑解惑,帮助大家解决困难,为项目的发起和评估提供策略支持[11]。

附录2
两个霸凌调查样例

针对较小孩子的霸凌调查

接下来是"教会宽容"在面向小学孩子的霸凌调查中推荐的问题[1]:

1. 有人骂过你吗?

2. 有人说你不能跟他／她做朋友吗?

3. 有人打、踢或者推搡过你吗?

4. 有人威胁过你吗?

5. 有没有人因为你的长相对你很刻薄?

6. 你有没有跟别人说过以上这些事情?为什么?／为什么不说?

7. 你见过别人被霸凌吗?

8. 你有没有骂过别人?有没有打、踢、推搡、威胁过别人,或者对别人很刻薄?

针对较大孩子的霸凌调查

接下来是多萝西·埃斯皮莱奇提供的调查问卷,此调查在很多青少年身上进行过[2]:

对于下面的问题,选择在最近30天内,你做过多少次这些事情,或者这些事情在你身上发生过多少次。(在相应的字母上画√)

	从未发生过	一到两次	三到四次	五到六次	七次或更多
我让其他学生不开心,因为这样好玩	a	b	c	d	e
在小组中,我嘲笑其他学生	a	b	c	d	e
我会打那些弱小的学生	a	b	c	d	e
其他学生惹我麻烦	a	b	c	d	e
我打过架	a	b	c	d	e
我散布过其他学生的谣言	a	b	c	d	e
吵架或冲突是我先挑起的	a	b	c	d	e
我帮着骚扰其他学生	a	b	c	d	e
有人打我我就会打回去	a	b	c	d	e
其他学生叫我"基佬"	a	b	c	d	e
我威胁要去伤害或者打另外一个学生	a	b	c	d	e

续表

	从未发生过	一到两次	三到四次	五到六次	七次或更多
我打架是因为我很生气	a	b	c	d	e
我会无缘无故发脾气	a	b	c	d	e
其他学生骂我	a	b	c	d	e
我鼓励人们打架	a	b	c	d	e
我嘲笑其他学生	a	b	c	d	e
我叫其他学生"基佬"	a	b	c	d	e
我生气的时候就会对人很过分	a	b	c	d	e
我一整天都很生气	a	b	c	d	e
我被其他学生打了/推搡了	a	b	c	d	e

附录3
性骚扰调查样例[1]

这份调查可以看出你是否被他人性骚扰过：从本学年开始，在学校中，在你不想要的情况下，别人对你做下列事情的频率是怎样的？（在相应的字母上画√）

	不确定	从未	很少	偶尔	经常
对你进行与性相关的评论，开性相关的玩笑，做出性相关的姿势或表情。	a	b	c	d	e
男生这样对你的频率是怎样的？	a	b	c	d	e
女生这样对你的频率是怎样的？	a	b	c	d	e
给你或给你看与性相关的图片、照片、插图、信息或注释。	a	b	c	d	e
男生这样对你的频率是怎样的？	a	b	c	d	e
女生这样对你的频率是怎样的？	a	b	c	d	e
在洗手间墙上、更衣室等地方写与你相关的性方面的信息/或有类似涂鸦。	a	b	c	d	e

续表

	不确定	从未	很少	偶尔	经常
男生这样对你的频率是怎样的?	a	b	c	d	e
女生这样对你的频率是怎样的?	a	b	c	d	e
传播与你相关的性方面的谣言?	a	b	c	d	e
男生这样对你的频率是怎样的?	a	b	c	d	e
女生这样对你的频率是怎样的?	a	b	c	d	e
说你是同性恋。	a	b	c	d	e
男生这样对你的频率是怎样的?	a	b	c	d	e
女生这样对你的频率是怎样的?	a	b	c	d	e

记住,我们想知道,如果这种事情发生过,那么从这一学年开始,别人对你做出下列事情的频率是怎样的?(在相应的字母上画√)

	不确定	从未	很少	偶尔	经常
以有性意味的方式触摸、抓、掐你。	a	b	c	d	e
男生这样对你的频率是怎样的?	a	b	c	d	e
女生这样对你的频率是怎样的?	a	b	c	d	e
以有性意味的方式拉扯你的衣服。	a	b	c	d	e
男生这样对你的频率是怎样的?	a	b	c	d	e
女生这样对你的频率是怎样的?	a	b	c	d	e

续表

	不确定	从未	很少	偶尔	经常
以有性意味的方式故意拂过你。	a	b	c	d	e
男生这样对你的频率是怎样的？	a	b	c	d	e
女生这样对你的频率是怎样的？	a	b	c	d	e
把你的衣服脱掉或者拉扯下来。	a	b	c	d	e
男生这样对你的频率是怎样的？	a	b	c	d	e
女生这样对你的频率是怎样的？	a	b	c	d	e
以有性意味的方式挡住你的路或是把你逼到墙角。	a	b	c	d	e
男生这样对你的频率是怎样的？	a	b	c	d	e
女生这样对你的频率是怎样的？	a	b	c	d	e
强迫你亲他／她。	a	b	c	d	e
男生这样对你的频率是怎样的？	a	b	c	d	e
女生这样对你的频率是怎样的？	a	b	c	d	e
强迫你做出除了亲吻之外的其他性动作或行为。	a	b	c	d	e
男生这样对你的频率是怎样的？	a	b	c	d	e
女生这样对你的频率是怎样的？	a	b	c	d	e
强迫你抚摸他们的隐私部位。	a	b	c	d	e
男生这样对你的频率是怎样的？	a	b	c	d	e
女生这样对你的频率是怎样的？	a	b	c	d	e

下面这份调查可以看出他人是否被你性骚扰过。自从这一学年开始,你是否在学校时强迫他人做过下列事情?(在相应的字母上画√)

	不确定	从未	很少	偶尔	经常
进行与性相关的评论,开性相关的玩笑,做出性相关的姿势或表情。	a	b	c	d	e
你对男生做此事的频率是怎样的?	a	b	c	d	e
你对女生做此事的频率是怎样的?	a	b	c	d	e
展示与性相关的图片、照片、插图、信息或注释。	a	b	c	d	e
你对男生做此事的频率是怎样的?	a	b	c	d	e
你对女生做此事的频率是怎样的?	a	b	c	d	e
在洗手间墙上、更衣室等地方写与他人相关的性方面的信息/或有类似涂鸦。	a	b	c	d	e
你对男生做此事的频率是怎样的?	a	b	c	d	e
你对女生做此事的频率是怎样的?	a	b	c	d	e
传播与他人相关的性方面的谣言。	a	b	c	d	e

续表

	不确定	从未	很少	偶尔	经常
你对男生做此事的频率是怎样的?	a	b	c	d	e
你对女生做此事的频率是怎样的?	a	b	c	d	e
说他人是同性恋。	a	b	c	d	e
你对男生做此事的频率是怎样的?	a	b	c	d	e
你对女生做此事的频率是怎样的?	a	b	c	d	e
以有性意味的方式对他人进行触摸、抓、掐。	a	b	c	d	e
你对男生做此事的频率是怎样的?	a	b	c	d	e
你对女生做此事的频率是怎样的?	a	b	c	d	e
以有性意味的方式拉扯他人的衣服。	a	b	c	d	e
你对男生做此事的频率是怎样的?	a	b	c	d	e
你对女生做此事的频率是怎样的?	a	b	c	d	e
以有性意味的方式故意拂过他人。	a	b	c	d	e
你对男生做此事的频率是怎样的?	a	b	c	d	e

续表

	不确定	从未	很少	偶尔	经常
你对女生做此事的频率是怎样的?	a	b	c	d	e
把他人的衣服脱掉或拉扯下来。	a	b	c	d	e
你对男生做此事的频率是怎样的?	a	b	c	d	e
你对女生做此事的频率是怎样的?	a	b	c	d	e
以有性意味的方式挡住他人的路或是把他们逼到墙角。	a	b	c	d	e
你对男生做此事的频率是怎样的?	a	b	c	d	e
你对女生做此事的频率是怎样的?	a	b	c	d	e
强迫他人亲你。	a	b	c	d	e
你对男生做此事的频率是怎样的?	a	b	c	d	e
你对女生做此事的频率是怎样的?	a	b	c	d	e
强迫他人对你做出除了亲吻之外的其他性动作或行为。	a	b	c	d	e
你对男生做此事的频率是怎样的?	a	b	c	d	e
你对女生做此事的频率是怎样的?	a	b	c	d	e

续表

	不确定	从未	很少	偶尔	经常
强迫他人触摸你的隐私部位。	a	b	c	d	e
你对男生做此事的频率是怎样的?	a	b	c	d	e
你对女生做此事的频率是怎样的?	a	b	c	d	e

参考文献

ABC Local News. KTRK-TV/DT. September 29, 2010. "Parents: Bullies Drove 13-Year-Old to Suicide." abclocal.go.com/ktrk/story?section=news/local&id=7695982.

ABC News. December 6, 2011. "Lady Gaga Takes Anti-Bullying to White House." abcnews.go.com/WNT/video/lady-gaga-takes-anti-bullying-white-house-15100813.

Alexander, B. "The Bullying of Seth Walsh: Requiem for a Small-Town Boy." Time U.S. October 2, 2010. www.time.com/time/nation/article/0,8599,2023083,00.html.

Alphonse, L. M. "Epic T-Shirt Fail: 'I'm Too Pretty to Do My Homework, So My Brother Has to Do It for Me.'" Shine from Yahoo! August 31, 2011. shine.yahoo.com/parenting/epic-t-shirt-fail-quot-im-too-pretty-to-do-my-homework-so-my-brother-has-to-do-it-for-me-quot-2537106.html.

American Psychological Association. 2007. *Sexualization of Girls*. www.apa.org/pi/women/programs/girls/report.aspx.

Aronson, E., N. Blaney, C. Stephin, J. Sikes, and M. Snapp. *The Jigsaw Classroom*. Beverly Hills, CA: Sage, 1978.

Baldry, A. C., D. P. Farrington, and M. M. Ttofi. "Effectiveness of Programmes to Reduce School Bullying: A Systematic Review." Swedish National Council for Crime Prevention. Brottsforebyggande radet–Bra, 2008.

Ball, B., and B. Rosenbluth. "Expect Respect—Program Overview: A School-Based Program for Preventing Teen Dating Violence and Promoting Safe and Healthy Relationships." Austin, TX: SafePlace, 2008. www.safeplace.org/document.doc?id=27.

Bauman, S. *Cyberbullying: What Counselors Need to Know*. Alexandria, VA: American Counseling Association, 2011.

Beland, K. "Second Step: A Violence Prevention Curriculum." Seattle: Committee for Children, 1992.

Blanco, J. *Please Stop Laughing at Me . . . : One Woman's Inspirational Story*. Avon, MA: Adams Media, 2003.

Borba, M. *Nobody Likes Me, Everybody Hates Me: The Top 25 Friendship Problems and How to Solve Them*. San Francisco: Jossey-Bass, 2005.

Boyle, C. "'Bullied' Staten Island Teen Kills Self." *NY Daily News.* January 3, 2012. www.nydailynews.com/new-york/staten-island-teen-kills-jumping-front-bus-family-cites-bullies-article-1.1000243.

Branch, J. "Two Straight Athletes Combat Homophobia." *New York Times.* May 13, 2011. www.nytimes.com/2011/05/14/sports/two-straight-athletes-combat-homophobia.html?pagewanted=all.

Brooks, K. "Bullied Greensburg Student Takes His Own Life." WXIN-TV. Fox 59. September 13, 2010. www.fox59.com/news/wxin-greensburg-student-suicide-091310,0,1101685.story.

Brown, L. M., S. Lamb, and M. Tappan. *Packaging Boyhood: Saving Our Sons from Superheroes, Slackers, and Other Media Stereotypes.* New York: St. Martin's, 2006.

Canning, A., M. Pflum, and K. Hagan. "Bikini Waxing for Tweens! Have Spas Gone Too Far?" ABC Good Morning America. May 19, 2008. abcnews.go.com/GMA/BeautySecrets/story?id=4881675&page=1.

CBS News. March 29, 2010. "Cyberbullying Continued After Teen's Death." www.cbsnews.com/stories/2010/03/29/earlyshow/main6343077.shtml.

CBS News. April 7, 2009. "Parents Sue School After Son's Suicide." www.cbsnews.com/stories/2009/04/07/earlyshow/main4925059.shtml?tag=currentVideoInfo;videoMetaInfo.

Collier, A., and L. Magid. "A Parents' Guide to Facebook." *Connectsafely.org.* February 2012. www.connectsafely.org/pdfs/fbparents.pdf.

Coloroso, B. *The Bully, the Bullied, and the Bystander: From Preschool to High School—How Parents and Teachers Can Help Break the Cycle of Violence.* New York: HarperCollins, 2008.

———. *Kids Are Worth It! Giving Your Child the Gift of Inner Discipline.* New York: HarperCollins, 2002.

Committee for Children. "Steps to Respect: A Bullying Prevention Program." Seattle: Committee for Children, 2001.

Connolly, J., D. Pepler, W. Craig, and A. Taradash. "Dating Experiences of Bullies in Early Adolescence." *Child Maltreatment 5* (2000): 299–310.

Curry, C. "Staten Island Teen Bullied Before Taking Her Life." ABC News. January 12, 2012. abcnews.go.com/US/staten-island-teen-bullied-suicide-family/story?id=15287910#.TwnBq9WOeDO.

Davis, S., and C. Nixon. "Youth Voice Research Project: Victimization and Strategies." 2010. www.youthvoiceproject.com/YVPMarch2010.pdf.

de Becker, G. *Protecting the Gift: Keeping Children and Teenagers Safe (and Parents Sane).* New York: Dell/Random House, 1999.

Doll, B., and S. Swearer. "Cognitive-Behavioral Interventions for Participants in Bullying and Coercion." In *Cognitive Behavioral Interventions in Educational Settings: A Handbook for Practice.* Edited by R. Mennuti, A.

Freeman, and R. Christner. New York: Brunner-Routledge, 2006. 183–201.

Eisenberger, N. I., and M. D. Lieberman. "Why Rejection Hurts: A Common Neural Alarm System for Physical and Social Pain." *Trends in Cognitive Sciences* 8 (2004): 294–300.

Eliot, L. *Pink Brain, Blue Brain: How Small Differences Grow into Troublesome Gaps—And What We Can Do About It*. New York: Houghton Mifflin Harcourt, 2009.

Espelage, D. L., and M. K. Holt. "Bullying and Victimization During Early Adolescence: Peer Influences and Psychosocial Correlates." *Journal of Emotional Abuse* 2 (2011): 123–142.

Espelage, D. L., and S. M. Swearer, eds. *Bullying in North American Schools*. 2nd ed. New York: Routledge, 2011.

Espelage, D. L., K. C. Basile, and M. E. Hamburger. "Bullying Perpetration and Subsequent Sexual Violence Perpetration Among Middle School Students: Shared and Unique Risk Factors." *Journal of Adolescent Health* 50, no. 1 (2012): 60–65.

Espelage, D. L., M. K. Holt, and R. R. Henkel. "Examination of Peer-Group Contextual Effects on Aggression During Early Adolescence." *Child Development* 74 (2003): 205–220.

Faris, R., and D. Felmlee. "Network Centrality, Gender Segregation, and Aggression." *Journal of the American Sociological Association* 76 (2011): 1.

Franks, L. "Life and Death at Suicide High." Daily Beast. May 30, 2010. www.thedailybeast.com/articles/2010/03/31/life-and-death-at-suicide-high.html.

Freedman, J. *Easing the Teasing: Helping Your Child Cope with Name-Calling, Ridicule, and Verbal Bullying*. New York: McGraw-Hill, 2002.

Frey, K. S., M. K. Hirschstein, J. L. Snell, L. V. Edstrom, E. P. MacKenzie, and C. J. Broderick. "Reducing Playground Bullying and Supporting Beliefs: An Experimental Trial of the Steps to Respect Program." *Developmental Psychology* 41, no. 3 (2005): 479–491.

Gabarino, J., and E. deLara. *And Words Can Hurt Forever: How to Protect Adolescents from Bullying, Harassment, and Emotional Violence*. New York: Free Press, 2002.

Garrity, C., K. Jens, W. Porter, N. Sager, and C. Short-Camilli. *Bully-Proofing Your School: Administrators' Guide to Staff Development in Elementary Schools*. 3rd ed. Longmont, CO: Sopris West, 1994.

Gladstone, G., G. Parker, and G. Mahli. "Do Bullied Children Become Anxious and Depressed Adults? A Cross-Sectional Investigation of the Correlates of Bullying and Anxious Depression." *Journal of Nervous and Mental Disease* 194 (2006): 201–208.

Goldman, C. "Dear Lego, I Have a Girl." ChicagoNow.com. December 22, 2011. www.chicagonow.com/portrait-of-an-adoption/2011/12/dear-lego-i-have-a-girl/.

Goldman, C. "Pink Is Not the Enemy." *Minnesota Women's Press.* February 10, 2012. www.womenspress.com/main.asp?SectionID=124&SubSectionID=684&ArticleID=3988.

Goleman, D. *Social Intelligence: The New Science of Human Relationships.* New York: Bantam, 2006.

Gottlieb, L. "How to Land Your Kid in Therapy." *Atlantic.* 2011. www.theatlantic.com/magazine/archive/2011/07/how-to-land-your-kid-in-therapy/8555/.

Gottman, J. *Raising an Emotionally Intelligent Child: The Heart of Parenting.* New York: Simon and Schuster, 1997.

Graham, S., and J. Juvonen. "Self-Blame and Peer Victimization in Middle School: An Attributional Analysis." *Developmental Psychology* 34 (1998): 587–599.

Greenspan, S. *Playground Politics: Understanding the Emotional Life of Your School-Age Child.* Reading, MA: Addison-Wesley, 1993.

Gruber, J. E., and S. Fineran. "The Impact of Bullying and Sexual Harassment on Middle and High School Girls." *Violence Against Women* 13 (2007): 627–643.

Hamburger, M. E., K. C. Basile, and A. M. Vivolo. *Measuring Bullying Victimization, Perpetration, and Bystander Experiences: A Compendium of Assessment Tools.* Atlanta, GA: Centers for Disease Control and Prevention, National Center for Injury Prevention and Control, 2011. www.cdc.gov/violenceprevention/pub/measuring_bullying.html.

Hamilton, R. "I Was a Bully." *Words by Ross.* November 18, 2010. wordsmiff.blogspot.com/2010/11/i-was-bully.html.

Hanish, L. D., A. Hill, S. Gosney, R. A. Fabes, and C. L. Martin. "Girls, Boys, and Bullying in Preschool." In Espelage and Swearer, eds. *Bullying in North American Schools.*

Hawkins, D. L., D. J. Pepler, and W. M. Craig. "Naturalistic Observations of Peer Interventions in Bullying." *Social Development* 10 (2001): 512–527.

Haynie, D., T. Nansel, P. Eitel, A. Crump, K. Saylor, K. Yu, et al. "Bullies, Victims, and Bully/Victims: Distinct Groups of At-Risk Youth." *Journal of Early Adolescence* 21 (2001): 29–49.

Hinduja, S., and J. W. Patchin. *Bullying Beyond the Schoolyard: Preventing and Responding to Cyberbullying.* Thousand Oaks, CA: Sage/Corwin, 2009.

Hoffman, J. "A Girl's Nude Photo, and Altered Lives." *New York Times.* March 26, 2011. www.nytimes.com/2011/03/27/us/27sexting.html?_r=2.

Horne, A. M., C. D. Bell, K. A. Raczynski, and J. L. Whitford. "Bully Busters: A Resource for School and Parents to Prevent and Respond to Bullying." In Espelage and Swearer, eds. *Bullying in North American Schools.*

Hu, W. "Bullying Law Puts New Jersey Schools on Spot." *New York Times.*

August 30, 2011. www.nytimes.com/2011/08/31/nyregion/bullying-law-puts-new-jersey-schools-on-spot.html?emc=eta1.

———. "Legal Debate Swirls Over Charges in a Student's Suicide." *New York Times*. October 1, 2010. www.nytimes.com/2010/10/02/nyregion/02suicide.html.

Hunter, G. H. "Students' Perceptions of Effectiveness of a Universal Bullying Intervention" (unpublished manuscript, 2007). Athens: Univ. of Georgia.

Jackson, L. A., J. E. Hunter, and C. N. Hodge. "Physical Attractiveness and Intellectual Competence: A Meta-Analytic Review." *Social Psychology Quarterly* 58, no. 2 (1995): 108–122.

James, S. D. "Gay Buffalo Teen Commits Suicide on Eve of National Bullying Summit." ABC News. September 21, 2011. abcnews.go.com/Health/gay-buffalo-teen-commits-suicide-eve-national-bullying/story?id=14571861#.TvNVQ9WOeD1.

———. "Gay Teen Jonah Mowry Says Bullying Made Him Stronger." ABC News. December 5, 2011. abcnews.go.com/blogs/health/2011/12/05/gay-teen-jonah-mowry-says-bullying-made-him-stronger/.

———. "When Words Can Kill: 'That's So Gay.'" ABC News. 2009. abcnews.go.com/Health/MindMoodNews/story?id=7328091&page=1.

Kelly, M., J. C. Raines, S. Stone, and A. Frey. *School Social Work: An Evidence-Informed Framework for Practice*. Oxford, UK: Oxford Univ. Press, 2010.

Kerr, N. L., and J. M. Levine. "The Detection of Social Exclusion: Evolution and Beyond." *Group Dynamics: Theory, Research and Practice* 12 (2008): 39–52.

Kindlon, D., and M. Thompson. *Raising Cain: Protecting the Emotional Life of Boys*. New York: Ballantine, 1999.

Knack, J., H. L. Gomez, and L. A. Jensen-Campbell. "Bullying and Its Long-Term Health Implications." In *Social Pain: Neuropsychological and Health Implications of Loss and Exclusion*. Edited by L. A. Jensen-Campbell and G. MacDonald. Washington, DC: American Psychological Association, 2011. 215–236.

Konigsberg, R. D. "Lego Friends for Girls: Have They Stooped to Stereotype?" Time. January 2, 2012. ideas.time.com/2012/01/02/lego-friends-for-girls-have-they-stooped-to-stereotype/.

Kowalski, R. M., S. P. Limber, and P. W. Agatston. *Cyber Bullying: Bullying in the Digital Age*. Malden, MA: Blackwell, 2008.

Kumpulainen, K., E. Rasanen, and K. Puura. "Psychiatric Disorders and the Use of Mental Health Services Among Children Involved in Bullying." *Aggressive Behavior* 27 (2001): 102–110.

Lamb, S., and L. M. Brown. *Packaging Girlhood: Rescuing Our Daughters from Marketers' Schemes*. New York: St. Martin's Press, 2009. 271.

Levin, D. E., and J. Kilbourne. *So Sexy So Soon: The New Sexualized Childhood and What Parents Can Do to Protect Their Kids*. New York: Ballantine, 2008.

Lieberman, M., and N. Eisenberger. "Pains and Pleasures of Social Life." *Science* 323 (2009): 890–891.

Limber, S. P. "Implementation of the Olweus Bullying Prevention Program in American Schools: Lessons Learned from the Field." In Espelage and Swearer, eds. *Bullying in North American Schools.*

———. "Research on the Olweus Bullying Prevention Program." In *Olweus Bullying Prevention Program.* 2009. www.clemson.edu/olweus/Research_OBPP.pdf.

Limber, S. P., R. M. Kowalski, and P. W. Agatston. *Cyberbullying: A Preventive Curriculum for Grades 6–12.* Center City, MN: Hazelden, 2009.

Low, S. M., B. H. Smith, E. C. Brown, K. Fernandez, K. Hanson, and K. P. Haggerty. "Design and Analysis of Randomized Controlled Trial of Steps to Respect." In Espelage and Swearer, eds. *Bullying in North American Schools.*

Ludwig, T. *Confessions of a Former Bully.* New York: Tricycle/Random House, 2010.

Maag, C. "A Hoax Turned Fatal Draws Anger but No Charges." *New York Times.* November 28, 2007. www.nytimes.com/2007/11/28/us/28hoax.html?_r=1&oref=slogin.

Madigan, L. "Cyberbullying: A Student Perspective." 2010. www.illinoisattorneygeneral.gov/children/cyberbullying_focus_report0610.pdf.

Marr, N., and T. Field. *Bullycide: Death at Playtime.* Oxford, UK: Wessex, 2000.

Masten, C. L., N. I. Eisenberger, L. A. Borofsky, J. H. Pfeifer, K. McNealy, J. C. Mazziotta, and M. Dapretto. "Neural Correlates of Social Exclusion During Adolescence: Understanding the Distress of Peer Rejection." *Scan* 4 (2009): 143–157.

Mayhew, P., and A. Mayhew. *My Favorite Giant.* San Diego: Wandering Sage, 2011.

McGee, N., and T. Moss. "Girl Was 'Teased and Taunted,' Family Says." *News-Gazette.* November 14, 2011. www.news-gazette.com/news/courts-police-and-fire/2011-11-14/girl-was-teased-and-taunted-family-says.html.

Monnot, C. "The Female Pop Singer and the 'Apprentice' Girl." *Journal of Children and Media* 4, no. 3 (2010): 283–297.

Moss, H. "Skechers' Shape-Ups for Girls Called Out by Internet." *Huffington Post.* July 10, 2011. www.huffingtonpost.com/2011/05/10/skechers-shape-ups-for-girls_n_859781.html.

Nigam, H., and A. Collier. "Youth Safety on a Living Internet." *National Telecommunications and Information Administration.* 2010. www.ntia.doc.gov/reports/2010/OSTWG_Final_Report_060410.pdf.

O'Connell, P., D. Pepler, and W. Craig. "Peer Involvement in Bullying: Insights and Challenges for Intervention." *Journal of Adolescence* 22, no. 4 (1999): 437–452.

Olweus, D. *Bullying at School: What We Know and What We Can Do.* Oxford, UK: Blackwell, 1993.

Orenstein, P. *Cinderella Ate My Daughter: Dispatches from the Front Lines of the New Girlie-Girl Culture.* New York: Harper Collins, 2011.

———. *Schoolgirls: Young Women, Self-Esteem, and the Confidence Gap.* New York: Doubleday, 1994.

———. "Should the World of Toys Be Gender-Free?" *New York Times.* December 29, 2011. www.nytimes.com/2011/12/30/opinion/does-stripping-gender-from-toys-really-make-sense.html?_r=1&scp=2&sq=peggy%20orenstein&st=cse.

Paoletti, J. "The Children's Department." In *Men and Women: Dressing the Part.* Edited by C. B. Kidwell and V. Steele. Washington, DC: Smithsonian Institution Press, 1989. 22.

———. *Pink and Blue: Telling the Boys from the Girls in America.* Bloomington: Indiana Univ. Press, 2012.

Park, N. "Child Pageants Bad for Mental Health." *Sydney Morning Herald.* May 25, 2011. news.smh.com.au/breaking-news-national/child-pageants-bad-for-mental-health-20110525-1f430.html.

Patchin, J. W., and S. Hinduja, eds. *Cyberbullying Prevention and Response: Expert Perspectives.* New York: Routledge, 2012.

Perkus, A., and E. Van Sciver. "NY Suicide Prompts Cyberbullying Awareness." Wayland Student Press Network. March 31, 2010. waylandstudentpress.com/2010/03/31/ny-suicide-prompts-cyber-bullying-awareness/.

Perry, D. G., J. C. Williard, and L. Perry. "Peers' Perceptions of Consequences That Victimized Children Provide Aggressors." *Child Development* 61 (1990): 1289–1309.

Pipher, M. *Reviving Ophelia: Saving the Selves of Adolescent Girls.* New York: Ballantine, 1995.

Pollack, W. *Real Boys: Rescuing Our Sons from the Myths of Boyhood.* New York: Random House, 1998.

Price, D. D. "Psychological and Neural Mechanisms of the Affective Dimension of Pain." *Science* 288 (2000): 1769–1772.

Rao, V. "Too Young? Preteen Girls Get Leg, Bikini Waxes." Today Style. August 13, 2008. today.msnbc.msn.com/id/26182276/ns/today-style/t/too-young-preteen-girls-get-leg-bikini-waxes/.

Richards, B. S. "Lego's Listening, but They're Not Quite Hearing Us." Spark Summit. December 21, 2011. www.sparksummit.com/2011/12/21/3675/.

Rigby, K. *Children and Bullying: How Parents and Educators Can Reduce Bullying at School.* Boston: Blackwell/Wiley, 2008.

———. "Peer Victimization at School and the Health of Secondary School Students." *British Journal of Educational Psychology* 69 (1999): 95–104.

Rose, C. A., D. L. Espelage, S. R. Aragon, and J. Elliott. *Bullying and Victimization Among Students in Special Education and General Education Curricula* (unpublished manuscript, 2010).

Roth, D. A., M. E. Coles, and R. G. Heimberg. "The Relationship Between Memories for Childhood Teasing and Anxiety and Depression in Adulthood." *Journal of Anxiety Disorders* 16 (2002): 149–164.

Savage, D., and T. Miller. *It Gets Better: Coming Out, Overcoming Bullying, and Creating a Life Worth Living.* New York: Penguin, 2011.

Shariff, S. *Cyber-Bullying: Issues and Solutions for the School, the Classroom and the Home.* New York: Routledge, 2008.

Shipman, T. "High Street Shops to Ban Padded Bras and 'Sexually Suggestive' Clothing for Young Girls." Daily Mail. June 4, 2011. www.dailymail.co.uk/news/article-1394123/High-street-shops-ban-clothes-sexualise-little-girls.html.

Simmons, R. *Odd Girl Out.* New York: Harcourt, 2003. 3.

Sjostrom, L., and N. Stein. *Bullyproof: A Teacher's Guide on Teasing and Bullying for Use with Fourth and Fifth Grade Students.* Wellesley, MA: Wellesley College, 1996.

Smith, S. L., and M. Choueiti. "Gender Disparity on Screen and Behind the Camera in Family Films." The Executive Report. Los Angeles: Geena Davis Institute on Gender in Media, 2010. www.thegeenadavisinstitute.org/downloads/FullStudy_GenderDisparityFamilyFilms.pdf.

Smith, S. L., and C. A. Cook. "Gender Stereotypes: An Analysis of Popular Films and TV." Los Angeles: Geena Davis Institute on Gender in Media, 2008. www.thegeenadavisinstitute.org/downloads/GDIGM_Gender_Stereotypes.pdf.

Sourander, A., L. Helstela, H. Helenius, and J. Piha. "Persistence of Bullying from Childhood to Adolescence: A Longitudinal 8-Year-Follow-Up Study." *Child Abuse and Neglect* 24 (2000): 873–881.

Sourander, A., P. Jensen, J. Ronning, S. Niemala, H. Helenius, L. Sillanmaki, et al. "What Is the Early Adulthood Outcome of Boys Who Bully or Are Bullied in Childhood?" *The Finnish 'From a Boy to a Man' Study. Pediatrics* 120 (2007): 397–404.

Spoor, J., and K. D. Williams. "The Evolution of an Ostracism Detection System." In *The Evolution of the Social Mind: Evolutionary Psychology and Social Cognition*. Edited by J. P. Forgas, M. Hselton, and W. von Hippel. New York: Psychology Press, 2007, 279–292 .

Stein, N. *Classrooms and Courtrooms: Facing Sexual Harassment in K–12 Schools*. New York: Teachers College Press, 1999. 11.

Swearer, S. M., S. Y. Song, P. T. Cary, J. W. Eagle, and W. T. Mickelson. "Psychosocial Correlates in Bullying and Victimization: The Relationship Between Depression, Anxiety, and Bully/Victim Status." *Journal of Emotional Abuse* 2 (2001): 95–121.

Thompson, M., L. Cohen, and C. O'Neill Grace. *Best Friends, Worst Enemies: Understanding the Social Lives of Children*. New York: Ballantine, 2001.

———. *Mom, They're Teasing Me: Helping Your Child Solve Social Problems*. New York: Ballantine, 2002.

Twenge, J. M., and W. K. Campbell. *The Narcissism Epidemic: Living in the Age of Entitlement*. New York: Free Press/Simon and Schuster, 2009.

Vaillancourt, T., J. Clinton, P. McDougall, L. Schmidt, and S. Hymel. "The Neurobiology of Peer Victimization and Rejection." In *The Handbook of Bullying in Schools: An International Perspective*. Edited by S. R. Jimerson, S. M. Swearer, and D. L. Espelage. New York: Routledge, 2010. 293–304.

Vanallen, A., V. Weber, and S. Kunin. "Are Tweens Too Young for Makeup?" ABC News. 2001. abcnews.go.com/US/tweens-young-makeup/story?id=12777008.

Van Cleave, J., and M. M. Davis. "Bullying and Peer Victimization Among Children with Special Health Care Needs." *Pediatrics* 118 (2006): 1212–1219.

Vossekuil, B., R. A. Fein, M. Reddy, R. Borum, and W. Modzeleski. *The Final Report and Findings of the Safe School Initiative: Implications for the Prevention of School Attacks in the United States*. Washington, DC: U.S. Secret Service and U.S. Department of Education, 2002.

Way, N. *Deep Secrets: Boys' Friendships and the Crisis of Connection*, Cambridge, MA: Harvard Univ. Press, 2011.

Werner, E., and R. Smith. *Overcoming the Odds: High Risk Children from Birth to Adulthood*. Ithaca: Cornell Univ. Press, 1992.

Wesselmann, E. D., D. Bagg, and K. D. Williams. " 'I Feel Your Pain': The Effects of Observing Ostracism on the Ostracism Detection System." *Journal of Experimental Social Psychology* 45 (2009): 1308–1311.

Willard, N. *Cyber-Safe Kids, Cybersavvy Teens: Helping Young People Learn to Use the Internet Safely and Responsibly*. San Francisco: Jossey-Bass, 2007.

Wiseman, R. *Queen Bees and Wannabes: Helping Your Daughter Survive Cliques, Gossip, Boyfriends, and the New Realities of Girl World*. New York: Crown, 2002.

Workplace Bullying Institute. "Results of the 2010 WBI U.S. Workplace Bullying Survey." www.workplacebullying.org/wbiresearch/2010-wbi-national-survey/.

Ybarra, M. L. "Linkages Between Depressive Symptomology and Internet

Harassment Among Young Regular Internet Users." *CyberPsychology and Behavior* 7, no. 2 (2004): 247–257.

Ybarra, M. L., D. L. Espelage, and K. J. Mitchell. "The Co-occurrence of Internet Harassment and Unwanted Sexual Solicitation Victimization and Perpetration: Associations with Psychosocial Indicators." *Journal of Adolescent Health* 41 (2007b): S31–S41.

引文注释

Introduction

1. D. E. Espelage, M. A. Rao, and L. De La Rue, *Current Research on School-Based Bullying: A Social-Ecological Perspective* (Chicago: Univ. of Illinois at Champaign-Urbana, 2011).

2. Ron Astor, interview by author, March 14, 2011.

3. Michael Thompson, interview by author, July 11, 2011.

4. Justin Patchin, interview by author, July 27, 2011.

5. D. E. Espelage and M. K. Holt, "Bullying and Victimization During Early Adolescence: Peer Influences and Psychosocial Correlates," *Journal of Emotional Abuse* 2 (2001): 123–142; J. E. Gruber and S. Fineran, "The Impact of Bullying and Sexual Harassment on Middle and High School Girls," *Violence Against Women* 13 (2007): 627–643.

6. D. Goleman, *Social Intelligence: The New Science of Human Relationships* (New York: Bantam, 2006).

7. M. Lieberman and N. Eisenberger, "Pains and Pleasures of Social Life," *Science* 323 (2009): 890–891; D. D. Price, "Psychological and Neural Mechanisms of the Affective Dimension of Pain," *Science* 288 (2000): 1769–1772.

8. C. L. Masten et al., "Neural Correlates of Social Exclusion During Adolescence: Understanding the Distress of Peer Rejection," *Scan* 4 (2009): 143–157.

9. J. Knack, H. L. Gomez, and L. A. Jensen-Campbell, "Bullying and Its Long-Term Health Implications," in *Social Pain: Neuropsychological and Health Implications of Loss and Exclusion,* ed. L. A. Jensen-Campbell and G. MacDonald, 215–236 (Washington, DC: American Psychological Association, 2011).

Chapter 2: The Littlest Jedi

1. Felicia Day, interview by author, June 22, 2011.

2. Tom Kane, interview by author, March 31, 2011.

3. Reprinted with permission from Katie Lucas.

4. James Arnold Taylor, interview by author, March 29, 2011.

5. Term "Littlest Jedi" used with permission of Lucasfilm.

Chapter 3: Our Local Community Response

1. Michael Robey, interview by author, March 1, 2011.
2. Barbara Coloroso, interview by author, February 13, 2011.
3. Trudy Ludwig, interview by author, March 8, 2011.
4. D. Haynie et al., "Bullies, Victims, and Bully/Victims: Distinct Groups of At-Risk Youth," *Journal of Early Adolescence* 21 (2001): 29–49.
5. Ludwig, interview.
6. Rosalind Wiseman, interview by author, April 11, 2011.

Chapter 4: From Geek Girls to Sluts: What Does It Mean to Be a Girl?

1. Lyn Mikel Brown, interview by author, May 21, 2011.
2. L. A. Jackson, J. E. Hunter, and C. N. Hodge, "Physical Attractiveness and Intellectual Competence: A Meta-analytic Review," *Social Psychology Quarterly* 58, no. 2 (1995): 108–122.
3. Brown, interview.
4. Louise, interview by author, December 4, 2011.
5. Carrie Goldman, "Pink Is Not the Enemy," Minnesota Women's Press, February 10, 2012, www.womenspress.com/main.asp?SectionID=124&SubSectionID=684&ArticleID=3988.
6. Peggy Orenstein, interview by author, April 22, 2011.

Chapter 5: Princess Boys and Nonconforming Guys

1. Sarah Buttenwieser, interview by author, March 3, 2011.
2. Cheryl Kilodavis, interview by author, March 3, 2011.
3. J. Freedman, *Easing the Teasing: Helping Your Child Cope with Name-Calling, Ridicule, and Verbal Bullying* (New York: McGraw-Hill, 2002), 128–131.
4. Lyn Mikel Brown, interview by author, December 20, 2011.
5. Jo Paoletti, interview by author, May 2, 2011.
6. J. Paoletti, "The Children's Department," in *Men and Women: Dressing the Part,* ed. C. B. Kidwell and V. Steele. (Washington, DC: Smithsonian Institution Press, 1989).
7. W. Pollack, *Real Boys: Rescuing Our Sons from the Myths of Boyhood* (New York: Random House, 1998).

Chapter 6: Quirky Kids and Kids with Hidden Disabilities

1. C. A. Rose et al., *Bullying and Victimization Among Students in Special Education and General Education Curricula* (unpublished manuscript, 2010).
2. Joslyn Gray, interview by author, February 10, 2011.
3. Woman identified as "Candice," interview by author, March 28, 2011.

4. Coloroso, interview.
5. Mother identified as "Janice," interview by author, December 15, 2010.
6. Mother identified as "Janice," interview by author, February 16, 2011.
7. Mother identified as "Francine," interview by author, March 15, 2011.
8. J. Van Cleave and M. M. Davis, "Bullying and Peer Victimization Among Children with Special Health Care Needs," *Pediatrics* 118 (2006): 1212–19; K. Kumpulainen, E. Rasanen, and K. Puura, "Psychiatric Disorders and the Use of Mental Health Services Among Children Involved in Bullying," *Aggressive Behavior* 27 (2001): 102–110.

Chapter 7: Kids with Different Appearances or Physical Disabilities

1. Mother identified as "Paula," interview by author, March 13, 2011.
2. Coloroso, interview.
3. A. Sourander et al., "What Is the Early Adulthood Outcome of Boys Who Bully or Are Bullied in Childhood?" The Finnish 'From a Boy to a Man' Study, *Pediatrics* 120 (2007): 397–404.
4. D. E. Espelage and S. M. Swearer, ed. *Bullying in North American Schools.* 2nd ed. (New York: Routledge, 2011), 299.

Chapter 8: Gay, Lesbian, Transgender, and Bisexual Students

1. S. D. James, "When Words Can Kill: 'That's So Gay,'" ABC News, 2009, abcnews.go.com/Health/MindMoodNews/story?id=7328091&page=1.
2. K. Brooks, "Bullied Greensburg Student Takes His Own Life," WXIN-TV, Fox 59, September 13, 2010, www.fox59.com/news/wxin-greensburg-student-suicide-091310,0,1101685.story.
3. B. Alexander, "The Bullying of Seth Walsh: Requiem for a Small-Town Boy," Time U.S., October 2, 2010, www.time.com/time/nation/article/0,8599,2023083,00.html.
4. ABC Local News, "Parents: Bullies Drove 13-Year-Old to Suicide," KTRK-TV/DT, September 29, 2010, abclocal.go.com/ktrk/story?section=news/local&id=7695982.
5. Man identified as "Josh," interview by author, May 23, 2011.
6. K. Rigby, "Peer Victimization at School and the Health of Secondary School Students," *British Journal of Educational Psychology* 69 (1999): 95–104.
7. Pollack, *Real Boys,* 211.
8. N. Way, *Deep Secrets: Boys' Friendships and the Crisis of Connection* (Cambridge, MA: Harvard Univ. Press, 2011), 220.
9. D. Savage and T. Miller, *It Gets Better: Coming Out, Overcoming Bullying, and Creating a Life Worth Living* (New York: Penguin, 2011), 8.
10. Pollack, *Real Boys,* 23–24.

11. D. Kindlon and M. Thompson, *Raising Cain: Protecting the Emotional Life of Boys* (New York: Ballantine, 1999), 81.

12. Blogger who identifies himself publicly as "Bedford Hope," interview by author, June 16, 2011.

13. Way, *Deep Secrets,* 280.

14. Young woman identified as "Olivia," interview by author, December 4, 2011.

15. Kesha Burch-Sims, interview by author, March 24, 2011.

16. Kilodavis, interview.

Chapter 9: Victims of Cyberbullying, Sexting, and Sexual Harassment

1. Anne Collier, interview by author, June 9, 2011.

2. Young woman identified as "Meg," interview by author, March 12, 2011.

3. N. L. Kerr and J. M. Levine, "The Detection of Social Exclusion: Evolution and Beyond," *Group Dynamics: Theory, Research and Practice* 12 (2008): 39–52; J. Spoor and K. D. Williams, "The Evolution of an Ostracism Detection System," in *The Evolution of the Social Mind: Evolutionary Psychology and Social Cognition*, ed. J. P. Forgas, M. Hselton, and W. von Hippel (New York: Psychology Press, 2007), 279–292.

4. E. D. Wesselmann, D. Bagg, and K. D. Williams, "'I Feel Your Pain': The Effects of Observing Ostracism on the Ostracism Detection System," *Journal of Experimental Social Psychology* 45 (2009): 1308–1311.

5. R. Faris and D. Felmlee, "Network Centrality, Gender Segregation, and Aggression," *Journal of the American Sociological Association* 76 (2011): 1.

6. Collier, interview.

7. Sheri Bauman, interview by author, July 22, 2011.

8. Patchin, interview.

9. Eric Witherspoon, interview by author, December 13, 2011.

10. Taken from written statement provided by Eric Witherspoon.

11. ABC News interview with Andrea Canning, "Rebecca Black: 'Don't Think I'm the Worst Singer,'" March 18, 2011, abcnews.go.com/GMA/video/rebecca-black-dont-think-im-worst-singer-13164800.

12. ABC News *Nightline,* "Rebecca Black, YouTube Sensation Turned Award-Winning Pop Star, Talks About Growing Fame and Harassment," abcnews.go.com/Entertainment/rebecca-black-youtube-sensation-turned-award-winning-pop/story?id=14264051.

13. Young woman identified as "Carla," interview by author, December 13, 2011.

14. W. Hu, "Legal Debate Swirls Over Charges in a Student's Suicide," *New York Times,* October 1, 2010, www.nytimes.com/2010/10/02/nyregion/02suicide.html.

15. Collier, interview.

16. Equal Rights Advocates, "What Is Sexual Harassment?" www.equalrights.org/publications/kyr/shschool.asp.

Chapter 10: The Harmful Effects of Bullying on the Brain

1. D. Goleman, *Social Intelligence: The New Science of Human Relationships* (New York: Bantam, 2006).

2. S. Graham, and J. Juvonen, "Self-Blame and Peer Victimization in Middle School: An Attributional Analysis," *Developmental Psychology* 34 (1998): 587–99.

3. B. Coloroso, *The Bully, the Bullied, and the Bystander: From Preschool to High School—How Parents and Teachers Can Help Break the Cycle of Violence* (New York: HarperCollins, 2008), 14.

4. C. Boyle, "'Bullied' Staten Island Teen Kills Self," *NY Daily News*, January 3, 2012, www.nydailynews.com/new-york/staten-island-teen-kills-jumping-front-bus-family-cites-bullies-article-1.1000243; ABC News, January 4, 2012, "Staten Island Teen Bullied Before Taking Her Life," abcnews.go.com/US/staten-island-teen-bullied-suicide-family/story?id=15287910#.TwnBq9WOeD0.

5. N. McGee and T. Moss, "Girl Was 'Teased and Taunted,' Family Says," *News-Gazette*, November 14, 2011, www.news-gazette.com/news/courts-police-and-fire/2011-11-14/girl-was-teased-and-taunted-family-says.html.

6. S. D. James, "Gay Buffalo Teen Commits Suicide on Eve of National Bullying Summit," ABC News, September 21, 2011, abcnews.go.com/Health/gay-buffalo-teen-commits-suicide-eve-national-bullying/story?id=14571861#.TvNVQ9WOeD1.

7. CBS News, April 7, 2009, "Parents Sue School After Son's Suicide," www.cbsnews.com/stories/2009/04/07/earlyshow/main4925059.shtml?tag=currentVideoInfo;videoMetaInfo; L. Franks, "Life and Death at Suicide High," *Daily Beast*, May 30, 2010, www.thedailybeast.com/articles/2010/03/31/life-and-death-at-suicide-high.html.

8. L. Crimaldi, "DA: School Knew of Brutal Bullying of Phoebe Prince," *BostonHerald*, March 29, 2010, news.bostonherald.com/news/regional/view.bg?articleid=1243175&srvc=home&position=active.

9. CBS News, March 29, 2010, "Cyberbullying Continued After Teen's Death," www.cbsnews.com/stories/2010/03/29/earlyshow/main6343077.shtml; A. Perkus and E. Van Sciver, "NY Suicide Prompts Cyber-Bullying Awareness," Wayland Student Press Network, March 31, 2010, waylandstudentpress.com/2010/03/31/ny-suicide-prompts-cyber-bullying-awareness/.

10. Man identified as "Scott," written interview.
11. Sourander et al., "Early Adulthood Outcome."
12. D. A. Roth, M. E. Coles, and R. G. Heimberg, "The Relationship Between Memories for Childhood Teasing and Anxiety and Depression in Adulthood," *Journal of Anxiety Disorders* 16 (2002): 149–164.
13. Young woman identified as "Raya," interview by author, May 6, 2011.
14. G. Gladstone, G. Parker, and G. Mahli, "Do Bullied Children Become Anxious and Depressed Adults? A Cross-Sectional Investigation of the Correlates of Bullying and Anxious Depression," *Journal of Nervous and Mental Disease* 194 (2006): 201–208.
15. Burch-Sims, interview.
16. Sourander et al., "Early Adulthood Outcome."
17. Kumpulainen, Rasanen, and Puura, "Psychiatric Disorders"; S. M. Swearer et al., "Psychosocial Correlates in Bullying and Victimization: The Relationship Between Depression, Anxiety, and Bully/Victim Status," *Journal of Emotional Abuse* 2 (2001): 95–121.
18. Laura Hanish, interview by author, March 11, 2011; J. Connolly et al., "Dating Experiences of Bullies in Early Adolescence," *Child Maltreatment* 5 (2000): 299–310.
19. Michele Borba, interview by author, April 1, 2011.
20. Workplace Bullying Institute, "Results of the 2010 WBI U.S. Workplace Bullying Survey," www.workplacebullying.org/wbiresearch/2010-wbi-national-survey/.

Chapter 11: Create a Home Environment That Produces Neither Bullies nor Victims

1. D. Shriberg, "The Critical Role of Families in Combating Bullying and Promoting Wellness," Presentation to the Evanston/Skokie PTA Council, November, 2011.
2. Annie Fox, interview by author, March 15, 2011.
3. Mother identified as "Darla," interview by author, April 8, 2011.
4. J. M. Twenge and W. K. Campbell, *The Narcissism Epidemic: Living in the Age of Entitlement* (New York: Free Press/Simon & Schuster, 2009).
5. L. Gottlieb, "How to Land Your Kid in Therapy," *Atlantic*, 2011, www.theatlantic.com/magazine/archive/2011/07/how-to-land-your-kid-in-therapy/8555/.
6. M. Thompson, L. Cohen, and C. O'Neill Grace, *Best Friends, Worst Enemies: Understanding the Social Lives of Children* (New York: Ballantine, 2001), 109.
7. Thompson, Cohen, and O'Neill Grace, *Best Friends,* 111.
8. Michael Thompson, interview by author, July 11, 2011.

9. Young woman identified as "Deanna," interview by author, December 4, 2011.
10. Girl identified as "Cassandra," interview by author, December 13, 2011.
11. L. M. Brown, L. Lamb, and M. Tappan, *Packaging Boyhood: Saving Our Sons from Superheroes, Slackers, and Other Media Stereotypes* (New York: St. Martin's, 2006), 293.
12. S. D. James, "Gay Teen Jonah Mowry Says Bullying Made Him Stronger," ABC News, December 5, 2011, abcnews.go.com/blogs/health/2011/12/05/gay-teen-jonah-mowry-says-bullying-made-him-stronger/.
13. Girl identified as "Kyra," interview by author, March 22, 2011.
14. Fox, interview.
15. Jodee Blanco, interview by author, February 7, 2011.
16. Girl identified as Shahala, interview by author, December 4, 2011.
17. Victoria Stilwell, interview by author, June 30, 2011.

Chapter 12: Set Out Family Guidelines for Responsible Uses of Technology, Media, and Music

1. Patchin, interview.
2. Kilodavis, interview.
3. Collier, interview.
4. Kilodavis, interview.
5. Fox, interview.
6. C. Maag, "A Hoax Turned Fatal Draws Anger but No Charges," *New York Times,* November 28, 2007, www.nytimes.com/2007/11/28/us/28hoax.html?_r=1&oref=slogin.
7. Net Cetera, printed pamphlet for parents, ftc.gov/bcp/edu/pubs/consumer/tech/tec04.pdf.
8. Patchin, interview.
9. Patchin, interview.
10. Michele Ybarra, interview by author, August 22, 2011.
11. Technology contract reprinted with permission of Rosalind Wiseman on April 11, 2011.
12. S. Hinduja and J. W. Patchin, eds., *Cyberbullying Prevention and Response: Expert Perspectives* (New York: Routledge, 2012), 135.
13. Wiseman, interview.
14. C. Monnot, "The Female Pop Singer and the 'Apprentice' Girl," *Journal of Children and Media* 4, no. 3 (2010): 283–297.
15. Keith Robinson, interview by author, August 1, 2011.
16. Will Crawford, interview by author, August 3, 2011.
17. Jerry Pope, interview by author, August 1, 2011.

18. ABC News, December 6, 2011, "Lady Gaga Takes Anti-Bullying to White House," abcnews.go.com/WNT/video/lady-gaga-takes-anti-bullying-white-house-15100813.

19. Lyn Mikel Brown, interview by author, December 19, 2011.

20. S. Davis and C. Nixon, "Youth Voice Research Project: Victimization and Strategies," 2010, www.youthvoiceproject.com/YVPMarch2010.pdf.

21. Pope, interview.

22. Jim Margalus, interview by author, July 10, 2011.

23. Al Yellon, interview by author, July 14, 2011.

24. Hinduja and Patchin, *Cyberbullying Prevention*, 136.

25. Hinduja and Patchin, *Cyberbullying Prevention*, 134.

26. Hinduja and Patchin, *Cyberbullying Prevention*, 153.

27. Hinduja and Patchin, *Cyberbullying Prevention*, 142.

28. Rachel Simmons, interview by author, August 31, 2011.

29. Bauman, interview.

30. Hinduja and Patchin, *Cyberbullying Prevention*, 142.

31. Hinduja and Patchin, *Cyberbullying Prevention*, 137.

32. Hinduja and Patchin, *Cyberbullying Prevention*, 139.

33. Simmons, interview.

34. Bauman, interview; Patchin, interview; Ybarra, interview.

35. J. Hoffman, "A Girl's Nude Photo, and Altered Lives," *New York Times*, 2011, www.nytimes.com/2011/03/27/us/27sexting.html?_r=2.

Chapter 13: Changing Our Cultural Attitudes Toward Aggression and Cruelty

1. Chase Masterson, interview by author, April 4, 2011.

2. Stan Davis, interview by author, April 1, 2011.

3. The Girl Scouts survey was conducted with the research firm TRU and consisted of a national sample of 1,141 girls ages eleven to seventeen. The survey took place April 6–26, 2011. The facts reported are taken from GSGCNWI press releases and were confirmed by Girl Scouts GCNWI CEO, Maria Wynne.

4. Maria Wynne, interview by author, October 20, 2011.

5. "Monster High & Kind Campaign: The Shockumentary," animated YouTube video, 3:28, posted by MonsterHigh on October 3, 2011, http://youtube.com/watch?v=JKeNh6xgKTg.

6. Lauren Parsekian and Molly Stroud, interview by author, June 28, 2011.

7. R. Simmons, *Odd Girl Out: The Hidden Culture of Aggression in Girls* (New York: Harcourt, 2003), 3.

8. Girl identified as "Kyra," interview by author, March 22, 2011.

9. Simmons, interview.

10. Fox, interview.

11. Rosalind Wiseman, interview by author, July 19, 2011.

12. Brown, Lamb, and Tappan, *Packaging Boyhood*, 1.

13. R. Clark, "Michael Cole Writes Homophobic Slur on Twitter," eWrestling News.com, March 26, 2011, www.ewrestlingnews.com/headlines/Michael_Cole_Writes_Homophobic_Slur_On_Twitte.php.

Chapter 14: Calling on Toy Retailers to Eliminate Gender-Based Marketing

1. Paoletti, interview.
2. Ashley Eckstein, interview by author, March 29, 2011.
3. Brown, Lamb, and Tappan, *Packaging Boyhood*, 271.
4. Eckstein, interview.
5. Paoletti, interview.
6. Hanish, interview; L. D. Hanish et al., "Girls, Boys, and Bullying in Preschool," in Espelage and Swearer, eds., *Bullying in North American Schools*.
7. Paoletti, interview.
8. Max Adler, interview by author, June 24, 2011.
9. Jerry Pope, interview.
10. Lyn Mikel Brown, interview by author, May 21, 2011.
11. R. D. Konigsberg, "Lego Friends for Girls: Have They Stooped to Stereotype?," *Time*, January 2, 2012, ideas.time.com/2012/01/02/lego-friends-for-girls-have-they-stooped-to-stereotype/.
12. B. S. Richards, "Lego's Listening, but They're Not Quite Hearing Us," Spark Summit, December 21, 2011, www.sparksummit.com/2011/12/21/3675/.
13. C. Goldman, "Dear Lego, I Have a Girl," ChicagoNow.com, December 22, 2011, www.chicagonow.com/portrait-of-an-adoption/2011/12/dear-lego-i-have-a-girl/.
14. Orenstein quoted research from Lise Eliot, author of *Pink Brain, Blue Brain*.
15. P. Orenstein, "Should the World of Toys Be Gender-Free?" *New York Times*, December 29, 2011, www.nytimes.com/2011/12/30/opinion/does-stripping-gender-from-toys-really-make-sense.html?_r=1&scp=2&sq=peggy%20orenstein&st=cse.

Chapter 15: Stop Marketing Makeup and Sexy Clothes to Children

1. ABC Action News, 2011, "Geo-Girl Pre-Teen Make-up Line Debuts in Walmart Stores," www.abcactionnews.com/dpp/news/local_news/geo-girl-pre-teen-make-up-line-debuts-in-walmart-stores.
2. A. Vanallen, V. Weber, and S. Kunin, "Are Tweens Too Young for Makeup?" ABC News, January 27, 2011, abcnews.go.com/US/tweens-young-makeup/story?id=12777008.
3. American Psychological Association, *Sexualization of Girls*, 2007, www.apa.org/pi/women/programs/girls/report.aspx.
4. Vanallen, Weber, and Kunin, "Tweens Too Young?"

5. P. Orenstein, *Cinderella Ate My Daughter: Dispatches from the Front Lines of the New Girlie-Girl Culture* (New York: HarperCollins, 2011), 84–85.

6. Orenstein, interview.

7. A. Canning, M. Pflum, and K. Hagan, *Bikini Waxing for Tweens! Have Spas Gone Too Far?* ABC News, 2008, abcnews.go.com/GMA/BeautySecrets/story?id=4881675&page=1.

8. Vanallen, Weber, and Kunin, "Tweens Too Young?"

9. V. Rao, "Too Young? Preteen Girls Get Leg, Bikini Waxes," Today Style, 2008, today.msnbc.msn.com/id/26182276/ns/today-style/t/too-young-preteen-girls-get-leg-bikini-waxes/.

10. N. Park, "Child Pageants Bad for Mental Health," *Sydney Morning Herald*, May 25, 2011, news.smh.com.au/breaking-news-national/child-pageants-bad-for-mental-health-20110525-1f430.html.

11. R. Juzwiak, "The Mother of *Toddlers & Tiaras'* Eden Wood: 'We're Not Weirdos; We're Not Freaks,'" TV Guide.com, June 14, 2011, www.tvguide.com/News/Toddlers-Tiaras-Eden-Wood-1034237.aspx.

12. Brown, interview.

13. Brown, interview.

14. H. Moss, "Skechers' Shape-Ups for Girls Called Out by Internet," *Huffington Post*, July 10, 2011, www.huffingtonpost.com/2011/05/10/skechers-shape-ups-for-girls_n_859781.html.

15. American Psychological Association, *Sexualization of Girls*.

16. D. E. Levin and J. Kilbourne, *So Sexy So Soon: The New Sexualized Childhood and What Parents Can Do to Protect Their Kids* (New York: Ballantine, 2008), 56–57.

17. T. Shipman, "High Street Shops to Ban Padded Bras and 'Sexually Suggestive' Clothing for Young Girls," *Daily Mail*, 2011, www.dailymail.co.uk/news/article-1394123/High-street-shops-ban-clothes-sexualise-little-girls.html.

18. Jennifer Stuller, interview by author, August 22, 2011.

19. Jean Kilbourne, interview by author, June 27, 2011.

20. S. L. Smith and C. A. Cook, *Gender Stereotypes: An Analysis of Popular Films and TV* (Los Angeles: Geena Davis Institute on Gender in Media, 2008), www.thegeenadavisinstitute.org/downloads/GDIGM_Gender_Stereotypes.pdf.

21. Jennifer Siebel Newsom, "Miss Representation," www.missrepresentation.org/the-film/.

22. blog.pigtailpals.com.

23. Melissa Wardy, interview by author, July 15, 2011.

24. L. M. Alphonse, "Epic T-Shirt Fail: 'I'm Too Pretty to Do My Homework, So My Brother Has to Do It for Me,'" Shine from Yahoo!, August 31, 2011, shine.

yahoo.com/parenting/epic-t-shirt-fail-quot-im-too-pretty-to-do-my-homework-so-my-brother-has-to-do-it-for-me-quot-2537106.html.

25. Madeline di Nonno, interview by author, June 20, 2011.

26. Smith and Cook, *Gender Stereotypes*.

27. S. L. Smith and M. Choueiti, "Gender Disparity on Screen and Behind the Camera in Family Films"; executive report (Los Angeles: Geena Davis Institute on Gender in Media, 2010), www.thegeenadavisinstitute.org/downloads/FullStudy_GenderDisparityFamilyFilms.pdf.

28. Recommendations based on the research (Los Angeles: Geena Davis Institute on Gender in Media), www.seejane.org/research.php.

Chapter 16: Reassess the Role of Schools in Character Education

1. Dorothy Espelage, interview by author, February 15, 2011.

2. Robey, interview.

3. Astor, interview.

4. W. Hu, "Bullying Law Puts New Jersey Schools on Spot," *New York Times*, August 30, 2011, www.nytimes.com/2011/08/31/nyregion/bullying-law-puts-new-jersey-schools-on-spot.html?emc=eta1.

5. Michael Kelly, interview by author, January 13, 2011.

6. Borba, interview.

7. Zachary Herrmann, written interview by author, July 26, 2011.

8. Davis, interview.

9. Collier, interview.

10. Stan Davis, interview by author, July 21, 2011.

11. Man identified as "Roberto," interview by author, August 19, 2011.

12. William Porter, interview by author, August 4, 2011.

13. Brown, interview.

Chapter 17: Social and Emotional Learning

1. *CASEL: Expanding Social and Emotional Learning Nationwide: Let's Go! An Overview* (Washington, DC: CASEL Forum, April 13–14, 2011).

2. Rosalind Wisemen, interview by author, April 11, 2011.

3. John Gottman, interview by author, April 18, 2011.

4. J. Gottman, *Raising an Emotionally Intelligent Child: The Heart of Parenting* (New York: Simon & Schuster, 1997), 69–109. Used with permission of John Gottman.

5. Christina Sung Aie Choi, interview by author, April 21, 2011.

6. Choi, interview.

7. "National Mix It Up at Lunch Day," Teaching Tolerance, www.tolerance.org/mix-it-up.

Chapter 18: Responding to the Bully

1. Hanish, interview.
2. Kumpulainen, Rasanen, and Puura, "Psychiatric Disorders"; Haynie et al., "Bullies, Victims, and Bully/Victims"; S. M. Swearer et al., "Psychosocial Correlates in Bullying and Victimization: The Relationship Between Depression, Anxiety, and Bully/Victim Status," *Journal of Emotional Abuse* 2 (2001): 95–121.
3. B. Vossekuil et al., *The Final Report and Findings of the Safe School Initiative: Implications for the Prevention of School Attacks in the United States* (Washington, DC: U.S. Secret Service and U.S. Department of Education, 2002).
4. Man identified as "Arthur," interview by author, July 9, 2011.
5. Espelage, interview.
6. Kelly, interview.
7. Susan Limber, interview by author, August 3, 2011.
8. S. P. Limber, "Implementation of the Olweus Bullying Prevention Program in American Schools: Lessons Learned from the Field, in Espelage and Swearer, ed. *Bullying in North American Schools.* 303.
9. David Shriberg, interview by author, January 11, 2012.
10. From *Confessions of a Former Bully* by Trudy Ludwig, with illustrations by Beth Adams, text copyright © 2010 by Trudy Ludwig, used by permission of Tricycle Press, an imprint of Random House Children's Books, a division of Random House, Inc.
11. Coloroso, interview.
12. R. Hamilton, "I Was a Bully," *Words by Ross,* November 18, 2010, wordsmiff.blogspot.com/2010/11/i-was-bully.html.
13. Ludwig, interview.
14. Kate Ellison, interview by author, May 20, 2011.

Chapter 19: Responding to the Victim

1. Stan Davis, interview by author, April 1, 2011.
2. Young woman identified as "Josie," interview by author, December 4, 2011.
3. Thompson, interview.
4. Coloroso, *Bully, the Bullied, and the Bystander,* 14.
5. Davis and Nixon, "Youth Voice Research."
6. Davis, interview.
7. Davis and Nixon, "Youth Voice Research."
8. Davis and Nixon, "Youth Voice Research."
9. Davis and Nixon, "Youth Voice Research."

10. Davis and Nixon, "Youth Voice Research."
11. Davis and Nixon, "Youth Voice Research."
12. Jodee Blanco, interview by author, February 7, 2011.
13. Wes Shockley, interview by author, March 17, 2011.
14. Techniques and descriptions provided to author by Wes Shockley in written form on Friday, January 13, 2012, and confirmed during author's phone call with Wes Shockley on January 15, 2012.
15. Stilwell, interview.

Chapter 20: Restorative Justice

1. Brenda Morrison, interview by author, July 22, 2011.
2. Arika Barton and Susan Trieschmann, interview by author, February 24, 2011.
3. Morrison, interview.

Chapter 21: Strategies That Ease the Negative Effects of Taunting

1. Coloroso, *Bully, the Bullied, and the Bystander*, 110.
2. Judy Freedman, interview by author, December 13, 2010; J. Freedman, *Easing the Teasing: Helping Your Child Cope with Name-Calling, Ridicule, and Verbal Bullying* (New York: McGraw-Hill, 2002), 101–139.
3. D. G. Perry, J. C. Williard, and L. Perry, "Peers' Perceptions of Consequences That Victimized Children Provide Aggressors," *Child Development* 61 (1990): 1289–1309.
4. Young woman identified as "Carla," interview.
5. Davis, interview.
6. Bauman, interview.
7. Davis, interview.
8. Freedman, *Easing the Teasing*, 109.
9. Davis, interview.
10. James Arnold Taylor, interview by author, March 29, 2011.
11. Freedman, *Easing the Teasing*, 136.

Chapter 22: Creating Witnesses and Allies out of Bystanders

1. Justin Roberts, interview by author, January 12, 2012.
2. P. O'Connell, D. Pepler, and W. Craig, "Peer Involvement in Bullying: Insights and Challenges for Intervention," *Journal of Adolescence* 22, no. 4 (1999): 437–452; D. L. Hawkins, D. J. Pepler, and W. M. Craig, "Naturalistic Observations of Peer Interventions in Bullying," *Social Development* 10 (2001): 512–527.

3. Hinduja and Patchin, *Cyberbullying Prevention*, 98.
4. Davis and Nixon, "Youth Voice Research."
5. Coloroso, *Bully, the Bullied, and the Bystander*, 134; Ludwig, *Confessions of a Former Bully*, 31–32.
6. Davis and Nixon, "Youth Voice Research."
7. Davis and Nixon, "Youth Voice Research."
8. Davis, interview.
9. Coloroso, interview; Coloroso, *Bully, the Bullied, and the Bystander*, 159–161.
10. Davis, interview.
11. Collier, interview.
12. www.cartoonnetwork.com/promos/stopbullying/index.html.
13. Burch-Sims, interview.
14. Thompson, interview.

Chapter 23: Cybersupporting Instead of Cyberbullying: A Real-Life Happy Ending

1. Adler, interview; Dan Savage, It Gets Better project.
2. J. Branch, "Two Straight Athletes Combat Homophobia," *New York Times*, May 13, 2011, www.nytimes.com/2011/05/14/sports/two-straight-athletes-combat-homophobia.html?pagewanted=all.
3. Ben Cohen, interview by author, July 8, 2011.
4. Collier, interview.

Appendix 1: Overview of Several Promising Research-Based Bullying-Prevention and Character-Education Programs

1. Espelage, interview; A. M. Horne et al., "Bully Busters: A Resource for School and Parents to Prevent and Respond to Bullying," in Espelage and Swearer, ed. *Bullying in North American Schools*.
2. Porter, interview; A. Plog et al., "Bully-Proofing Your School: Overview of the Program, Outcome Research, and Questions That Remain About How Best to Implement Effective Bullying Prevention in Schools," in Espelage and Swearer, eds., *Bullying in North American Schools*.
3. L. Sjostrom and N. Stein, *Bullyproof: A Teacher's Guide on Teasing and Bullying for Use with Fourth and Fifth Grade Students* (Wellesley, MA: Wellesley College, 1996); D. Espelage and S. Swearer, *Bullying in American Schools: A Social-Ecological Perspective on Prevention and Intervention* (Mahwah, NJ: Lawrence Erlbaum, 2004), 327–350.
4. B. Ball and B. Rosenbluth, *Expect Respect—Program Overview: A School-Based Program for Preventing Teen Dating Violence and Promoting Safe

and Healthy Relationships (Austin, TX: SafePlace, 2008), www.safeplace.org/document.doc?id=27.

5. N. Stein, *Classrooms and Courtrooms: Facing Sexual Harassment in K–12 Schools* (New York: Teachers College Press, 1999), 11.

6. E. Aronson et al., *The Jigsaw Classroom* (Beverly Hills, CA: Sage, 1978), www.jigsaw.org/.

7. Limber, interview; Limber, "Implementation of the Olweus Bullying Prevention Program," in Espelage and Swearer, eds., *Bullying in North American Schools*.

8. Positive Behavioral Interventions and Supports, handouts and PowerPoints, 2010 PBIS National Forum at Chicago, 2010, www.pbis.org/presentations/.chicago_forum_10.aspx.

9. Evanston/Skokie District 65, 2010, *Evanston/Skokie District 65 Guide on Bullying*.

10. K. S. Frey et al., "Reducing Playground Bullying and Supporting Beliefs: An Experimental Trial of the Steps to Respect Program," *Developmental Psychology* 41, no. 3 (2005): 479–491.

11. Committee for Children, "Steps to Respect: A Bullying Prevention Program" (Seattle: Committee for Children, 2001); S. M. Low et al., "Design and Analysis of Randomized Controlled Trial of Steps to Respect," in Espelage and Swearer, eds., *Bullying in North American Schools*.

Appendix 2: Two Examples of Bullying Surveys

1. A Bullying Survey for Early Grades by Teaching Tolerance, www.tolerance.org/activity/bullying-survey.

2. Surveys provided by Dorothy Espelage; D. L. Espelage, M. K. Holt, and R. R. Henkel, "Examination of Peer-Group Contextual Effects on Aggression During Early Adolescence," *Child Development* 74 (2003): 205–220; D. L. Espelage and M. K. Holt, eds. "Bullying and Victimization During Early Adolescence: Peer Influences and Psychosocial Correlates," *Journal of Emotional Abuse* 2 (2011): 123–142.

Appendix 3: Examples of Sexual Harassment Surveys

1. Surveys provided by Dorothy Espelage; D. L. Espelage, K. C. Basile, and M. E. Hamburger, "Bullying Perpetration and Subsequent Sexual Violence Perpetration Among Middle School Students: Shared and Unique Risk Factors," *Journal of Adolescent Health* 50 (2012): 60–65.